Nicole Burzan

Quantitative Forschung in der Sozialstrukturanalyse

Hagener Studientexte zur Soziologie

Herausgeber:
Heinz Abels, Werner Fuchs-Heinritz
Wieland Jäger, Uwe Schimank

Die Reihe „Hagener Studientexte zur Soziologie" will eine größere Öffentlichkeit für Themen, Theorien und Perspektiven der Soziologie interessieren. Die Reihe ist dem Anspruch und der langen Erfahrung der Soziologie an der FernUniversität Hagen verpflichtet. Der Anspruch ist, sowohl in soziologische Fragestellungen einzuführen als auch differenzierte Diskussionen zusammenzufassen. In jedem Fall soll dabei die Breite des Spektrums der soziologischen Diskussion in Deutschland und darüber hinaus repräsentiert werden. Die meisten Studientexte sind über viele Jahre in der Lehre erprobt. Alle Studientexte sind so konzipiert, dass sie mit einer verständlichen Sprache und mit einer unaufdringlichen, aber lenkenden Didaktik zum eigenen Studium anregen und für eine wissenschaftliche Weiterbildung auch außerhalb einer Hochschule motivieren.

Nicole Burzan

Quantitative Forschung in der Sozialstrukturanalyse

Anwendungsbeispiele aus methodischer Perspektive

Unter Mitarbeit von
Brigitta Lökenhoff und Kerstin Rückert

VS VERLAG FÜR SOZIALWISSENSCHAFTEN

Bibliografische Information Der Deutschen Nationalbibliothek
Die Deutsche Nationalbibliothek verzeichnet diese Publikation in der
Deutschen Nationalbibliografie; detaillierte bibliografische Daten sind im Internet über
<http://dnb.d-nb.de> abrufbar.

1. Auflage 2008

Alle Rechte vorbehalten
© VS Verlag für Sozialwissenschaften | GWV Fachverlage GmbH, Wiesbaden 2008

Lektorat: Frank Engelhardt

Der VS Verlag für Sozialwissenschaften ist ein Unternehmen von Springer Science+Business Media.
www.vs-verlag.de

Das Werk einschließlich aller seiner Teile ist urheberrechtlich geschützt. Jede Verwertung außerhalb der engen Grenzen des Urheberrechtsgesetzes ist ohne Zustimmung des Verlags unzulässig und strafbar. Das gilt insbesondere für Vervielfältigungen, Übersetzungen, Mikroverfilmungen und die Einspeicherung und Verarbeitung in elektronischen Systemen.

Die Wiedergabe von Gebrauchsnamen, Handelsnamen, Warenbezeichnungen usw. in diesem Werk berechtigt auch ohne besondere Kennzeichnung nicht zu der Annahme, dass solche Namen im Sinne der Warenzeichen- und Markenschutz-Gesetzgebung als frei zu betrachten wären und daher von jedermann benutzt werden dürften.

Umschlaggestaltung: KünkelLopka Medienentwicklung, Heidelberg
Druck und buchbinderische Verarbeitung: Krips b.v., Meppel
Gedruckt auf säurefreiem und chlorfrei gebleichtem Papier

ISBN 978-3-531-15550-0

Inhalt

1 Einleitung 7

2 Der Forschungsprozess und Anforderungen an Forscher 11

3 Die Erforschung von Armut 21
    3.1   Armut: Definitionen, Konzepte und ihre Probleme 21
    3.2   Was ist Einkommensarmut, wie erhebt man sie? 23
    3.3   Armut im Zeitverlauf 38
    3.4   Armutsmerkmale über das Einkommen hinaus 42
    3.5   Reichtum 43

4 Lebensphasen am Beispiel des Alters 47
    4.1   Wie erforscht man Lebensphasen? 47
    4.2   Abgrenzung von „Alter" als Lebensphase 50
    4.3   Datenerhebung: Besonderheiten bei der Stichprobenausschöpfung und Befragung Älterer 54
    4.4   Interpretation empirischer Befunde: Drei Fallbeispiele ... 59

5 Bildung als prägender Faktor in der Sozialstruktur: Das Beispiel der bildungsspezifischen Partnerwahl 71
    5.1   Die Operationalisierung von „Bildung" 72
    5.2   Der Einfluss des Bildungshintergrundes auf die Partnerwahl 76

6 Die empirische Überprüfung von Individualisierung 89
    6.1   Probleme der empirischen Umsetzung 91
    6.2   Beispiele der empirischen Überprüfung 94

7 Einstellungen zu sozialer Ungleichheit und Gerechtigkeit im internationalen Vergleich 105
    7.1   Soziale Ungleichheit: Definition, Begriffsklärung 105

7.2	Begriffsentwicklung	107
7.3	Legitimation sozialer Ungleichheit	109
7.4	Aspekte des internationalen Vergleichs sozialer Ungleichheit: Typen wohlfahrtsstaatlicher Systeme	112
7.5	Sekundäranalysen: Vorgehensweise an einem Fallbeispiel	113
7.6	Ergebnisse	132

8   Die Analyse sozialer Netzwerke am Beispiel von Hilfenetzen für die Kinderbetreuung 137

8.1	Einleitung	137
8.2	Die Studie: Untersuchungsgegenstand, Fragestellung, Hypothesen	140
8.3	Datenerhebung: Betreuungsressourcen von Müttern innerhalb ihrer persönlichen Netzwerke	144
8.4	Auswertung des Datenmaterials	150
8.5	Ausgewählte empirische Befunde der Mütter-Studie	161
8.6	Zusammenfassung	164

9   Resümee 167

Literatur 169

Abbildungsverzeichnis 182

Tabellenverzeichnis 183

1 Einleitung

Sozialstrukturanalyse ist ein Bereich der Soziologie, der häufig anhand quantitativer Forschung empirisch untersucht wird. Zwar kann sich ein Soziologe[1] ebenfalls sowohl stärker theoretisch als auch in qualitativer Herangehensweise mit den verschiedenen Feldern von Ungleichheit und Sozialstruktur beschäftigen, doch finden sich nicht nur in Lehrbüchern zur Sozialstruktur häufig Ergebnisse empirischer Untersuchungen in Form von Maßzahlen, Tabellen, Grafiken und anderen empirischen Informationen. Dieser Kurs soll nun weder eine Einführung in die Sozialstrukturanalyse sein (siehe dazu Geißler 2006, etwas stärker methodisch orientiert auch Klein 2005) noch eine Darstellung von (statistischen) Verfahren an sozialstrukturellen Beispielen. Das Ziel des Kurses ist es, an mehreren ausführlichen Anwendungsbeispielen erstens zu zeigen, mit welchen methodischen Schwierigkeiten und Herausforderungen eine Forscherin konfrontiert ist und zweitens im Zuge dessen die Sensibilität für die Fragen, die sich empirisch Forschende stellen sollten, sowie für mögliche Lösungen zu stärken. Dies geschieht durch den durchgehenden Beispielbezug nicht punktuell, sondern im Zusammenhang konkreter, sozialstrukturell relevanter Forschungsfragen. Die folgenden Kapitel betrachten folglich ausgewählte Inhalte der Sozialstrukturanalyse mit einer methodischen Brille und wecken – so die Hoffnung – zugleich das Interesse an (eigener) empirischer Forschung und näherer Beschäftigung mit einzelnen, einigen Lesern vielleicht (noch) unbekannten Methoden und Verfahren.

Mit methodischer Brille auf die Sozialstrukturanalyse blicken, was bedeutet das? Beispielsweise denkt man beim Lesen über die Abhängigkeit der Partnerwahl von der Bildung der Partner nicht allein inhaltlich darüber nach, warum und unter welchen Bedingungen diese Abhängigkeit besteht, sondern man würde sich auch z.B. fragen, wie „Bildung" hier gefasst worden ist, ob hier mehrere (welche?) Merkmale als Index zusammengefasst wurden oder auf welche Weise der statistische Zusammenhang bestimmt worden ist. Kritisch könnte man etwa prüfen, ob die Unterschiede zwischen den Qualifikationen der Partner nicht auch dadurch größer werden, dass ein Autor eventuell acht feine Abstufungen

---

[1] Ohne ausdrückliche Nennung ist jeweils das andere Geschlecht ebenfalls gemeint.

anstelle von drei größeren Bildungsstufen erfasst hat. (dieses Beispiel führt Kapitel 5 näher aus).

Themenfelder der Sozialstrukturanalyse als „Fundus" für solche methodischen Perspektiven gibt es viele, von der Bevölkerungs- und Familienentwicklung über Bildung, Erwerbsarbeit und Einkommen bis zu Schichten, Milieus und Mobilität oder der Betrachtung von Bevölkerungsgruppen, z.B. Frauen, Migranten, Eliten, Facharbeiterinnen etc., um nur einige zu nennen; und dies sowohl für bestimmte, räumlich festgelegte Zeitpunkte als auch im zeitlichen und räumlichen Vergleich. In der quantitativen Forschung spielen dann oft Verteilungen und Zusammenhänge zwischen Variablen eine große Rolle, z.B. die Verteilung des Vermögens in einer Gesellschaft oder der Zusammenhang zwischen dem Alter und der Erwerbsquote. Darin erstreckt sich der methodische Werkzeugkasten nicht, wie die Beispiele noch zeigen werden. In jedem Fall ist es jedoch wichtig, bei statistischen Ergebnissen nicht stehen zu bleiben, sondern sie – gerade im Kontext der quantitativen Forschungslogik, die idealtypisch erklärend beziehungsweise hypothesenprüfend ist – in einen größeren kausalen Erklärungszusammenhang einzubinden. Umgekehrt können viele methodische Entscheidungen nur auf der Grundlage eines explizierten theoretischen Hintergrundes getroffen werden.

Im Folgenden werden aus den vielfältigen Themen der Sozialstrukturanalyse sechs Beispiele herausgegriffen, um an ihnen solche methodischen Blickwinkel herauszustellen. Bei den ersten (Kapitel 3-5) handelt es sich um die Themen Armut, Alter als exemplarische Lebensphase sowie Bildung, und zwar wird hier konkret die Abhängigkeit der Partnerwahl von der Bildung in den Fokus gestellt. Dabei begegnet man immer wieder bestimmten Querschnittsthemen, z.B. wie ist der Forschungsgegenstand überhaupt adäquat zu erfassen, wie bildet man Zusammenhänge angemessen ab, wie lässt sich die zeitliche Komponente, der Wandel dieser Phänomene, einbeziehen? Teilweise gehen die Ausführungen dabei stärker auf die Konzeptualisierung der Fragestellung und die Datenerhebung ein, teilweise auf Forschungsschritte während der Datenauswertung. Inhalte sind immer nur insofern behandelt, als sie die notwendige Inhalt-Methoden-Verknüpfung erläutern. Der Text ist daher nicht geeignet, um auch nur einen Überblick zur Armut, zum Alter und zur Bildungsabhängigkeit der Partnerwahl in Deutschland zu geben, und zielt auch nicht darauf ab. Im vierten Beispiel (Kapitel 6) steht die Verbindung der empirischen Forschung zu einem theoretischen Konzept, der Individualisierungsthese nach Ulrich Beck, im Gegensatz zu den bislang eher deskriptiven thematischen Herangehensweisen im Vordergrund. Die beiden letzten Beispiele stellen jeweils eine spezifische Erweiterung dar. In Kapitel 7, verfasst von Kerstin Rückert, geht es um eine Sekundäranalyse von Einstellungen zu sozialer Ungleichheit und Gerechtigkeit

1 Einleitung

im internationalen Vergleich. Dabei liegt die Frage zugrunde, welchen Einfluss die soziale Lage im Vergleich zur Landeszugehörigkeit und damit zu einem bestimmten Typ von Wohlfahrtsstaat auf diese Einstellungen hat. Ist es also ausschlaggebend für die Vorstellung, was gerecht ist, ob jemand in Schweden oder in Großbritannien lebt, oder sind die Unterschiede in beiden Ländern eher davon abhängig, ob jemand reich oder arm, jung oder alt, Frau oder Mann ist? Methodisch geht das Kapitel unter anderem auf die Herausforderungen ein, die sowohl eine Sekundäranalyse als auch ein Ländervergleich mit sich bringen. Kapitel 8, ein Beitrag von Brigitta Lökenhoff, fokussiert eine für die Sozialstrukturanalyse wichtige, in den vorigen Kapiteln jedoch noch nicht in den Blick genommene Methode, und zwar die Netzwerkanalyse. Genauer handelt es sich um eine Untersuchung egozentrierter Netzwerke von Müttern zur Kinderbetreuung als Form der sozialen Unterstützung. Die spezifische Datenerhebung kommt dabei ebenso zur Sprache wie typische Elemente der Netzwerkanalyse, z.B. die Größe oder Multiplexität von Netzen. Die Kapitel 7 und 8 gehen ausführlicher auf die inhaltlichen beziehungsweise theoretischen Bezüge einer jeweils selbst durchgeführten Untersuchung ein. Die Methodenanwendung bleibt dabei jedoch stets präsent.

Den Beispielen vorangestellt sind zuvor (Kapitel 2) einige allgemeine Anmerkungen zum quantitativen Forschungsprozess und den Aufgaben eines Forschers vor und während einer empirischen Untersuchung.

2 Der Forschungsprozess und Anforderungen an Forscher

Quantitativ orientierte Sozialforschung, das bedeutet in den meisten Fällen eine Forschung mit standardisierter Datenerhebung und Datenauswertung mit Hilfe (unterschiedlich weit genutzter) statistischer Verfahren, deren Ergebnisse für eine möglichst große Zahl an Fällen, z.B. alle Einwohner Deutschlands, repräsentativ sind. In Kurzform liest sich das z.B. so: Eine repräsentative Befragung habe herausgefunden, dass sich 47% der Deutschen Sorgen um den Verlust ihres Arbeitsplatzes machten. Darin erstreckt sich die Logik quantitativer Forschung jedoch nicht, und in Einzelfällen kann quantitative Forschung auch z.B. auf nicht-standardisierten Daten basieren (die etwa inhaltsanalytisch mit Hilfe eines Kategoriensystems ausgewertet werden) oder sich auf eine nur kleine Fallzahl beziehen, wenn die Forschung eher explorativen Charakter hat. Ein wichtiges idealtypisches Merkmal besteht hingegen darin, dass die Forscherin sich im Vorfeld der Datenerhebung überlegt, was sie wissen möchte, darauf aufbauend ein Konzept für die Datenerhebung erstellt und die Daten schließlich nach den zuvor aufgestellten konkreten Fragen oder Hypothesen auswertet. Dabei gibt es für die eher linear nacheinander ablaufenden Schritte ein Regelgerüst, an dem sich Forscher orientieren können. Vieles können sie allerdings erst im konkreten Fall entscheiden – in solchen Situationen ist es wie in jeder empirischen Forschung wichtig, kreativ zu sein und die begründeten Entscheidungen transparent zu machen, z.B. über gewählte Indikatoren oder über Auswahlverfahren (es gibt nun einmal keine generelle Regel dafür, welche Indikatoren am geeignetsten sind, um z.B. „Toleranz" zu erfassen oder durch welche Auswahlverfahren man am besten spanische Migranten in Deutschland als Forschungsteilnehmer gewinnt). Ein systematischer Ablauf ist in der quantitativen Forschung auch deshalb bedeutend, um bei einer großen Datenmenge (z.B. 2.000 ausgefüllten Fragebögen mit je 90 Fragen) den roten Faden der Fragestellung nicht aus dem Auge zu verlieren, wenngleich eine strikte Linearität in der Praxis nicht ausnahmslos eingehalten wird. So ist es etwa nicht ausgeschlossen, während der Datenauswertung Zusammenhänge zu überprüfen, die zuvor so noch nicht in den Hypothesen enthalten waren (vgl. zur quantitativen Forschungslogik z.B. Kromrey 2006: Kapitel 1; Schnell/Hill/Esser 2005: Kapitel 3; einführend in Wissenschaftstheorie z.B. Chalmers 1994). Die quantitative Forschungslogik wird oft abgegrenzt von einem anderen Strang, der qualitativen Forschung (vgl. z.B. Flick et al. 2000). Hier liegen Regeln weniger fest, denn der Forscher soll gerade offen bleiben für Aspekte, die sich während der Forschung ergeben. In der Phase der Datenerhebung gelingt dies beispielsweise in einem nicht-standardisierten Interview besser als durch einen standardisierten Fragebogen mit festgelegten Fragen und Antworten. Phasen der Datenerhebung und -auswertung wechseln ab, die Dateninterpretation baut auf dem Material auf und ist häufig theoriebildend angelegt. An dieser Stelle sollen quantitative und qualitative Methoden weder eingehend beschrieben und verglichen, noch soll Partei für einen der Forschungsstränge ergriffen werden. Es kommt auf die Fragestellung an, welcher Forschungslogik man folgt, welche Methoden man anwendet; und bei entsprechender Ausstattung mit Zeit, Geld und in beiden Richtungen qualifizierten Mitarbeitern wären verschiedene Formen der Mischung qualitativer und quantitativer Vorgehensweisen (vgl. Mayring 2001, Kluge/Kelle 2001, Seipel/Rieker 2003) sicherlich häufig ein aus inhaltlicher Sicht wünschenswerter Weg.

Der Forschungsprozess quantitativer Couleur folgt dabei wie angedeutet einem übergreifenden Ablaufschema, das je nach Forschungsdesign (ist die Fragestellung z.B. eher beschreibend, evaluierend oder theorietestend angelegt) und je nach ganz konkreter Forschungsfrage mit ihren praktischen Erfordernissen für die Praxis angepasst wird. Die groben Schritte dieses Schemas lassen sich gliedern in Präzisierung, Operationalisierung, Datenerhebung und Dateninterpretation (vgl. z.B. Burzan 2005: Kapitel 3.2).

Zur Präzisierung des Themas zieht der Forscher Literatur heran, um den theoretischen und empirischen Forschungsstand zu ergründen, legt dann aus seiner Sicht relevante Dimensionen, zu prüfende Zusammenhänge etc. fest und bestimmt zentrale Begriffe im Forschungszusammenhang. Die präzisierten Forschungsfragen beziehungsweise Hypothesen bilden die Grundlage für die Operationalisierung, das heißt die Übersetzung in konkrete Erhebungsprozeduren, so dass Forschungsfragen und Beobachtungsaussagen systematisch zueinander in Bezug gesetzt werden können. Unter anderem legt der Forscher Indikatoren für die zu prüfenden Sachverhalte fest, wählt Methoden aus, z.B. eine schriftliche Befragung in Verbindung mit einer standardisierten Beobachtung als Erhebungsmethode, entwirft darauf aufbauend die Erhebungsinstrumente und wählt Forschungsteilnehmer aus. Einem Pretest kann dann die Datenerhebung folgen, darauf schließlich die Datenaufbereitung und –interpretation. Ein letzter Schritt besteht in der Abfassung eines Forschungsberichtes (oder auch mehreren Publikationen), gegebenenfalls einer Begleitung der praktischen Umsetzung von Empfehlungen. Was allgemein im Verlauf all dieser Schritte zu beachten ist, ist Inhalt vieler Methoden- und Statistiklehrbücher (z.B. Atteslander 2006, Diekmann 2005, Friedrichs 2002, Kromrey 2006,

Schnell/Hill/Esser 2005; Kühnel/Krebs 2001, Benninghaus 2005), auch gibt es Literatur zu manchen speziellen Themen (z.B. in der Fachzeitschrift „ZUMA-Nachrichten"). Forscherkompetenz wird man sich letztlich jedoch nur durch die eigene praktische Anwendung aneignen können, die auch dieses Buch nicht vollständig ersetzen kann. Die „Methodenbrille" auf einige Themen der Sozialstruktur im folgenden Hauptteil soll zumindest für einige forscherische Schwierigkeiten und Herausforderungen in einem inhaltlichen Kontext sensibilisieren. Zuvor sei noch auf einen anderen Punkt aufmerksam gemacht. Forscherkompetenz erstreckt sich zumeist nicht in soziologischem Wissen und methodisch-technischen Anwendungsfähigkeiten. Der Forscher braucht außerdem praktisches und organisatorisches Geschick in verschiedenen Hinsichten, das über allgemeine Techniken wissenschaftlichen Arbeitens (z.B. Literaturrecherche mit Hilfe fachspezifischer Datenbanken, Ergebnispräsentation mit PowerPoint etc.) weit hinausgeht. Manchmal muss er z.B. die finanziellen Ressourcen für sein Forschungsvorhaben erst beschaffen. In jedem Fall muss er Planungen über die Kosten, den zeitlichen Ablauf und andere organisatorische Aspekte vornehmen. In den einzelnen Phasen kommen spezifische Erfordernisse hinzu, z.B. eine vertiefte Auseinandersetzung mit SPSS (vgl. als Orientierung Bühl/Zöfel 2002, dies. 2004, Voß 2000) oder der Transfer von Ergebnissen für Adressaten außerhalb der Wissenschaft. An dieser Stelle können solche Fähigkeiten nicht quasi als Handbuch der organisatorischen Forscherkompetenzen aufgelistet werden. Dafür sind die Erfordernisse verschiedener Forschungskontexte, -inhalte und -methoden zu unterschiedlich. Einige Hinweise sollen jedoch darauf aufmerksam machen, wie wichtig die Organisation rund um die Forschung im engeren Sinne für ein gelungenes Endergebnis ist und was bei der Drittmittelacquise ganz allgemein zu beachten ist.

Finanzplanung

Wie teuer eine Forschung ist, kann – selbst bei Berücksichtigung sämtlicher Effizienzspielräume – sehr unterschiedlich sein. Eine Studentin, die für ihre Abschlussarbeit eine Inhaltsanalyse von in den letzten zehn Jahren erschienenen deutschsprachigen Einführungen in die Soziologie nach bestimmten Kriterien vornimmt, leiht diese Bücher aus der Bibliothek aus (einige besitzt sie möglicherweise selbst bereits oder erhält sie vom Verlag als Ansichtsexemplar), und es kann losgehen. Kosten fallen – geht man einmal davon aus, dass die Zeit der Studentin im engeren Sinne keine Kosten verursacht und sie einen Computer mit gängiger Software (z.B. Word, Excel) besitzt – in einem Rahmen an, der ihrem bisherigen Studium entspricht: Kosten für Bücher, Fernleihen und Kopien, Fahrten, z.B. zur Bibliothek, Porto- und Telefonkosten, Material für den Computer (z.B. Toner, Papier) etc. Auf der anderen Seite könnte man sich ein mehrjähriges Forschungsprojekt in einem Forschungsinstitut vorstellen mit Personalkosten, Raum- und anderen Sachkosten, Reisekosten etc. Eine Befragung ist außerdem teurer als die oben skizzierte fiktive Inhaltsanalyse. In einer schriftlichen Variante per Post erfordert sie neben dem Ausdruck von Fragebögen und Anschreiben in großer Zahl Kosten für Versand und Rückporto. Persönliche beziehungsweise telefonische Interviews sind personalintensiver, außerdem entstehen weitere Kosten. Beauftragt man ein Institut, berechnet es z.B. Kosten für die Umwandlung eines Fragebogens von der Papierversion in eine computergeleitete Fassung, falls es sich um computergestützte Interviews handelt (CAPI oder CATI). Der Preis richtet sich dann z.B. auch danach, wie lange die Interviews durchschnittlich dauern, wie viele geführt werden sollen und wie viele Kontaktversuche mit ausgewählten Personen vorgesehen sind. Generell sind verschiedene weitere Kosten denkbar, z.B. für Übersetzungen, Aufnahmegeräte und Transkriptionen, spezielle Software und Schulungen dazu, Datensätze für Sekundäranalysen – die Liste ließe sich je nach Projektausführung weiter fortsetzen.

Forscher sollten sich also zu Beginn eines Projektes gut überlegen, welche Kosten ihr konkretes Vorhaben mit sich bringt, dazu gegebenenfalls auch mit Kollegen sprechen, Preise (z.B. für Software, Geräte) in Erfahrung bringen und mehrere Kostenvoranschläge einholen. Die Preise für Dienstleistungen wie Transkriptionen oder die Durchführung von Befragungen beziehungsweise das Preis-Leistungs-Verhältnis können hier durchaus in hohem Maße variieren.

Zeitplanung

Selten wird ein Forscher unbegrenzt Zeit für ein Forschungsprojekt zur Verfügung haben. Der Auftraggeber erwartet ein möglichst aktuelles Ergebnis, die Drittmittel gehen zur Neige, die Abgabefrist einer Studienarbeit naht, oder andere Verpflichtungen warten auf den Forscher. Um nicht in den letzten Wochen vor dem anvisierten Projektende in Hast zu verfallen, also um alle Schritte sorgfältig und reibungslos aneinander anschließend durchführen zu können, sollte der Forscher einen Zeitplan anlegen. Bei Projektanträgen an potentielle Drittmittelgeber ist ein überzeugender Zeitplan sogar meist obligater Bestandteil. Insbesondere in solchen Forschungsphasen, in denen man auf die Kooperation anderer angewiesen ist, sollte man frühzeitig Fristen klären und Zeitreserven einplanen. Beispiele sind

- die Kooperation mit dem Auftraggeber, bei der die Balance zwischen Erfüllung des Auftrags und unabhängiger Forschung gefunden werden muss,
- die Anfrage an Institutionen, die als gatekeeper dienen sollen, um Forschungsteilnehmer zu gewinnen (z.B. die Leitung eines Pflegeheimes, deren Bewohner befragt werden sollen) oder die eine Datenerhebung überhaupt erlauben müssen (z.B. Leitung und Betriebsrat bei einer Mitarbeiterbefragung in einem Unternehmen),[2]
- Zeiten für Interviews oder Rückläufe und Nachfassaktionen bei schriftlichen Befragungen etc.

Ein anderer Aspekt der Zeitplanung ist der reibungslose Ablauf. Beispielsweise wäre es wenig geschickt, erst beim Vorliegen eines Datensatzes zu überlegen, dass man noch eine sinnvolle Zusatz-Software für die Auswertung von Daten bestellen könnte.

Wie viel Zeit muss also wofür eingeplant werden? Die Antwort überrascht nicht: Es kommt darauf an, z.B. darauf, ob möglichst aktuelle Befunde oder eine tief greifende Analyse im Vordergrund stehen. Teilweise ist dies verbunden mit unterschiedlichen Forschungskulturen etwa in der (häufig etwas längere Zeiträume umfassende) universitären gegenüber z.B. kommerzieller Forschung. Andere Fragen betreffen die Vertrautheit des Forschers mit dem Forschungsthema, die die Zeitdauer beeinflusst, die er für die Konzeptionierung der Fragestellung aufwenden muss, oder den Schwierigkeitsgrad, Forschungsteilnehmer zu ermitteln und zu gewinnen. Eine Liste aller Landtagsabgeordneten ist etwa leichter zu beschaffen als die Zielgruppe der von ihren Kindern getrennt lebenden Väter. Weiterhin ist für die Datenerhebung und -auswertung umso mehr Zeit anzusetzen, je weniger Ressourcen, z.B. an Mitarbeitern, Hilfskräften, ausgelagerten Leistungen (für Fragebogenübersetzungen, Interviews, Transkriptionen etc.) man zur Verfügung hat. Generell sollte man überdies den Aufwand für die meisten Forschungsschritte nicht unterschätzen. Beispielsweise besteht die Datenauswertung selten in einer überschaubaren Anzahl zuvor während der Operationalisierung festgelegter Prozeduren, sondern bestimmte weitergehende Auswertungen (weitere Variablen, Verfahren, Indexbildungen etc.) ergeben sich erst im Laufe der Dateninterpretation. Außerdem sollte der Forscher von vornherein damit rechnen, dass er den Zeitplan im Laufe des Projekts möglicherweise modifizieren wird. Zeitplanung ist also nicht eine Aufgabe, die nur einmal, am Anfang des Projekts, relevant ist, sondern sie muss angepasst werden (z.B. eine Reflexion des Zwischenstandes nach der Hälfte der Projektzeit oder nach-

---

[2] Zur Freiwilligkeit der Teilnehmenden als Teil der Forschungsethik siehe den Ethik-Kodex der Deutschen Gesellschaft für Soziologie unter www.soziologie.de/dgs/ethik-kodex.htm.

dem ein Schritt länger gedauert hat als zunächst geplant beziehungsweise neue hinzugekommen sind).

Das folgende Beispiel für eine grobe Zeitplanung kann aufgrund der verschiedenen Ausgangssituationen, Ressourcen, Zielsetzungen etc. daher kein Muster sein, an das sich Forscher auf jeden Fall halten können, sondern lediglich eine mögliche Variante. Es könnte so – in weiter konkretisierter Form – in einem Projektantrag stehen, wobei bereits für den Antrag selbst viele konzeptionelle Arbeiten (zur Fragestellung, zum Forschungsstand, zum analytischen Bezugsrahmen, zu den geplanten Arbeitsschritten etc.) vorausgegangen sein dürften, so dass der Zeitraum vor der Datenerhebung entsprechend kürzer angesetzt werden kann als zu einem Zeitpunkt, an dem einem Forscher gerade eben eine Idee für ein neues Forschungsprojekt gekommen ist.

Tabelle 1: Beispiel für einen Zeitplan für ein zweijähriges Forschungsprojekt[3]

Dauer	Aufgabe	Erforderliche Absprachen
4 Monate	Präzisierung der Fragestellung, Modifizierung und Erweiterung des Fragebogens	gegebenenfalls Auftraggeber Experten (z.B. Fachkollegen) Teilnehmer für einen Pretest
2 Monate	Auswahl der Befragten und Durchführung einer standardisierten Telefonbefragung durch ein Institut (Resultat als SPSS-Datei). Gleichzeitig Entwicklung von Indizes	Befragungsinstitut Gegebenenfalls Forschungsteilnehmer (falls nicht dem Befragungsinstitut übertragen)
6 Monate	Beschreibende Datenanalyse	potentiell unterstützende Personen/Institutionen (z.B. bei Hard- oder Softwareproblemen)
7 Monate	Datenauswertung mit dem Schwerpunkt Kausalzusammenhänge: Analyse von Bedingungskonstellationen und Folgen	Siehe oben
1 Monat	Kontrastgruppenvergleich	Siehe oben
2 Monate	Rückbindung an den empirischen und theoretischen Forschungsstand	Experten (siehe oben)
2 Monate	Erstellung des Endberichts sowie einer Kurzpräsentation	gegebenenfalls Auftraggeber

---

[3] Ein Beispiel für die Zeitplanung einer Abschlussarbeit für einen Studiengang findet sich in Schöneck/Voß (2005: 50/51). Das Buch „das Forschungsprojekt" eignet sich insgesamt gut vor allem für noch wenig geübte Forscherinnen als Modellbeispiel für kleinere empirische Vorhaben.

Andere organisatorische Aufgaben

Im Laufe des Projekts wird der Forscher immer wieder mit weiteren organisatorischen Aufgaben konfrontiert, von der Acquise der Drittmittel und Rekrutierung des bewilligten Personals (das gegebenenfalls innerhalb des Zeitrahmens wechseln kann) und der Beschaffung geeigneter Räume bis zur Organisation von Arbeitszeitregelungen, Aufgabenteilung, Teamsitzungen, Vorträgen und möglichen Publikationen. Mit anderen Worten muss der Projektleiter den Überblick über das Forschungsprojekt im Ganzen behalten. Eine Auflistung organisatorischer Aufgaben wäre auch hier aufgrund der Verschiedenheit von denkbaren Forschungsprojekten nicht möglich. Die wenigen Hinweise vermitteln jedoch einen Eindruck davon, was ein Sozialforscher abgesehen von den bereits auf den ersten Blick assoziierten Tätigkeiten Lesen, Daten erheben, Daten auswerten und Schreiben tut.

Drittmittelbeschaffung

Zu den Forscherkompetenzen, etwa an Hochschulen oder in Forschungsinstituten, gehört es heutzutage auch, Finanzmittel für geplante Forschungen selbst einzuwerben. Förderinstitutionen gibt es grundsätzlich gar nicht so wenige. Aber abgesehen davon, dass man sich gegen konkurrierende Antragsteller behaupten muss, ist es zentral, dass Forschungsprojekt und Förderinstitution zueinander „passen". Studierende wenden sich z.B. mit dem Anliegen, die Kosten für eine schriftliche Befragung im Rahmen ihrer Abschlussarbeit erstattet zu bekommen, möglicherweise eher an Institutionen im Umkreis ihrer Hochschule (ein Freundeskreis, ein Absolventenverein oder ein Frauenförderprogramm etc.) als an eine große Stiftung. Bei einem größer angelegten Forschungsvorhaben ist es wichtig, dass es zu den Leitlinien oder Schwerpunkten der Förderinstitution passt. Geht es thematisch um flexible Arbeitszeiten, kommen möglicherweise andere Institutionen in Frage als wenn die Geburtenrate im europäischen Vergleich näher untersucht werden soll. Hilfreich bei der Information über in Frage kommende Fördereinrichtungen sind neben dem allgegenwärtigen, aber teilweise wenig zielgenauen Internet (Google gibt z.B. für die Kombination „Forschungsförderung Stiftung Soziologie" über 36.000 Treffer an) beispielsweise die (kostenpflichtige) Datenbank ELFI (Elektronische Forschungsförderinformation; www.elfi.ruhr-uni-bochum.de), zu der ein institutioneller Zugang – z.B. einer Hochschule – erforderlich ist, oder schriftliche Zusammenstellungen von Förderprogrammen und fördernden Institutionen (z.B. von Hermann/Spath 2005).

2 Der Forschungsprozess und Anforderungen an Forscher

Als willkürlich herausgegriffene Beispiele für Förderschwerpunkte zweier Stiftungen seien hier einige Leitlinien der Volkswagen-Stiftung und der Hans-Böckler-Stiftung kurz skizziert.

Die Volkswagen-Stiftung (www.volkwagenstiftung.de) ist mit einem Fördervolumen von bis zu 100 Millionen Euro pro Jahr eine der größten deutschen wissenschaftsfördernden Stiftungen. Neben personenbezogener Förderung im Rahmen konkreter Programme (z.b. Lichtenberg-Professuren), auslandsorientierten Initiativen und thematischen Impulsen (z.b. im naturwissenschaftlichen Bereich) ist ein weiterer Schwerpunkt der Stiftung mit „gesellschaftliche und kulturelle Herausforderungen" überschrieben. Es ist ein deutlicher Bezug auf gesellschaftspolitische Problemstellungen erkennbar, wenn es heißt, dass Wissenschaft Orientierung und Unterstützung für Politik, Wirtschaft und Gesellschaft leisten soll. Konkretisierungen des Schwerpunkts richten sich auf „Zukunftsfragen der Gesellschaft", darunter z.B. Perspektiven des Alterns oder Studiengruppen zur Migration und Integration, sowie „Schlüsselthemen der Geisteswissenschaften" (Stand Juli 2007). Die Programme sind dabei unterschiedlich konkret ausgeschrieben, lassen also unterschiedlich viel Spielraum für die thematischen Vorstellungen des Forschers. Wie viele andere wissenschaftlich orientierte Stiftungen fördert auch diese nicht Privatpersonen oder die Aufstockung des Grundetats einer Institution beziehungsweise einer bereits bestehenden Förderung.

Die Hans-Böckler-Stiftung (www.boeckler.de) gibt ebenfalls allgemeine Ziele und Leitsätze ihrer Forschungsförderung an, spezifischer zudem fünf inhaltliche Schwerpunkte. Allgemein zielt auch diese Stiftung darauf ab, Grundlagenforschung mit Anwendungsbezug zu verbinden, insbesondere unter der Leitfrage, wie Menschen selbstbestimmt leben und arbeiten können. Es geht ihr unter anderem darum, die gesellschaftliche Lage von Arbeitnehmern und Arbeitssuchenden zu verbessern sowie Innovationsprozesse, mehr Demokratie und die Gleichstellung von Frauen und Männern zu fördern. Die Stiftung positioniert sich somit auch politisch, wenn sie die Interessen von Beschäftigten und Arbeitssuchenden in den Vordergrund stellt. Die fünf Schwerpunkte des Forschungsprogramms lauten: „Erwerbsarbeit im Wandel", „Strukturwandel – Innovationen und Beschäftigung", „Mitbestimmung im Wandel", „Kooperativer Staat in der Dienstleistungsgesellschaft" sowie „Zukunft des Sozialstaates". Jeder Schwerpunkt wird nochmals spezifiziert. Die Vorgaben sind insgesamt nicht so konkret, dass bestimmte Forschungsprogramme ausgeschrieben würden, sondern die Stiftung ist für Projektvorschläge im Rahmen ihrer Schwerpunktsetzung offen. Andererseits ist damit klargestellt, dass nicht jedes erdenkliche Forschungsprojekt Aussichten hätte, gefördert zu werden. So würde möglicherweise ein Projektvorhaben zur Entwicklung neuer didaktischer Leitlinien für den Kunstunterricht in Grundschulen eher bei einer anderen Förderinstitution einen Antrag stellen. Als Beispiel für ein ab 2006 gefördertes Projekt kann die Untersuchung „Entgrenzte Arbeit – entgrenzte Familie. Neue Formen der praktischen Auseinandersetzung mit dem Spannungsfeld Arbeit und Familie" unter der Leitung von Karin Jurczyk genannt werden.

Nicht unerwähnt bleiben soll als Förderinstitution schließlich die Deutsche Forschungsgemeinschaft (www.dfg.de) mit nach Art und Inhalten sehr unterschiedlichen Förderprogrammen, von thematisch offenen Einzelförderungen von Projekten über Sonderforschungsbereiche bis zur Förderung von Stipendien, Gastprofessuren etc. Für die Beantragung von Projekten gibt es klare Vorgaben, z.B. über den Aufbau und die Länge der Anträge: Diese sollen für bis maximal drei Jahre dauernde Projekte auf circa zwanzig Seiten neben allgemeinen Angaben zum Projekt und zum Antragsteller den Stand der Forschung, Ziele und das Arbeitsprogramm sowie eine Aufstellung beantragter Mittel enthalten. Außerdem müssen die Forscher explizit formulierte Grundsätze zur Sicherung „guter wissenschaftlicher Praxis" beachten, z.B. die strikte Ehrlichkeit hinsichtlich der Beiträge anderer oder die Förderung des wissenschaftlichen Nachwuchses. Ehrenamtliche Gutachter sprechen eine Empfehlung für oder gegen eine Förderung aus, die Antragsteller müssen dabei mit einer Bearbeitungsdauer von fünf bis sechs Monaten rechnen. Dies sind auch an dieser Stelle nur Beispiele dafür, was Drittmittelbeschaffung für Forscher mit einer Projektidee bedeutet: Unter anderem muss er die passende Förderinstitution finden, einen Antrag nach den spezifischen Richtlinien der Organisation formulieren, Wartezeit einplanen – und schließlich noch ein wenig Glück haben, damit die beantragten Mittel gewährt werden. Dann kann er sich weiter der inhaltlichen Seite seiner Forschung widmen, was auch hier im Folgenden anhand der Anwendungsbeispiele geschieht.

Anwendungsbeispiele

3 Die Erforschung von Armut

3.1 Armut: Definitionen, Konzepte und ihre Probleme

Der Begriff der Armut weckt häufig Assoziationen, die sie als Thema in der Ökonomie oder der Sozialpolitik vermuten lassen: Jemand, der arm ist, hat z.B. wenig Einkommen, die soziale Gemeinschaft in Form des Wohlfahrtsstaats unterstützt ihn in einem zu bestimmenden Ausmaß, damit er sich die Dinge des täglichen Lebens kaufen kann. Diese Begriffsannäherung ist jedoch nicht nur noch wenig komplex – es wird gleich zu zeigen sein, dass unter Armut Unterschiedliches verstanden werden kann –, sondern darin erschöpft sich zudem nicht das Interesse der Soziologie am Thema Armut. Ludwig-Mayerhofer und Barlösius nennen einige soziologische Bereiche, in denen Armut – abgesehen von einem starken praktischen Bezug und von spezifischen Bezügen in speziellen Soziologien – thematisiert wird: Sie ist beispielsweise Teil der allgemeinen Soziologie, insofern sie einen Beitrag zum Spannungsfeld von Integration und Desintegration in modernen Gegenwartsgesellschaften leistet. Weiterhin beschäftigt die Ungleichheitstheorie die Frage, in welchen Bereichen soziale Ungleichheit nicht (mehr) legitim ist (2001: 51-56).

In jedem Fall jedoch haften der begrifflichen Bestimmung, was Armut (und Reichtum, dazu unten mehr) ist, stets auch Werturteile – teilweise mit großer Nähe zu politischen Anschauungen und Forderungen – an. Das zeigt sich schon darin, dass es einen absoluten und einen relativen Armutsbegriff gibt. Während absolute Armut ein Leben am Existenzminimum bedeutet, bezieht sich relative Armut auf eine deutliche Benachteiligung in Relation zu einem mittleren Lebensstandard in der Gesellschaft, in der jemand zu einem bestimmten Zeitpunkt lebt. Es geht also heutzutage in Deutschland bei der Diskussion über Armut weniger um das physische Überleben als um soziokulturelle Teilhabe in einem mehrdimensionalen Sinne. Bei der weiteren Konkretisierung eines relativen Armutsbegriffs sind generell zwei Konzepte zu unterscheiden: der Ressourcenansatz und der Lebenslageansatz. Ressourcenmangel manifestiert sich oft in

Geldmangel, also etwa als Einkommensarmut oder gelegentlich auch im Sinne von Sozialhilfebezug. Der Lebenslageansatz geht weiter und richtet sich auf Lebensbedingungen und Teilhabemöglichkeiten in einem weiteren Sinne, also z.B. Wohn-, Gesundheits- oder Arbeits- und Freizeitbedingungen, Partizipation und Integration etc. Der Lebenslageansatz geht davon aus, dass Einkommen nicht umstandslos in gute Lebensbedingungen übersetzbar ist. So könnte sich jemand möglicherweise eine Wohnung in einem guten Wohnviertel leisten, findet aber z.B. durch seine ethnische Herkunft keinen Vermieter, der ihm dort eine Wohnung vermietet, ohne dass es in der Stadt zahlreiche Alternativen anderer „guter" Wohnviertel gäbe. Ein anderes Beispiel ist ein Haushalt mit einem zwar gerade ausreichenden Einkommen, doch der Familienvater verspielt regelmäßig einen großen Teil davon, so dass seine Familie durchaus als arm im Sinne der Lebenslage zu gelten hat. Man merkt schnell, dass der Lebenslageansatz einer komplexen Wirklichkeit gerechter werden mag, dass er jedoch in der konkreten Umsetzung viel schwieriger ist als der Ressourcenansatz – wobei Letzterer keinesfalls ohne Tücken ist, wie die untenstehenden Ausführungen zeigen werden. Der Lebenslageansatz müsste beantworten, wie die einzelnen Dimensionen der Lebenslage zusammenhängen, welche Dimensionen ein höheres oder niedrigeres Gewicht haben, inwiefern sie objektiv zu bestimmen oder subjektive Deutungen einzubeziehen sind, ob die Kumulation von Benachteiligungen (oft im Kontext von Exklusion thematisiert) emergente Effekte hervorbringt etc. A. Sen hat ein Armutskonzept der „functionings" und „capabilities" entwickelt, das als ein erweiterter Lebenslageansatz angesehen werden kann. Es berücksichtigt Grundbedürfnisse der Teilhabe an Gesellschaft sowie Entfaltungsmöglichkeiten oder „Verwirklichungschancen" und betont damit unter anderem die Handlungsspielräume und Wahlfreiheiten, die die Gesellschaft den Einzelnen (z.B. durch ein gutes Bildungssystem) bietet. Auch hier ist die Operationalisierung des theoretischen Ansatzes eine komplexe Aufgabe, die längst nicht als gelöst bezeichnet werden kann (vgl. z.B. die Beiträge in Volkert 2005).

An dieser Stelle sollen nicht verschiedene Armutskonzepte mit ihren Varianten diskutiert werden. Für den methodischen Diskurs ist es bedeutsam, dass empirische Befunde zur Armut in hohem Maße von der jeweiligen Armutsdefinition abhängig sind. Forscher sollten sich über die jeweiligen Grenzen ihres Ansatzes daher im Klaren sein und sie benennen. Beispielsweise kann das Verständnis von – vergleichsweise gut zu fassendem – Sozialhilfebezug (Hilfe zum Lebensunterhalt) nur eine Annäherung an Armut selbst im Sinne der Ressourcen sein. So bezieht etwa nicht jede(r), der „arm" ist, Sozialhilfe (zu verdeckter Armut siehe auch Berntsen et al. 2001, Becker/Hauser 2005). Zudem soll die Sozialhilfe Haushalte ja gerade vor Armut bewahren. Weiterhin können politische Änderungen das Konstrukt im Zeitverlauf unvergleichbar werden lassen.

Etwa führten die Reformmaßnahmen nach „Hartz IV" Anfang 2005 dazu, dass circa 360.000 bis 370.000 ehemalige Sozialhilfeempfänger nun als Arbeitslose registriert wurden (FAZ nach faz.net vom 26.03.2005). Kein Armutsforscher jedoch würde davon ausgehen, dass es mit dieser Umdefinition plötzlich etliche Arme weniger in Deutschland gäbe. Schließlich bringt es ein relativer Armutsbegriff als solcher mit sich – um ein weiteres Beispiel für Folgen der Wahl der Armutskonzeption herauszugreifen – dass z.B. laut W. Krämer Menschen in Gesellschaften mit insgesamt höherem Wohlstandsniveau häufiger arm sind (1997: 23). Wenn der durchschnittliche Lebensstandard schon recht niedrig ist, gibt es, so zumindest die These, nicht mehr so viele Haushalte, die nur maximal die Hälfte dieses niedrigen Durchschnitts erreichen. Die Beispiele plausibilisieren die Erkenntnis, zu der auch der Armuts- und Reichtumsbericht der Bundesregierung 2005 gelangt, dass nämlich „die Aufgabe, Armut ‚messbar' zu machen, im streng wissenschaftlichen Sinne nicht lösbar" ist (S. 5).

Im Folgenden wird es nun darum gehen, methodische Probleme, die bei der Operationalisierung und Erhebung von Daten insbesondere zur Einkommensarmut auftreten, darzustellen. Dabei wird deutlich, welche Schwierigkeiten bereits die Umsetzung des methodisch „einfacheren" Ressourcenansatzes mit sich bringt. Auf Methodenaspekte anderer als ökonomischer Dimensionen von Armut sowie der Erforschung von Reichtum als dem anderen Pol der Einkommensverteilung wird anschließend durch einige Bemerkungen hingewiesen. Es sei nochmals betont, dass es dabei nicht darum geht, inhaltliche Aspekte von Armut und Reichtum möglichst umfassend darzustellen, sondern einige Einblicke in methodische Vorgehensweisen und Probleme zu erhalten.

3.2 Was ist Einkommensarmut, wie erhebt man sie?

Der genannte Armuts- und Reichtumsbericht der Bundesregierung von 2005 (der zweite nach dem Bericht aus dem Jahr 2001), auf den die folgenden Ausführungen teilweise als Beispiel zurückgreifen, geht von einem relativen Armutsbegriff aus, von einer „auf einen mittleren Lebensstandard bezogene Benachteiligung" (S. 6). Das Lebenslagekonzept wird thematisiert, der Bericht heißt sogar in der Überschrift „Lebenslagen in Deutschland", zentral für die Bestimmung von Armut ist jedoch insbesondere die Einkommensarmut, von der zum einen auf die gesellschaftliche Teilhabe insgesamt geschlossen wird (a.a.O.: 6) und von der ausgehend zum anderen bestimmte Lebenslagen vergleichend betrachtet werden (z.B. ob das Armutsrisiko von Familien größer ist als bei anderen Lebensformen).[4] Die Armutsrisikoquote bezeichnet in der Studie konkret „den Anteil der Personen in Haushalten, deren bedarfsgewichtetes Nettoäquivalenzeinkommen weniger als 60% des Mittelwerts (Median) aller Personen beträgt." (a.a.O.: 6). Dabei hängt die Höhe des – gleich zu erläuternden – Nettoäquivalenzeinkommens „maßgeblich von der Festlegung der verwendeten Äquivalenzskala, des Mittelwerts und der Datengrundlage ab" (a.a.O: 6). Die genannten Einflussfaktoren sollen nun der Reihe nach betrachtet werden.

Datengrundlage

Woher kennt man überhaupt das Einkommen einzelner Personen oder Haushalte? Wie und bei wem ermittelt man es? Grundsätzlich kommen hier zum einen die Befragung – gegebenenfalls in Kombination mit einem Haushaltsbuch, das über einen bestimmten Zeitraum die Einnahmen (und Ausgaben) dokumentiert – und zum anderen die Auswertung in anderen Zusammenhängen erhobener Angaben (z.B. aus Sozialhilfeanträgen oder Einkommensteuererklärungen) in Frage.

Die letztgenannten Quellen haben den Vorteil, in geringerem Ausmaß auf mehr oder weniger ungenaue – möglicherweise sogar absichtlich verfälschte – Angaben befragter Personen angewiesen zu sein. Sozialhilfeanträge und die Einkommensteuererklärung erfordern entsprechende Belege. Ganz „fälschungssicher" sind diese Angaben aber ebenfalls nicht; ein Steuerzahler könnte etwa durchaus sein Konto in der Schweiz zu verschweigen versuchen oder private Ausgaben als Werbungskosten angeben. Zudem erfasst beispielsweise die Einkommensteuerstatistik nicht die Gesamtbevölkerung – diejenigen ohne steuerpflichtiges Einkommen gerade nicht – und auch nicht alle für die Armutsforschung interessierenden Informationen. Beispielsweise ist der Haushaltskontext aus den Daten nicht eindeutig erkennbar, nicht steuerpflichtige Transfers sind nicht enthalten etc. Schließlich sind die Einkommensteuerdaten auch nicht einfach für jeden Forscher verfügbar – schon aus Datenschutzgründen; neben dem Zugriff auf aggregierte Tabellen der Statistischen Ämter gibt es allerdings die Möglichkeit, Sonderauswertungen mit einer 10%-Stichprobe der Einkommensteuerdaten durchzuführen.

Eine Befragung kann gezielter und differenzierter die zentralen Themen ansprechen; hier gibt es allerdings andere Nachteile, die mit einem weiteren Aspekt, der Repräsentativität, eng zusammenhängen:

---

[4] Miebach (2005: 3) kritisiert diese Vorgehensweise als ungenügend, weil sie unter anderem Kumulationen benachteiligter Lagen und entsprechende Risikogruppen zu wenig berücksichtige.

- Die erforderliche Stichprobengröße: Die Zahl der Befragten müsste recht groß sein, um Verallgemeinerungen auf die Grundgesamtheit der Gesamtbevölkerung Deutschlands und auch bestimmter Gruppen (z.b. Alleinerziehende oder Ausländerinnen) zu rechtfertigen. Bei der (Zufalls-)Auswahl der Befragten müsste der Forscher darauf achten, dass die Auswahlgesamtheit möglichst alle in Deutschland lebenden Gruppen (z.b. auch Strafgefangene in Gefängnissen, Nicht-Sesshafte) enthält – eine in der Praxis selten erfüllte Forderung, die möglicherweise gerade die Informationen über das untere Ende der Einkommensskala verzerrt. Es ist also in Untersuchungen zu klären, ob die Ergebnisse repräsentativ sind beziehungsweise für welche Zielgruppe.
- Sofern eine Auskunftspflicht besteht, wie z.b. beim Mikrozensus, kann das Haushaltsnettoeinkommen erfahrungsgemäß nur pauschal in klassifizierter Form erfragt werden, weil ansonsten das Risiko falscher Angaben deutlich ansteigt.
- Bei Freiwilligkeit der Teilnahme an Befragungen sind systematische Ausfälle zu erwarten, z.B. bei in Einrichtungen Lebenden, Wohnungslosen, Ausländern und allgemein bei Menschen am unteren und oberen Ende der Einkommensskala. Hinzu kommen bei Befragungen ungenaue Angaben, die verschiedene Ursachen haben können wie Nichtwissen, fehlende Erinnerung, unbewusst oder bewusst falsche Angaben sowie die teilweise verwendeten klassifizierten Einkommensabfragen.
- Falls die Befragung durch Haushaltsbücher ergänzt wird, ist die Dauer der Anschreibungsperiode ein Problem: Eine lange Phase führt zu einer guten Datengrundlage, aber zugleich zu einem relativ hohen Anteil an Verweigerern, die den für sie selbst kaum Nutzen bringenden Aufwand scheuen. Entsprechend umgekehrt verhält es sich bei kürzeren Zeiträumen. Schwankungen des Einkommens, z.B. durch Urlaubsgeld oder andere saisonale Effekte, werden dann beispielsweise nicht mehr auf der Individualebene erfasst.

Das Haushalts-Nettoeinkommen

Die exakte Ermittlung des Einkommens ist durchaus nicht so leicht, wie es auf den ersten Blick bei einer scheinbar fixen Größe erscheinen könnte. Was gehört zum Einkommen hinzu? Mit der Festlegung auf das Haushaltsnettoeinkommen ist schon bestimmt, dass die Haushaltsebene als Wirtschaftsgemeinschaft angesprochen ist, nicht etwa nur die einzelne Person oder andererseits zusätzlich unterstützende beziehungsweise zu unterstützende Verwandte außerhalb des Haushalts. Zudem sind Steuern sowie Pflichtbeiträge zur Sozialversicherung abzuziehen. Ist das Einkommen damit der Gehaltseingang der erwerbstätigen Haushaltsmitglieder zuzüglich Transfers wie Kindergeld, Unterhalt, Rente, Arbeitslosengeld, etc.? Wird Unterhalt, den man an andere Haushalte zahlt, abgezogen? Dies weist auf den wichtigen Punkt hin, dass eigentlich nicht nur das Einkommen, sondern auch die Ausgaben für die finanzielle Situation des Haushalts von Bedeutung sind, was der Ressourcenansatz jedoch nicht an zentraler Stelle berücksichtigt. Wie sieht es weiterhin mit Zinsen, Mieteinnahmen und ähnlichen Erträgen aus? Noch komplexer wird es, wollte man den Wert z.B. selbst genutzten Wohneigentums, Eigenarbeit (z.B. Gemüseanbau für den Eigenbedarf) etc. berücksichtigen. Eine weitere Unschärfe ergibt sich aus Einkommensschwankungen, z.B. durch Zahlung von Weihnachtsgeld, bezahlte Überstunden oder bei Selbständigen je nach Auftragslage. Allein das exakte Einkommen z.B. des letzten Monats würde also nicht in jedem Fall ein zutreffendes Bild der finanziellen Situation des Haushalts vermitteln, eher beispielsweise das durchschnittliche monatliche Einkommen im letzten Jahr. Wird ferner zusätzlich zum Einkommen auch Vermögen berücksichtigt, und wenn ja, wie?

Die Einnahmen können schließlich als genauer Betrag oder eher ungefähr, z.B. kategorisiert mit einer nach oben offenen letzten Kategorie (zur Erhöhung der Antwortbereitschaft, siehe oben) abgefragt werden. Das Sozioökonomische Panel[5] fragt das Einkommen im Haushaltsfragebogen (hier am Beispiel des Fragebogens von 2005) so genau wie möglich ab. Nachdem es zuvor schon unter anderem um Wertanlagen, Wohn- und Kindergeld und Sozialhilfe ging, wird dann offen gefragt:

---

[5] Das SOEP dient hier als Beispiel. Datensätze für Gesamtdeutschland, die an zentraler Stelle das Einkommen erheben, sind – um einige weitere Beispiele zu nennen – der Mikrozensus (die amtliche Repräsentativstatistik über die Bevölkerung und den Arbeitsmarkt, an der jährlich 1% aller Haushalte in Deutschland beteiligt sind), die Einkommens- und Verbrauchsstichprobe EVS (seit 1962/63 in ungefähr fünfjährigem Abstand durch das Statistische Bundesamt durchgeführt) oder im Bereich geringer Einkommen das Niedrigeinkommenspanel NIEP von 1998 bis 2002 (Infratest Sozialforschung im Auftrag der Bundesregierung, dazu auch Berntsen et al. 2001). Auf der EVS beruhen auch viele der Angaben im Armuts- und Reichtumsbericht 2005. Zu Haushaltsstichproben im Überblick siehe auch Hahlen/Bechtold (2001). Für europäische Vergleiche existiert seit 1994 das Europäische Haushaltspanel (ECHP), worauf auch der Bericht des Statistischen Bundesamtes über „Armut und Lebensbedingungen" (2006) basiert. Zentral auf Ergebnissen des SOEP beruhen die Armutsberichte von Hans-Böckler-Stiftung/DGB/Paritätischem Wohlfahrtsverband (Hanesch et al. 1994, 2000, dort zu Methoden insbesondere Kapitel 2.2).

3.2 Was ist Einkommensarmut, wie erhebt man sie?

> „Wenn man mal alle Einkünfte zusammen nimmt: Wie hoch ist das monatliche Nettoeinkommen aller Haushaltsmitglieder heute?"
>
> _____ €
>
> Zwei Hinweise ergänzen:
>
> → „Bitte geben Sie den monatlichen Netto-Betrag an, also nach Abzug von Steuern und Sozialabgaben. Regelmäßige Zahlungen wie Renten, Wohngeld, Kindergeld, BAföG, Unterhaltszahlungen usw. rechnen Sie bitte dazu!"
>
> → „Falls nicht genau bekannt: Bitte schätzen Sie den monatlichen Betrag."
>
> (Quelle unter: http://www.diw.de/deutsch/sop/service/fragen/fr2005/haushalt_2005.pdf)

Im Personenfragebogen des SOEP werden zusätzlich persönliche Einnahmen abgefragt. Im deutschen Teil der Studie „Leben in Europa 2005" des Statistischen Bundesamtes (2006) wurde das verfügbare Haushaltseinkommen ähnlich ermittelt, wie der folgende Überblick zeigt:

Tabelle 2: Bestandteile des verfügbaren Haushaltseinkommens (Studie „Leben in Europa 2005")

Einnahmen
+ Bruttoeinkommen aus abhängiger Erwerbstätigkeit (dazu zählt beispielsweise auch der anteilige Wert eines Firmenwagens)
+ Bruttoeinkommen aus selbstständiger Tätigkeit
+ Arbeitslosengeld oder -hilfe
+ alle Arten von Renten aus der gesetzlichen Rentenversicherung (Altersrenten, Hinterbliebenenrenten, Invaliditätsrenten usw.), entsprechende Pensionen sowie Betriebsrenten
+ Ausbildungsunterstützungen (zum Beispiel BAföG)
+ Bruttoeinkommen aus Vermietung und Verpachtung
+ Familienbezogene Einkünfte (zum Beispiel Kindergeld)
+ Hilfe zum Lebensunterhalt, Hilfe in besonderen Lebenslagen („Sozialhilfe")
+ Öffentliche Wohnzuschüsse
+ Regelmäßige Zahlungen durch andere Privathaushalte (zum Beispiel Unterhalt)
+ Einkünfte aus Kapitalanlagen
+ Einkommen von Kindern, die im Haushalt leben (zum Beispiel Waisenrenten)
Abzüge
− Unterhaltszahlungen, die an andere private Haushalte gezahlt wurden
− sämtliche auf alle Einkünfte gezahlte Steuern
− sämtliche auf alle Einkünfte gezahlte Sozialversicherungsbeiträge

Zusammengefasst sind die in Tabelle 3 nochmals knapp dargestellten Aspekte Beispiele für methodische Fragen, die zu beantworten sind, wenn man eine eigentlich „klare" Fragestellung nach dem Einkommen beantworten möchte. Die Ermittlung des Haushaltseinkommens ist allerdings nur ein Schritt unter mehreren zur Bestimmung von Armut.

3.2 Was ist Einkommensarmut, wie erhebt man sie?

Tabelle 3: Methodische Aspekte zur Erhebung von Haushaltseinkommen

- Erhebungsinstrument
  → Befragung
  → Haushaltsbuch
  → Amtliche Daten (z.B. Steuererklärungen)
- Auswahl Befragter
  → Repräsentativität
- Einkommensabfrage
  → Eingrenzung des „Einkommens"
  → Genauigkeit und Zuverlässigkeit der Angaben

Die Äquivalenzskala

Wenn man bei den Haushaltsnettoeinkommen als Größe zur Bestimmung von Einkommensverteilungen, Armut und Reichtum stehen bliebe, so bliebe die Haushaltsgröße vollkommen unberücksichtigt. Eine Familie mit einem zehnjährigen Kind könnte sich mit dem gleichen Haushaltseinkommen aber nicht das Gleiche leisten wie eine alleinstehende Person. Alternativ wäre es daher möglich, das Pro-Kopf-Einkommen eines Haushalts zu berechnen, was auf der Annahme beruht, das sich die Haushaltsmitglieder das Einkommen teilen, egal, aus welcher Quelle es ursprünglich kam. Bei einem Haushaltseinkommen von 1.000 € bliebe dieser Betrag für die Alleinstehende erhalten, das Pro-Kopf-Einkommen der dreiköpfigen Familie betrüge entsprechend 333,33 € pro Person. Dies erschien Einkommensforschern andererseits auch keine gute Lösung, da sie davon ausgehen, dass in einem gemeinsamen Haushalt Einsparungseffekte entstehen (so genannte „economies of scale"). Für drei Personen braucht man etwa nicht drei Kühlschränke oder genau die dreifache Menge an Strom und Heizungsenergie. Aus dieser Überlegung folgt das Konzept des Äquivalenzeinkommens. Ein Alleinstehender beziehungsweise eine erwachsene Person im Mehrpersonenhaushalt erhält das Gewicht 1,0, weitere Haushaltsmitglieder je nach Alter (unter oder ab 14 Jahre) ein geringeres Gewicht. Solch eine Skala bestimmt nicht jeder Forscher neu, was jegliche Vergleiche unmöglich machen würde. Ein gängiges Maß ist die OECD-Skala, die allerdings in der zweiten Hälfte der 1990er Jahre von der „alten" zur „neuen" oder „modifizierten" gewechselt hat. Nach der alten OECD-Skala bekamen weitere Erwachsene beziehungsweise ab 14jährige im Haushalt ein Gewicht von 0,7 zugeschrieben, nach der neuen ein Gewicht von 0,5. Kinder und Jugendliche bis 14 Jahre wurden nach der alten Skala mit einem Faktor von 0,5, nach der neuen Skala mit 0,3 gewichtet. Für die methodische Reflexion beachtenswert und kritisch zu sehen ist neben den konkreten Zahlen dabei der Aspekt, dass allein das Alter (bis/ab 14 Jahre) für die Gewichtung eine Rolle spielt.

Für das obige Beispiel des Drei-Personen-Haushalts bedeutet die Gewichtung konkret:

Äquivalenzeinkommen nach alter OECD-Skala:
1.000 € / (1,0 + 0,7 + 0,5) = 454,55 €

Äquivalenzeinkommen nach neuer OECD-Skala:
1.000 € / (1,0 + 0,5 + 0,3) = 555,55 €

Ein Drei-Personen-Haushalt (davon ein Kind unter 14 Jahre) gilt im Jahr 2003 in Deutschland als arm, wenn er weniger als
938 € 6 x (1,0 + 0,5 + 0,3) = 1688,40 €

Haushaltseinkommen netto verdient. Der obige Beispielhaushalt mit dem Einkommen von 555,55 (beziehungsweise 1.000 € absolut) liegt also deutlich darunter.

Um sich – zumindest theoretisch – das Gleiche leisten zu können wie der Einpersonenhaushalt mit 1.000 € Hauhaltseinkommen, müsste die dreiköpfige Familie nach neuer OECD-Skala 1.800 € Haushaltseinkommen verdienen. Gegenüber dem ungewichteten Pro-Kopf-Einkommen (danach müsste das Haushaltseinkommen für eine Entsprechung 3.000 € betragen) sind Einsparungseffekte demnach durchaus beachtenswert. Man sieht, welchen Unterschied die Gewichtung für die Feststellung von Armut macht. Nach der neuen OECD-Skala mit größeren angenommenen Einspareffekten liegt das Äquivalenzeinkommen des Haushalts höher. Allgemein heißt das: Je größer die angenommenen Einsparungseffekte (das heißt die Kosten für zusätzliche Haushaltsangehörige werden eher niedrig angesetzt), desto geringer ist das Armutsrisiko. Dies illustriert auch die folgende Abbildung anhand verschiedener Äquivalenzskalen:

---

[6] 938 € sind 60% des Medians, also die Armutsrisikogrenze nach dem 2. Armuts- und Reichtumsbericht 2005.

3.2 Was ist Einkommensarmut, wie erhebt man sie?

Abbildung 1: Bedarfsentwicklung mit steigender Haushaltsgröße bei alternativen Äquivalenzskalen

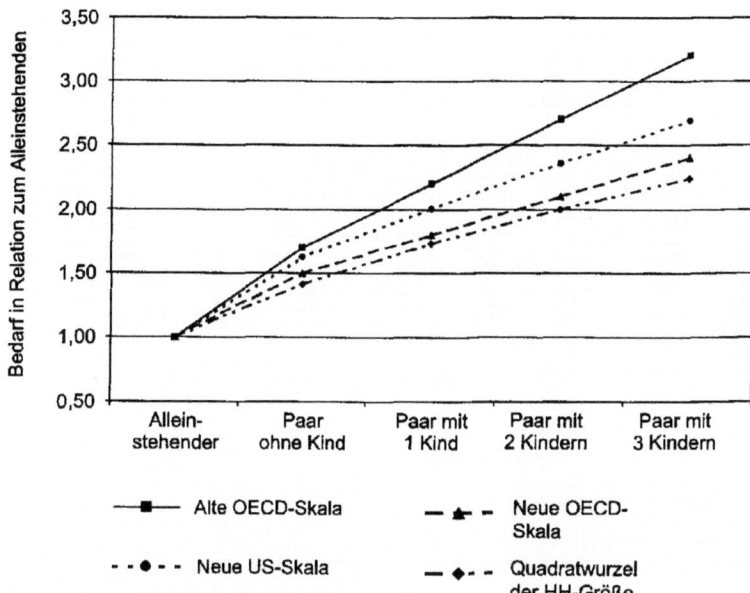

Quelle: Becker/Hauser 2003: 182

Ein weiteres Beispiel für den Unterschied, den die Verwendung der alten beziehungsweise neuen OECD-Skala macht, ist der Vergleich von altersspezifischen Armutsquoten. Nach der älteren Skala sind Minderjährige in höherem Maße und ab 65jährige in geringerem Ausmaß von Armut betroffen als nach der neueren Skala. Das Beispiel zeigt: Hier handelt es sich durchaus um Unterschiede mit politisch wirksamen Folgen, nicht um Haarspaltereien von Statistikern.

Abbildung 2: Altersspezifische Armutsquoten nach alter und neuer OECD-Skala

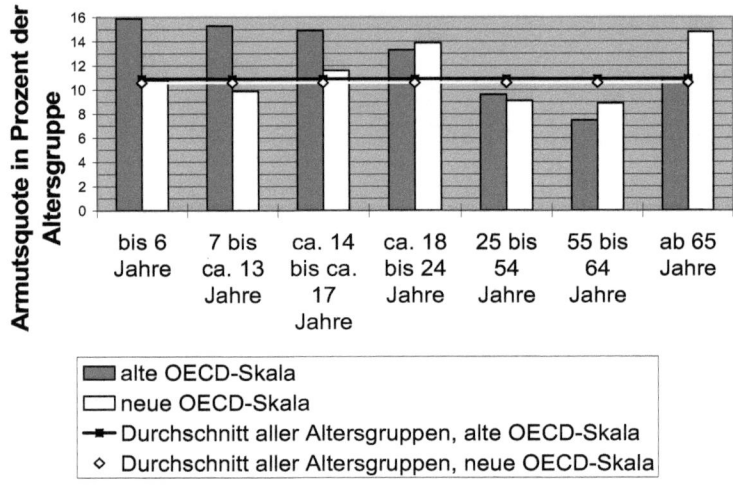

Quelle: Heidel 2004: 22 nach Daten des Bundesministeriums für Arbeit und Sozialordnung

Der Mittelwert

Je nach Messniveau eines Merkmals können unterschiedliche Mittelwerte, also typische Werte der Verteilung, berechnet werden (Diekmann 1996: 557-563). Gängige Maßzahlen sind das arithmetische Mittel und der Median, die theoretisch beide für das metrische Merkmal „Einkommen" berechnet werden können und auch beide in der Armutsforschung verwendet werden.

Derjenige Mittelwert, der allein auf metrische Daten anwendbar ist, ist das arithmetische Mittel, also der Durchschnitt. Angenommen, 1.000 Haushalte hätten in der Summe ein monatliches Einkommen von 2 Millionen Euro, dann betrüge der Durchschnitt 2.000 € monatlich (2 Mio./1.000).

Ein bereits ab ordinalem Messniveau (folglich auch für metrisches Messniveau) anwendbarer Mittelwert ist der Median. Hier sortiert man alle Ein-

3.2 Was ist Einkommensarmut, wie erhebt man sie?

kommen der Größe nach, das Einkommen des 500. Haushalts[7] in dieser geordneten Reihe repräsentiert dann die Mitte der Verteilung, den Median.

Das arithmetische Mittel nutzt die Informationen der metrischen Daten stärker aus als der Median, dieser berücksichtigt dagegen „Ausreißer" weniger als das arithmetische Mittel. Er kann also z.B. Verzerrungen entgehen, die darauf beruhen, dass beispielsweise drei sehr reiche Haushalte in einer Region den Durchschnitt merklich beeinflussen würden. Ist eine Verteilung von Messwerten symmetrisch, haben arithmetisches Mittel und Median den gleichen Betrag. Ist die Verteilung aber – wie beim Einkommen typischerweise – linksgipflig, das heißt gibt es mehr Einkommen im eher niedrigeren als im höheren Bereich, liegt der Median systematisch niedriger als das arithmetische Mittel. Dies gilt auch für die Befunde des Zweiten Armuts- und Reichtumsbericht, dort beträgt das arithmetische Mittel des monatlichen Nettoäquivalenzeinkommmens der Haushalte 1.740 €, der Median 1.564 €.

Abbildung 3: Linksgipflige und symmetrische Verteilung

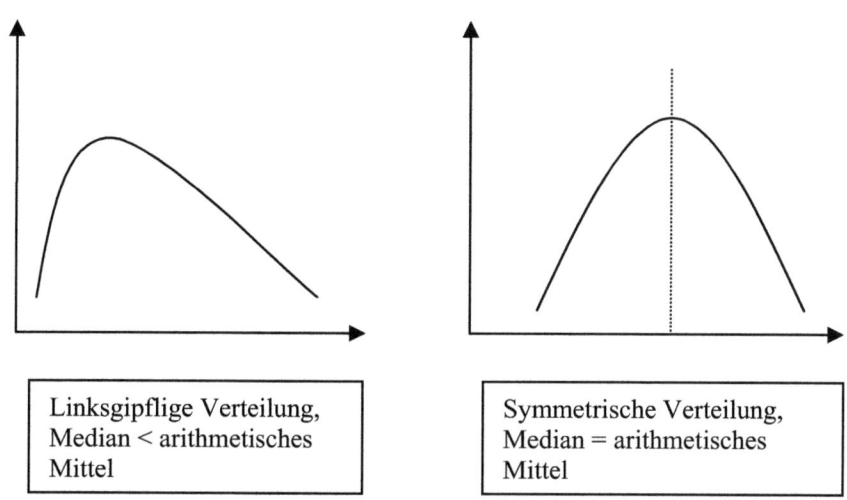

Bestimmt der Forscher nun Armut als Einkommen, das einen bestimmten Anteil dieses Mittelwertes nicht überschreitet (z.B. höchstens 60% des Mittelwertes beträgt), so sind Personen im Niedrigeinkommensbereich dann eher arm, wenn

---

[7] Streng genommen: Das arithmetische Mittel zwischen dem Einkommen des 500. und des 501. Haushalts.

der höhere Durchschnitt zugrunde gelegt wird. Mit anderen Worten: In der Regel wird die Armutsquote mit dem arithmetischen Mittel als Berechnungsbasis etwas höher, mit dem Median als Basis etwas niedriger sein.

Im Beispiel heißt das: 60% von 1.740 € (arithmetisches Mittel) sind 1.044 €, alle Haushalte mit einem darunter liegenden Äquivalenzeinkommen sind arm. Nach dem Median (60% von 1.564 € sind 938 €) sind weniger Haushalte arm, nämlich nur diejenigen, die unter 938 € Äquivalenzeinkommen zur Verfügung haben.

Wenn der Mittelwert der Einkommensverteilung die Bezugsgröße ist, an der sich Armut orientiert, ist es logisch, dass Armut nicht allein davon abhängt, wie viele Menschen es gibt, die wenig Geld im Sinne eines absoluten Betrags zur Verfügung haben („wenig" Geld bleibt auf jeden Fall, wie man es auch wenden mag, eine Definitionssache). Die Anzahl der „Armen" wird dann größer, wenn es entweder mehr „reiche" Menschen gibt oder zumindest einige sehr „Reiche". Das arithmetische Mittel reagiert auf diese Ausreißer nach oben, wie geschildert, dabei noch etwas empfindlicher als der Median. Kritische Stimmen (z.B. Krämer 1997: 22f.) sagen dazu, dass Armut bei dieser Konzeption fast gar nicht verschwinden könne – zu relativieren ist: es sei denn, die Streuung der Einkommen um den Mittelwert wäre gering, das heißt alle hätten ein ungefähr ähnlich hohes Einkommen – weil die 60%-Grenze von einer gewissen Anzahl von Haushalten immer unterschritten werden wird. Zu diskutieren wäre dann, ob Menschen in Haushalten, die bei einem Durchschnittseinkommen von 5.000 € „nur" 3.000 € zur Verfügung haben, arm sind. Ein höheres Wohlstandsniveau führt bei sonst gleichen Berechnungen dann sogar zu einer eher höheren Armutsquote, weil es möglicherweise mehr Haushalte geben wird, deren Einkommen z.B. unterhalb von 3.000 € liegt (wenn auch möglicherweise nicht sehr viel unter 3.000 €) als Haushalte, die bei einem entsprechend geringeren Mittelwert weniger als 938 € (der Armutsgrenze im zweiten Armuts- und Reichtumsbericht) verdienen. Diese Aspekte führen wiederum zum Beginn der Überlegungen zurück, zum relativen Armutsbegriff.

Dass man überhaupt von Mittelwerten als Orientierungsmaß für Armut ausgeht und welchen Mittelwert man berechnet, ist also keinesfalls eine statistisch festgelegte Entscheidung, sondern eine, die der Forscher mit Rückgriff auf seine inhaltlichen und theoretischen Überlegungen treffen muss.

Die Prozentgrenze

Dies gilt ebenfalls für den festzulegenden Anteil des Mittelwerts, den ein Haushalt erreichen muss, um über die Armutsgrenze zu „rutschen". Dieser Anteil ist in jedem Fall nur eine Konvention.[8] Bis vor einiger Zeit wurde häufig die 50%-Grenze als „mainstream" von Armutsstudien angegeben, unter anderem deswegen, weil sie in Deutschland dem Einkommensniveau in Haushalten von Sozialhilfeempfängern in etwa entspräche (Becker/Hauser 2003: 65). Der Armutsbericht von 2005 arbeitet dagegen vorrangig mit der 60%-Grenze („milde" relativer Armut), gibt an einigen Stellen allerdings zusätzlich andere Grenzen (z.B. die 40%-Grenze: „strenge" relative Armut) an.

Der Unterschied für die Armutsquote ist enorm: Die Armutsrisikoquote im Jahr 2003 (jeweils auf der Basis des Medians des monatlichen Äquivalenzeinkommens nach neuer OECD-Skala) beträgt mit der 60%-Grenze 13,5% aller privaten Haushalte in Deutschland, 1,4% mehr als noch 1998. Nach der 40%-Grenze beträgt die Armutsrisikoquote sowohl 1998 als auch 2003 dagegen lediglich 1,9%. Das ist schon ein bemerkenswerter Unterschied. Ohnehin dürfen Forscher jedoch bei der Untersuchung der Armutsrisikoquote nicht stehen bleiben, nicht nur aufgrund deren Schwankung je nach Berechnungsart, sondern weil allein die Quote – die die Presse nach Veröffentlichung des Armuts- und Reichtumsberichts an zentraler Stelle aufnahm – das komplexe Phänomen der Armut nicht angemessen widerspiegeln kann. Von der Quote ausgehend könnte man etwa sowohl den Anstieg der Armut gegenüber 1998 betonen als auch die privilegierte Lage Deutschlands im internationalen Vergleich.

Dem Vergleich der Effekte von Äquivalenzskala, gewähltem Mittelwert und Prozentgrenze dient zusammenfassend die folgende Übersicht:

---

[8] Zu anderen Arten von Armutsgrenzen, z.B. subjektiven Armutsgrenzen oder solchen, die sich am für Nahrung aufgewandten Anteil des Einkommens (Engel-Kurven) orientieren, siehe Krämer 1997: 17-21.

Tabelle 4: Einfluss methodischer Instrumente auf die Armutsrisikoquote

Methodisches Instrument	Ausprägung	Einfluss auf die Höhe der Armutsrisikoquote
Äquivalenzskala	hohe Einspareffekte bei Mehrpersonen-Haushalten (z.B. neue OECD-Skala)	niedriger
	niedrige Einspareffekte bei Mehrpersonen-Haushalten (z.B. alte OECD-Skala)	höher
Mittelwert	Arithmetisches Mittel	eher höher
	Median	eher niedriger
Prozentgrenze	niedrig, „streng" (z.B. 40%)	niedriger
	hoch, „mild" (z.B. 60%)	höher

Der Forscher kann sich diesen Effekten nicht vollständig entziehen, auch hier zeigt sich: den hochgradig „wertfreien" Armutsbegriff gibt es nicht. Er sollte jedoch immer angeben, welche Methoden er verwendet hat und bei Vergleichen (z.B. verschiedener Gruppen, Länder oder Jahre) nur mit jeweils vergleichbaren Werten arbeiten. Beispielsweise berechnen Hauser und Becker (2003) sowie der Armutsbericht von Hans-Böckler-Stiftung/DGB/Paritätischem Wohlfahrtsverband (Hanesch et al. 2000) ihre Angaben im Wesentlichen nach der alten OECD-Skala, dem arithmetischen Mittel und der 50%-Grenze. Der Zweite Armutsbericht benutzt die neue OECD-Skala, den Median sowie die 60%-Grenze.

Dies wirkt sich in Zahlen so aus: Der Armutsbericht errechnet für 1998 eine Armutsrisikoquote von 12,1% (60%-Grenze), Becker/Hauser kommen auf 10,4% für die 50%- und auf 19,9% für die 60%-Grenze (2003: 117; beide benutzen als Datenbasis die Einkommens- und Verbrauchsstichprobe); Hanesch et al. nennen auf der Basis von SOEP-Daten eine Quote von 9,1% (2000: 29, 79). Wollte man böswillig manipulieren – was keinem Forscher unterstellt werden, sondern nur die Spannbreite der Deutungsmöglichkeiten unterstreichen soll – so müsste man folglich „zugunsten" einer hohen Armutsquote die alte OECD-Skala, das arithmetische Mittel und die 60%-Grenze zugrunde legen (für 1998 ergeben sich 19,9% nach der EVS). Sollte umgekehrt der Anteil der armen Haushalte möglichst niedrig sein, nähme man entsprechend die neue OECD-Skala, den Median und die 40% Grenze; das sind für 1998 lediglich 1,9% - was eine stattliche Differenz von 18% ausmacht. Im ersten Fall war beispielsweise ein Ein-Personen-Haushalt 1998 arm, wenn das monatliche Einkommen unter 849 € lag (Hauser/Becker 2003: 116). Im zweiten Fall liegt der Grenzwert bei 550 €.

Die Armutsintensität

Selbst bei gleicher Armutsquote nach dem gleichen Berechnungsmaßstab können sich noch unterschiedliche Armutssituationen ergeben. Einerseits könnte es so sein, dass die meisten Armen ganz knapp unter der Armutsgrenze liegen. Andererseits könnte es aber auch der Fall sein, dass die Lücke bis zu dieser Grenze im Schnitt viel größer ist. Die Verteilung innerhalb der Gruppe der Armen sähe also anders aus, und damit variierte auch die Armutsintensität. Zur differenzierteren Beschreibung der Armutsstudien in einem Land zu einem bestimmten Zeitpunkt sollte entsprechend neben der Armutsquote zusätzlich die Armutslücke angegeben werden. Teilweise greifen Forscher dazu z.B. auf Einkommensmittelwerte innerhalb der Gruppe der Armen zurück oder auch auf den Gini-Koeffizienten, der den Grad der Ungleichverteilung sowohl für die Einkommensverteilung allgemein als auch innerhalb der „armen" Bevölkerung messen kann. Er kann Werte zwischen 0 und 1 annehmen, wobei gilt: Je höher der Wert des Gini-Koeffizienten ist, desto größer ist die Ungleichverteilung (zu einigen konkreten Maßen Krämer 1997: 32-36; zu Verteilungsmaßen auch Becker/Hauser 2003: 61-64). Die entsprechenden Werte sind natürlich insbesondere im Vergleich aussagekräftig.

Ein Hinweis zum internationalen Vergleich von Einkommen und Armut

Der internationale Vergleich von Einkommensungleichheit steht vor vielfältigen methodischen Herausforderungen. Beispielhaft deuten folgende Fragen die Komplexität an: Richtet sich ein Vergleich des Einkommensdurchschnitts nach dem Mittelwert des jeweiligen Landes beziehungsweise sogar Regionen innerhalb eines Landes (z.B. Ost- und Westdeutschland) oder nach einem Gesamtmittelwert, z.B. der Europäischen Union? Würde in solch einen Gesamtmittelwert das Durchschnittseinkommen von Luxemburg – mit einer niedrigen Einwohnerzahl – genauso eingehen wie das von Frankreich? Wie behandelt man dabei Kaufkraftunterschiede? Je nach Beantwortung solcher Fragen können die empirischen Resultate wiederum ganz unterschiedlich ausfallen. Dies betont auch J. Berger (2005) für die Analyse der Entwicklung weltweiter Einkommensungleichheiten. Er nennt fünf methodische Bedingungen, bei deren Geltung er schlussfolgern kann, dass die personelle globale Umverteilung der Einkommen trotz eines Anstiegs der Einkommensungleichheit innerhalb vieler Länder seit Ende der 1970er Jahre gesunken ist. Die Bedingungen seien hier genannt, nicht um sie im Einzelnen zu erläutern, sondern um aufzuzeigen, welche Aspekte ein Forscher berücksichtigen muss, bevor er eine Aussage zu Tendenzen der Einkommensungleichheit treffen kann: „*Wenn* die Einkommen der Länder mit dem Bevölkerungsanteil gewichtet werden ..., *wenn* die Kaufkraftparitäten der PWT zum Ausgangspunkt der Berechnung gemacht werden ..., *wenn* als Wohlfahrtskonzept das Sozialprodukt pro Kopf angesetzt wird ..., *wenn* die Ungleichheit mit einem Lorenz-konsistenten Maß gemessen wird ... *wenn* der Wohlfahrt der ärmsten Länder ein nicht zu großes Gewicht eingeräumt wird (...), dann sinkt die personelle globale Ungleichverteilung der Einkommen ... seit Ende der siebziger Jahre des letzten Jahrhunderts" (Berger 2005: 480, Hervorhebungen im Original). Weiterhin ist – nun wieder enger auf Armut bezogen – das Armutsmaß als solches zu reflektieren. Beispielsweise ist das sogenannte Ein-Dollar-Maß, das Menschen als arm ansieht, die weniger als einen US-Dollar am Tag zur Verfügung haben, im globalen Maßstab durchaus aussagekräftig: 2002 betrug der Anteil dieser Menschen in Südasien 31%, in Ostasien und der Pazifikregion 15% (Debiel et al. 2006: 172). Innerhalb Europas (in Europa und Zentralasien betrug der Anteil 3,6%, ebd.) hat das Maß dagegen kaum Informationswert.

3.3 Armut im Zeitverlauf

Wenn man Armut allein zu einem bestimmten Zeitpunkt betrachtet, bleiben wichtige Fragen offen. Die Situation wäre beispielsweise anders, wenn ein großer Anteil „Armer" langfristig über viele Jahre in Armut verbleiben oder immer wieder dort „hineinrutschen" würde, als wenn Armut typischerweise eine kurze Episode bliebe. Eine ähnliche Armutsquote im Zeitverlauf sagt nichts darüber aus, ob immer noch im Wesentlichen dieselben Haushalte betroffen sind oder ob es eine beträchtliche Fluktuation gibt. Fluktuation bedeutete andererseits keine Entwarnung, sondern bei recht stabilen oder wachsenden Armutsquoten auch, dass das Risiko der zumindest kurzzeitigen Verarmung nicht allein eine Angelegenheit von kleinen Minderheiten wäre.

Das Sozioökonomische Panel (SOEP), das seit 1984 nach Möglichkeit immer wieder dieselben Personen und Haushalte zu vielfältigen Themen befragt, bietet eine Untersuchungsbasis, um Armut im Verlauf zu beobachten. So stellen Otto und Siedler (2003) für den Zeitraum von 1992 bis 2000 fest, dass

3.3 Armut im Zeitverlauf

die Armutsquote[9] in Westdeutschland (auf der Basis des gesamtdeutschen Mittelwerts) nicht linear, aber in der Tendenz leicht gestiegen ist – von 10,3 auf 13,0 % –, in Ostdeutschland sind die Werte von 1992 bis 1994 ähnlich wie in Westdeutschland, 1995 bis 1999 liegen sie jeweils darunter, 2000 gibt es wiederum eine Angleichung. Die durchschnittliche Armutsquote liegt in Ostdeutschland ebenso wie die Armutsintensität niedriger als in Westdeutschland. Methodisch auffällig ist, dass sich die Zahlen etwas verändern, wenn man regionale Mittelwerte (Ostdeutschland/Westdeutschland) benutzt. Dann fallen die Armutsquoten für Ostdeutschland noch niedriger aus.

Wie zuvor angedeutet, ist nun nicht allein die Entwicklung der Armutsquote aussagekräftig, sondern es interessiert zudem der Verbleib in Armut. Von 1992 bis 2000 lebten etwa 18% der Ostdeutschen und 23% der Westdeutschen in mindestens einem Jahr in Armut. Diese Anteile liegen über der Armutsquote zu einem Zeitpunkt und verweisen damit auf Fluktuation. So waren über die untersuchten Jahre hinweg unter 2% der Bevölkerung dauerhaft arm. Es ist festzustellen, dass circa die Hälfte der Personen, für die ab 1993 oder später eine Armutsphase begann, nur etwa ein Jahr lang in dieser Lage blieb (Mehrfacharmut wird dabei allerdings auch mehrfach gezählt); in Westdeutschland verblieb dabei ein höherer Anteil nach diesem Jahr in Armut (54%) als in Ostdeutschland (48%). Die Abbildungen zeigen die höhere Verweildauer in Westdeutschland über den Untersuchungszeitraum hinweg, wie Abbildung 4 auf der nächsten Seite zeigt.

Ergänzend kann die Verweildauer in Nichtarmut nach der Beendigung einer Armutsphase untersucht werden, um die Gefahr eines Wiedereintritts in Armut abzuschätzen. Diese Gefahr sinkt in der Regel mit jedem zusätzlichen Jahr. Auch in diesem Fall war die Wahrscheinlichkeit, erneut arm zu werden, in Westdeutschland höher (a.a.O.: 65). Die zeitliche Betrachtung bedeutet hier, die Jahre 1993 bis 2000 zu analysieren, nicht etwa Acht-Jahres-Zeiträume jeweils ab 1993, ab 1994 etc. Im Zentrum stehen zudem nicht Haushalte, sondern Personen (in Haushalten mit einem bestimmten Äquivalenzeinkommen). Personen sind bei dieser Fragestellung leichter nachzuverfolgen, während sich die Zusammensetzung von Haushalten (z.B. durch Auszug eines erwachsenen Kindes, Zusammenziehen mit einem Partner etc.) ändern und so die Vergleichbarkeit eingeschränkt sein kann.

---

[9] Die Armutsgrenze wurde hier berechnet als 50% des Mittelwerts des jährlichen Nettoäquivalenzeinkommens nach neuer OECD-Skala (Otto/Siedler 2003: 62/63).

Abbildung 4: Verweildauer in Armut

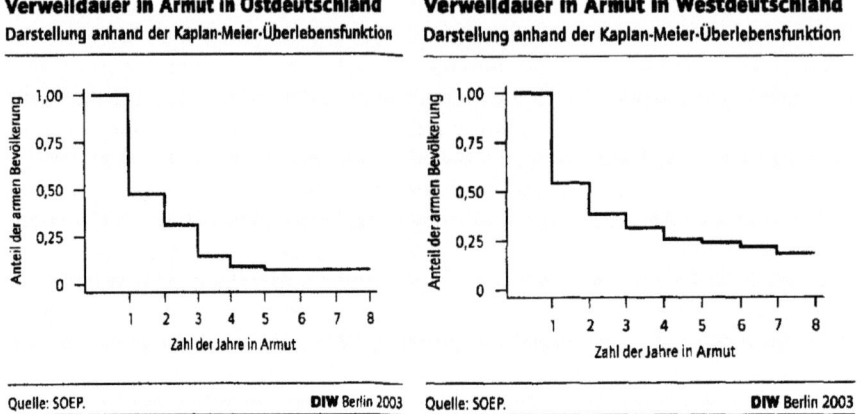

Quelle: SOEP, DIW Berlin; Betrachtung über acht Jahre ab 1993 (Otto/Siedler 2003: 64/65)

Eine relativ hohe Fluktuation wurde auch bereits in einer Bremer Längsschnittstudie ab den 1980er Jahren konstatiert, die die dynamische Armutsforschung in Deutschland zunehmend bekannt machte (z.B. Buhr 1995, Leibfried et al. 1995). In dieser Studie galt der Sozialhilfebezug als Armutskriterium, und es zeigte sich auch dort, dass z.B. 46% der Leistungsbezieher von 1983 – diese Leistungsbezieher stellten eine Auswahl der erfolgreichen Neuanträge dar, über die sechs Jahre lang Daten gesammelt wurden – nicht länger als ein Jahr Sozialhilfe bezogen (Bruttodauer einschließlich Bezugsunterbrechungen; nach Abzug der Unterbrechungen, das heißt nach der Nettodauer, sind es sogar 57%). 11% (Nettodauer) bezogen insgesamt fünf oder mehr Jahre Sozialhilfe (Leibfried et al. 1995: 80-84). Man erkennt an diesem Beispiel überdies, dass auch „Dauer" keineswegs ein von Forscherentscheidungen unabhängiges Konzept ist. Neben der Unterscheidung von Brutto- und Nettodauer – dazu könnte man die Dauer der einzelnen Episoden des Sozialhilfebezugs erfassen – ist es eine Frage der Darstellung, ob ein Forscher z.B. nach sechs Monaten, einem, drei Jahren oder noch längeren Zeiträumen von „langer" Dauer der Armut spricht. Qualitative Studien (z.B. Leibfried et al. 1995: Kapitel 3, Ludwig 1996) ergänzten die quantitativen Befunde, indem sie unter anderem die subjektiven Verarbeitungen von „Armutskarrieren" berücksichtigten. Obwohl die in diesem Projektzusammenhang entstandenen Arbeiten entscheidend dazu beigetragen haben, die zeitliche Perspektive von Armut stärker zu berücksichtigen, waren sie andererseits auch Kritik ausgesetzt, die sich beispielsweise darauf richtete, dass der Sozialhilfebezug kein angemessenes Armutskriterium sei. Die Einschränkungen dieses Kriteriums lassen sich durch den Rückgriff auf andere Daten umgehen. Beispielsweise untersuchen Andreß/Krüger (2006) Ausstiege aus dem unteren Einkommensbereich mit Hilfe des Niedrigeinkommenspanels von 1998 bis 2002. Die Daten basieren auf einer repräsentativen Längsschnittbefragung von Haushalten in einer prekären ökonomischen Lage, das heißt aus den einkommensschwächsten 20% der Wohnbevölkerung (allerdings sind Haushalte ohne deutschsprachige Bezugsperson oder ohne Festnetzanschluss und Nichtsesshafte sowie in Einrichtungen lebende Personen nicht eingeschlossen). Die Konzentration auf einkommensschwache Haushalte führt hier zu einer gegenüber allgemeinen Befragungen wie z.B. dem SOEP hohen Fallzahl für die Fragestellung interessierender Haushalte und lässt daher differenzierte Analysen zu. Auch hier konstatieren die Forscher eine nennenswerte Fluktuation – gut 40% aller Haushalte, die an allen Befragungswellen teilgenommen hatten, verließen den Niedrigeinkommensbereich –, doch deuten sie diese Befunde nicht als Entwarnung. Unter anderem hatten Rentnerhaushalte kaum Chancen, ihre Lage zu verbessern, und etwa ein Viertel derjenigen, die den Niedrigeinkommensbereich verließen, überschritt die Schwelle nur marginal (2006: 117/118).

Groh-Samberg kritisiert an der Bremer Untersuchung zudem, dass nicht alle Gründe für eine Beendigung von Sozialhilfebezug als „Weg aus der Armut" gedeutet werden können, z.B. wenn jemand in sein Heimatland zurückzieht, freiwillig verzichtet oder sogar stirbt (2004: 657). Groh-Samberg warnt davor, die zeitliche Differenzierung von Armut mit ihrer sachlichen Reduktion auf dichotome Indikatoren (wie: Sozialhilfebezug ja/nein) zu erkaufen (a.a.O.: 659).

Die knappe Ergebnisdarstellung an dieser Stelle verweist auf inhaltliche und methodische Anforderungen, die eine Längsschnittperspektive mit sich bringt. Diese in der Sozialstrukturanalyse allgemein zentrale Erweiterung von Befunden zu einem einzelnen Zeitpunkt wird an späteren Beispielen (Kapitel 4; 6) nochmals aufgegriffen werden. Hier ist abschließend festzuhalten, dass mit der Betrachtung von Armutsverläufen aufwändige Paneluntersuchungen verbunden sind, die die (Einkommens-)Entwicklung von Personen oder Haushalten – z.B. auch Mehrfachbetroffenheiten – erfassen können.

3.4 Armutsmerkmale über das Einkommen hinaus

Es sei nochmals darauf hingewiesen, dass Armut in diesem Kontext aus inhaltlicher Sicht nur höchst selektiv thematisiert wurde. Einige ausgewählte methodische Aspekte standen im Vordergrund. Wichtige Themen wie der internationale Vergleich oder die Betrachtung besonderer Risikogruppen wurden beispielsweise allenfalls gestreift oder außen vor gelassen. Zumindest am Rande seien noch einige Hinweise dazu gegeben, wie andere Dimensionen von Armut als insbesondere die Einkommensarmut in empirische Analysen integriert werden könnten. Für den internationalen Vergleich misst z.B. der Human Development Index, der unter dem Dach der Vereinten Nationen entwickelt wurde, außer dem Einkommen etwa auch die Lebenserwartung bei der Geburt und das Bildungsniveau (unter anderem durch den Alphabetisierungsgrad). Auf nationaler Ebene sind diese groben Indikatoren für Deutschland weniger aussagekräftig. Dort gibt es durchaus Ansätze, um die Lebenslage in einem weiteren Sinne zu erfassen, die hier nicht umfassend geschildert werden können (für verschiedene Hinweise siehe z.B. die Beiträge in Sell 2002 und Volkert 2005). Ein Beispiel ist eine Studie von Meier et al. (2003), die Haushalte in „prekären" Lebenslagen untersucht und dort über Ressourcen hinaus den „output" des Haushalts in verschiedenen Lebensbereichen betrachtet haben (a.a.O: 49). Als Indikatoren dienten z.B. permanente Kontoüberziehungen, eine beengte Wohnsituation, gravierende gesundheitliche Beeinträchtigungen, fehlende Netzwerke etc. (a.a.O.: 54). Ein weiteres Beispiel stellt der Vorschlag des Instituts für Angewandte Wirtschaftsforschung (2003) dar. Die Autoren kritisieren im Sinne des Lebenslageansatzes eine Verkürzung von Armut auf Einkommensarmut, greifen auch auf Sen zurück und stellen folgendes Konzept vor: Sie unterscheiden zwischen den Dimensionen „individuelle Potentiale" (materiell und nicht-materiell: Gesundheit und Bildung) sowie „gesellschaftlich bedingten Chancen" (in den Bereichen politische, ökonomische, soziale Chancen, soziale Sicherheit und gesellschaftliche Transparenz). Für jede Dimension bestimmen sie nun primäre und, nach der Relevanz abgestuft, sekundäre sowie weitere Indikatoren. In Auszügen sehen die Indikatoren so aus (IAW 2003: 251-256):

Tabelle 5: Indikatoren zur Armutsbestimmung laut IAW (Auswahl)

Individuelle Potentiale

Materielle Indikatoren	**Nicht-materielle Indikatoren**
Einkommen	*Gesundheit:* Lebenserwartung, chronische Krankheiten/Behinderungen
Vermögen: Anteil der Personen in überschuldeten Haushalten	*Bildung:* Funktionaler Analphabetismus, fehlender Hauptschulabschluss

Gesellschaftlich bedingte Chancen:
Politische Chancen: z.B. Wahlbeteiligung bei der letzten Bundestagswahl
Ökonomische Chancen: z.B. (Langzeit-)Arbeitslosenquote, „Working Poor"
Soziale Chancen: z.B. Anteil der Obdachlosen
Soziale Sicherheit: z.B. Umverteilungseffekte der sozialen Sicherungssysteme
Gesellschaftliche Transparenz: z.B. Nichtinanspruchnahmequote und Missbrauchsquote (Dunkelziffern) von existenzsichernden Sozialleistungen

Durch die Auswahl einiger weniger Indikatoren für diese Darstellung geht ein Teil der Mehrdimensionalität wieder verloren, aber es sollte dennoch ein Eindruck davon entstanden sein, um welche Indikatoren es gehen kann, wenn man ein Lebenslagekonzept konkret umsetzen möchte, in dem verschiedene Dimensionen in ihrer Kombination Berücksichtigung finden.

3.5 Reichtum

Als letzter Ausblick in diesem Kapitel soll auch Reichtum als anderes Ende der Einkommensskala zumindest anhand einiger Bemerkungen aus methodischer Sicht behandelt werden. Reichtum war längere Zeit, möglicherweise aufgrund eines geringeren „Problemdrucks", ein weniger intensiv bearbeitetes Forschungsthema. Langsam gibt es nun Bestrebungen, sich mit dieser Forschungslücke auseinanderzusetzen. Sofern sich die Bestimmung von Reichtum am

Haushaltseinkommen orientiert, entstehen hinsichtlich der Datengrundlage erst einmal ähnliche Anforderungen und Probleme wie bei der Armutsmessung. Auf zwei Besonderheiten sei zusätzlich hingewiesen:

- Selbst wenn es „nur" um den materiellen Reichtum geht, kommt zum Einkommen, das sich in privilegierten sozialen Lagen zusätzlich zum Erwerbseinkommen häufiger vielfältig zusammensetzt (z.B. durch Zinsen, Renditen, Mieteinnahmen etc.), das Vermögen hinzu, das in ganz unterschiedlichen Formen vorliegen kann, z.B. Sparguthaben, Wertpapiere, Immobilien oder eine wertvolle Kunstsammlung.
- Die Sanktionsmöglichkeiten für diejenigen, die – trotz der Auskunftspflicht z.B. beim Mikrozensus – keine Angaben über ihr Einkommen machen, sind bei den „Reichen" geringer als bei solchen Bevölkerungsgruppen, bei denen die Angabe des Einkommens eine Voraussetzung ist, um z.B. staatliche Leistungen wie Sozialhilfe zu erhalten. Zur Förderung der Teilnahmebereitschaft wählen einige Untersuchungen kategorisierte Einkommensangaben, wobei die höchste Kategorie nach oben offen ist („ab/über X €"), was allerdings zu Lasten der Genauigkeit geht. Es ist davon auszugehen, dass Haushalte ab einem jährlichen Nettoeinkommen von (1998) circa 150.000 DM in entsprechenden Erhebungen unterrepräsentiert sind. Hinzu kommt eine so genannte „Abschneidegrenze". Haushalte mit einem jährlichen Einkommen von (1993/1998) mehr als 420.000 DM werden aufgrund sehr geringer Fallzahlen und somit eines zu großen Fehlerspielraums nicht in den Auswertungen des Statistischen Bundesamtes und bei der Weitergabe von Daten berücksichtigt. Anonymisierte Daten der Einkommensteuerstichprobe deuten drauf hin, dass die Anzahl der Haushalte oberhalb der Abschneidegrenze relativ klein ist; 1995 handelte es sich um circa 37.000 Steuerpflichtige (Becker/Hauser 2003: 74/75). Dennoch besteht angesichts der nur eingeschränkten Repräsentativität die Gefahr, das absolute Niveau des Reichtums systematisch zu unterschätzen, was in diesem Fall auch daraus folgt, dass sich gesellschaftliche Machtverhältnisse auf die Erhebung der Einkommensverteilung auswirken.

Hat der Forscher dann das Haushaltsäquivalenzeinkommen berechnet, gibt es einen weiteren Unterschied zur Ermittlung von Armut: Während man offensichtlich – sowohl nach einem absoluten als auch nach einem relativen Armutsbegriff – zu wenig Geld haben kann, gibt es kein analoges Maß, nach dem jemand „zu viel" materiellen Reichtum besitzen kann, allenfalls können Gerechtigkeitsdiskurse Aufforderungen zu Umverteilungen nach sich ziehen. Verschiedene Autoren, darunter auch die Bundesregierung im Zweiten Armuts- und

3.5 Reichtum

Reichtumsbericht von 2005, weisen darauf hin, dass Reichtum bislang weniger als Armut thematisiert wurde und deshalb auch begriffliche Klärungen weniger entwickelt sind. Der Bericht spricht von einer „weitgehend diffusen begrifflichen Fassung von Reichtum, de[m] erst in Ansätzen entwickelten Forschungsstand und der unbefriedigenden Datenlage" zum Thema Reichtum (2005: 12). Becker und Hauser (2003: 67-69) benutzen daher mehrere Reichtumsmaße, die den Bereich hoher Einkommen und Vermögen betreffen, und zwar z.b.

- ein Vielfaches des durchschnittlichen Nettoäquivalenzeinkommens (über 200% oder 300%),
- die Einkommensanteile der oberen Randbereiche der Einkommensverteilung (z.B. die obersten 10, 5 oder 1%) am Gesamteinkommen;
- das Nettovermögen pro Haushaltsmitglied liegt (zusätzlich zum Einkommensreichtum) über dem Doppelten des Durchschnitts / alternativ: beträgt mehr als 1 Millionen DM (entsprechend gut eine halbe Million Euro). In das Vermögen gingen z.B. der Verkehrswert von Immobilien abzüglich Restschuld, Spar- und Bausparguthaben, Wertpapiere, Versicherungsguthaben, sonstiges Geldvermögen abzüglich Konsumentenschulden ein (a.a.O.: 130). Regionale Preisunterschiede – z.B. kostet ein Einfamilienhaus mittlerer Lage und Ausstattung in München mehr als in Niedersachsen – konnten dabei nicht bereinigt werden.

Nach diesen Maßen gab es 1998 einen Bevölkerungsanteil von 5,0%, der mehr als das Doppelte beziehungsweise 1,1%, der mehr als das Dreifache des durchschnittlichen Nettoäquivalenzeinkommens erzielte (Becker/Hauser 2003: 126). Zum Vermögen gibt der Armuts- und Reichtumsbericht 2005 an, dass das Durchschnittsvermögen (arithmetisches Mittel) pro Haushalt in Deutschland im Jahr 2003 133.000 € betrug. Dies ist eine beachtliche Summe, doch lässt sie nicht auf die finanziellen Ressourcen der meisten Haushalte schließen, weil dieses Privatvermögen sehr ungleich verteilt ist (genauso könnte man berechnen, wie hoch die durchschnittlichen Schulden pro Haushalt sind). So vereinte die „untere" Hälfte der Haushalte in der Vermögensverteilung gerade einmal 3,8% des Vermögens auf sich, während die obersten 10% über 46,8% des Vermögens verfügten (Armuts- und Reichtumsbericht 2005: Anhang X).

Auch bei der Erfassung von Reichtum geht es also methodisch darum zu klären, was man als Forscher aufgrund welcher Hintergrundannahmen darunter versteht und wie man zu gültigen und repräsentativen Angaben von Personen beziehungsweise Haushalten zu eben diesem Reichtum kommt.

Zusammenfassend bleibt zu sagen: Die wertfreie Erfassung von Armut und Reichtum schlechthin ist nicht möglich, doch dies sollte Forscher nicht resignieren lassen. Neben der Offenlegung ihres Vorgehens können sie alternativ mehrere Varianten der Berechung (z.B. 50%- und 60%-Grenze, siehe oben) heranziehen, sofern sie auf die Vergleichbarkeit im Zeitverlauf achten. Zudem besteht weiterhin erheblicher Forschungsbedarf, um Lebenslagekonzepte für empirische Umsetzungen zugänglich zu machen.

4 Lebensphasen am Beispiel des Alters

4.1 Wie erforscht man Lebensphasen?

Aus dem Alltagswissen scheint es plausibel, dass es verschiedene Lebensphasen mit spezifischen Charakteristika gibt, z.B. junge Menschen, solche im mittleren Lebensalter mit und ohne Kinder, Menschen auf unterschiedlichen Stufen einer beruflichen Karriereleiter, ältere Menschen. Doch spätestens mit den Prozessen der Individualisierung und Pluralisierung von Lebenslagen, -stilen und -läufen (vgl. Beck 1986; Berger/Hradil 1990, zur sozialen Ungleichheit im Überblick Burzan 2007) haben relativ universelle – oft sozialpsychologische – Phasenmodelle (z.B. Erikson 1966, Levinson 1979) an Bedeutung verloren; insbesondere in der Längsschnittperspektive differenzieren sich Muster in beachtlichem Maße aus (z.B. Berger 1996). Kohli stellt Anfang der 1990er Jahre fest, „dass Sequenz und Timing von Übergängen sich stark differenzieren, die in früheren Untersuchungen unterstellte Einheitlichkeit des Lebenslaufs und seiner bereichsspezifischen Karrieren sich also auflöst" (1991: 313).

Die Untersuchung von Lebensphasen oder des Lebenslaufs bringt, das verdeutlichen bereits diese knappen Stichworte, theoretische Festlegungen mit sich, die mit methodischen Entscheidungen eng verknüpft sind. Beispielsweise muss der Forscher eine Lebensphase erst einmal von anderen abgrenzen können (am Beispiel des „Alters" kommt Abschnitt 4.2 auf diesen Aspekt zurück). Hat er nicht nur eine einzelne Lebensphase, sondern den Verlauf als Erkenntnisinteresse, so ist die Bestimmung von Sequenzen, Übergängen und von Charakteristika bestimmter Phasen auch davon abhängig, ob er die Datenbasis im Quer- oder Längsschnitt erhoben hat.

Bei einer *Querschnittuntersuchung*, also einer Erhebung zu einem Zeitpunkt, schließt der Forscher oft von verschiedenen Altersgruppen auf Prozesse. Findet er beispielsweise, dass Untersuchungsteilnehmer bestimmter Jahrgänge erwerbstätig sind, ältere Jahrgänge jedoch nicht, so liegt es nahe, dass hier ein *Alterseffekt* vorliegt: In einem feststellbaren (durchschnittlichen) Lebensalter erreichen die Betreffenden faktisch den Zeitpunkt des Renteneintritts. In anderen Fällen ist es allerdings nicht so klar, ob Unterschiede zwischen Altersgruppen auf einen Alterseffekt oder alternativ auf einen Kohorten- oder Periodeneffekt zurückgehen. Ein deutlicher *Kohorteneffekt* liegt z.B. vor, wenn man sieht, dass jüngere Frauen formal gebildeter sind als ältere. Sie werden nicht etwa mit zunehmendem Alter ungebildeter, sondern die Generationen heute älterer Frauen hatten aus verschiedenen Gründen meist früher im Lebenslauf geringere Möglichkeiten, eine höhere Qualifizierung zu erlangen. Ein *Periodeneffekt* schließlich ist zu konstatieren, wenn spezifische historische Ereignisse oder Wandlungsprozesse Kohorten übergreifend prägen, allerdings nicht zwingend in der gleichen Weise. Ein Beispiel ist die deutsche Vereinigung, die für Menschen, die viele Jahre ihres Lebens in der DDR gelebt hatten, in der Regel etwas anderes bedeutete als für ostdeutsche Jugendliche.

Ein Beispiel für einen Befund aus der Sozialstrukturanalyse im weiteren Sinne, der nicht in reiner Weise Alters- von Kohorteneffekten trennen kann, ist die Milieuanalyse von G. Schulze (1992). Dort sind jüngere Menschen (bis etwa 40 Jahre) mit höherer Bildung dem „Selbstverwirklichungsmilieu" zugeordnet, ältere höher Gebildete dem „Niveaumilieu". Die Jüngeren interessieren sich z.B. für Jazzkonzerte, Kino, Kleinkunst und Sport, gehen öfter in Bistros, Cafés und Bars. Für die Älteren ist unter anderem das Interesse an „Hochkultur" wie Theater, Museum und Literatur typisch. Nimmt man die ungefähre Altersgrenze „40 Jahre" einmal als gegeben an, lässt sich zum Teil ein Kohorteneffekt vermuten – heute Jüngere werden in 20 oder 30 Jahren z.B. teilweise andere Musik hören als die gegenwärtig Älteren. Andererseits sind Alterseffekte (bei Schulze: lebenszyklische Effekte) nicht auszuschließen, was hieße, mit zunehmendem Alter und gegebenenfalls gewisser Etablierung einen „gesetzteren" Lebensstil anzunehmen, der dem Niveaumilieu durchaus in einigen Elementen ähnelt. Auch Schulze selbst legt sich übrigens nicht darauf fest, ob er in seinem Modell entweder Alters- oder Kohorteneffekte abgebildet sieht, sondern erwähnt beide Prozesse als wirksame Faktoren (1992: 189/190).

Querschnittuntersuchungen müssen sich mit diesem Deutungsproblem auseinandersetzen. Sie können zwar z.B. in Befragungen zumindest für die jeweils zurückliegenden Lebensphasen retrospektiv nach vergangenen Ereignissen fragen, doch ist es offensichtlich, dass die Rekonstruktion der Vergangenheit aus der Gegenwart heraus nicht automatisch die damaligen Geschehnisse im Verhältnis eins zu eins abbildet, was unter anderem an mangelnder Erinnerung oder an (unbewussten) Umdeutungen liegen kann. Die Biographieforschung, die im Gegensatz zur Lebenslaufforschung die Lebensgeschichte aus der subjektiven Sicht des Individuums zum zentralen Gegenstand hat (im Überblick Fuchs-Heinritz 2005), befasst sich teilweise ganz ausdrücklich mit der Frage nach der Relation zwischen der erlebten und der erzählten Lebensgeschichte (Rosenthal 1995).

Eine methodische Alternative zu Querschnittuntersuchungen stellen *Längsschnittstudien* dar, insbesondere Panels, bei denen zu verschiedenen Zeitpunkten identische Personen in den Blick genommen werden.[10] Diese Forschungsdesigns sind allerdings aufwändig, haben – um nur eines zu nennen – das Problem der „Panelmortalität" (das heißt, dass Befragte irgendwann nicht mehr zur weiteren Teilnahme zur Verfügung stehen) und können nur in die Zukunft gerichtet Zeitreihen aufbauen, falls der Forscher nicht bestehende Datensätze für die Fragestellung nutzen kann. Für Zeitvergleiche kommen über Befragungsmaterial hinaus auch andere Quellen in Frage, beispielsweise Tagebücher, in denen Menschen in verschiedenen Jahrzehnten über ihr Älterwerden geschrieben haben. Solche Quellen müssen zu diesem Zweck allerdings sowohl aufbewahrt worden als auch für Forscher zugänglich und vergleichbar sein. Diese Stichworte sollen genügen, um anzudeuten, welche Herausforderungen Untersuchungen zeitlicher Prozesse und speziell des Lebenslaufs mit sich bringen (siehe z.B. Baur 2005, unter anderem zur Eignung von Auswertungsverfahren wie Zeitreihen-, Ereignis- oder Sequenzanalyse, für die Erforschung zeitlicher Phänomene; Sackmann/Wingens 2001 zu Übergängen, Sequenzen und Verläufen an Beispielen; zu Lebensverläufen im Globalisierungsprozess das von 1999-2005 laufende Projekt „Globalife" unter der Leitung von H.-P. Blossfeld: http://web.uni-bamberg.de/sowi/soziologie-i/globalife/. Im Folgenden geht es – etwas bescheidener – um die Erforschung einer speziellen Lebensphase, und zwar am Beispiel des Alters. In diesem Kontext ist ähnlich wie bei den anderen Beispielen in diesem Buch kein inhaltlicher Überblick über die soziologische und interdisziplinäre Alter(n)sforschung intendiert (siehe als Einführung etwa Backes/Clemens 1998), sondern auf der Basis des „methodischen Blicks" stehen drei Aspekte im Vordergrund:

a. Wie lässt sich „Alter" als Lebensphase abgrenzen? Muss es möglicherweise intern weiter differenziert werden? Wie viel Theorie gegenüber Empirie und möglicherweise Pragmatismus der Forschungspraxis gehen in entsprechende Entscheidungen ein?
b. Mit Blick auf die Datenerhebung wird der Aspekt herausgegriffen, ob Besonderheiten bei der Befragung älterer Menschen zu beachten sind. Dabei informiert der Abschnitt auch über einige ausgewählte Datengrundlagen zur Untersuchungsgruppe älterer Menschen in Deutschland.
c. Welche Interpretationen lassen empirische Befunde und ihre statistische Auswertung zu? Dies soll – jeweils auch mit Rückbezug auf die Datenerhebung – an konkreten Beispielen veranschaulicht werden.

---

[10] Im Kapitel zur Armut wurde die Bedeutung von Längsschnittstudien und Panels (z.B. Bremer Längsschnittstudie, SOEP) bereits angesprochen.

4.2 Abgrenzung von „Alter" als Lebensphase

„Altern" ist ein Prozess, der spätestens mit der Geburt beginnt; Kindern erscheinen über 30jährige als mindestens alt, heutzutage 60jährige fühlen sich selbst dagegen meist nicht alt. Festlegungen einer Grenze, ab wann jemand „alt" ist, kommen daher nicht umhin, theoretische Begründungen heranzuziehen, weil es das „objektive" Alter schlicht nicht gibt. Biologen, Mediziner, Psychologen, Pflegewissenschaftler und Soziologen, um nur einige Disziplinen zu nennen, sehen Alter jeweils als etwas anderes an, zumindest bestimmte Nuancen betreffend. Auch im historischen Rückblick wird deutlich, dass es eine klar abgegrenzte Altersphase nicht immer gab und sie zu verschiedenen Zeiten – unter anderem durch eine kürzere Lebenserwartung als heute – etwas anderes bedeutete (vgl. Ehmer 1990, Mitterauer 1991). Es hängt außerdem von der genauen Forschungsfrage ab, ob das Altern als Prozess im Vordergrund steht oder das Alter als Resultat dieser Prozesse in Form einer spezifischen Lebensperiode (Baltes/Baltes 1992: 9). Für den zweiten Fall ist aus soziologischer Sicht der Renteneintritt nach wie vor ein wichtiges Datum, das den Altersbeginn mit einer neuen Rolle markiert. Alte Menschen könnten dann diejenigen sein, die Altersrente oder Pensionen beziehen. Ganz unproblematisch ist diese Festlegung jedoch nicht. Beispielsweise könnte die ältere Hausfrau ausschließlich von dem Einkommen ihres Mannes leben, und Selbständige könnten länger als z.B. bis zum 65. Lebensjahr erwerbstätig sein. Der Nichtbezug von Altersrente wäre allerdings kein Grund, dass sie nicht irgendwann von ihren Mitmenschen und möglicherweise auch im Selbstbild als „alt" angesehen werden. Die Beispiele verdeutlichen das Phänomen, dass sich der Ausstieg aus dem Erwerbsleben pluralisiert hat. Manche Menschen gehen z.B. mit 58 Jahren in den Vorruhestand, andere arbeiten einige Jahre länger. Ist dann die eine Person „alt", die andere nicht? Eine interne Differenzierung des Alters – ist der 62jährige in gleicher Weise „alt" wie die 93jährige und unter welchen Bedingungen? Wann werden „junge Alte" zu „alten Alten"? – ist mit diesem Kriterium zudem nicht möglich. Bescheidener könnte man also den Bezug von Altersrente als eines von mehreren Kriterien zur Abgrenzung der Altersphase angeben. Jedenfalls ist dieser Bezug nicht mit der Möglichkeit verbunden, ein chronologisches Lebensalter anzugeben, mit dem das Alter beginnt, denn das gesetzliche Renteneintrittsalter entspricht oft nicht dem faktischen, und ein Durchschnittseintrittsalter mit recht großer Streuung hätte nicht nur einen relativ künstlichen Charakter, sondern wäre auch keine gute Vergleichsbasis. Welche andere Studie würde man beispielsweise finden, die ebenfalls Menschen ab (fiktiv) 61,2 Jahren untersucht? Mit diesem Argument ist man dabei angelangt, neben theoretischen auch pragmatische Bestimmungsfaktoren für die Alterspha-

4.2 Abgrenzung von „Alter" als Lebensphase

se anzunehmen. Verschiedene empirische Untersuchungen setzen als Altersgrenze z.B. 60 oder 65 Jahre. So sieht die Enquetekommission „Demographischer Wandel" die Grenze bei 60 Jahren (1994: 62); das Alterssurvey betrachtet „die zweite Lebenshälfte" von 40 bis 85jährigen anhand einer auch nach dem Alter geschichteten Stichprobe mit den Untergruppen 40-54 Jahre, 55-69 Jahre und 70-85 Jahre (Künemund 2000: 34). Die Untersuchungen behaupten damit nicht, eine objektive Grenze der Altersphase gefunden zu haben, sondern arbeiten stattdessen mit pragmatischen, das heißt auch vergleichbaren Annäherungen.

Abgesehen von theoretischen und pragmatischen Grenzen könnte es empirische Hinweise geben, die eine Grenzziehung an bestimmten Stellen unterstützen. Beispielsweise weiß man aus mehreren Untersuchungen, dass die Multimorbidität ab etwa dem 80. Lebensjahr deutlich zunimmt, was eine mögliche interne Differenzierung der Altersphase – hier die Abgrenzung „Hochaltriger" (Tews 1990: 487) – stützen könnte. Solche Grenzen sehen natürlich davon ab, wie gesund ein über 80jähriger (oder auch ein Jahrzehnte jüngerer Mensch) im Einzelfall ist oder wie stark ihn Krankheiten in seiner Lebensführung beeinträchtigen. Weiterhin könnte man schauen, wie homogen oder heterogen ältere Menschen hinsichtlich eines Merkmals im Vergleich zu anderen Altersgruppen sind und aus relativ hoher Homogenität eine Begründung für bestimmte Abgrenzungen ziehen.

Ein weiteres Beispiel für einen empirischen Hinweis zu Altergrenzen können gezielt eingesetzte statistische Methoden sein, die Gruppen mit signifikanten Unterschieden voneinander abgrenzen. Die Entscheidungsbaumanalyse (answer tree) etwa ist ein Verfahren, das prüft, welchen Einfluss verschiedene Faktoren auf ein zu erklärendes Merkmal haben, in welchem Umfang also beispielsweise die Häufigkeit des Arztbesuches von dem Alter, Geschlecht, der Bildung und dem Haushaltseinkommen abhängt. Die Besonderheiten von Answer tree liegen darin – ohne hier einen genaueren Vergleich mit anderen multivariaten Verfahren anzustellen –, dass

- eine Reihenfolge der erklärenden Merkmale nach der Stärke ihres Einflusses erkannt wird;
- dabei Merkmale mit unterschiedlichem Messniveau einbezogen werden können und
- man in der Verzweigung Gruppen identifizieren kann mit z.B. besonders häufigen oder seltenen Arztbesuchen. In diesem Zusammenhang sind also unter Umständen auch Altersgruppen explorierbar (weiter zum Verfahren allgemein siehe Bühl/Zöfel 2002).

Was bedeutet dies nun am konkreten Beispiel? Im Hagener Forschungsprojekt „Inklusionsprofile"[11] wurde etwa untersucht, ob und wie die Einbindung in den Gesundheitsbereich (hier gingen z.B. Arztbesuche und Krankenhausaufenthalte ein) von der sozialen Lage, konkret von den ausgewählten Merkmalen Geschlecht, Alter, der Bildung, dem Haushaltseinkommen und den wöchentlichen Arbeitsstunden abhängt. Das Ergebnis nach Answer tree ist folgendes:

Abbildung 5: Beispiel Entscheidungsbaum: Einfluss der sozialen Lage auf die Inklusion in das Gesundheitssystem

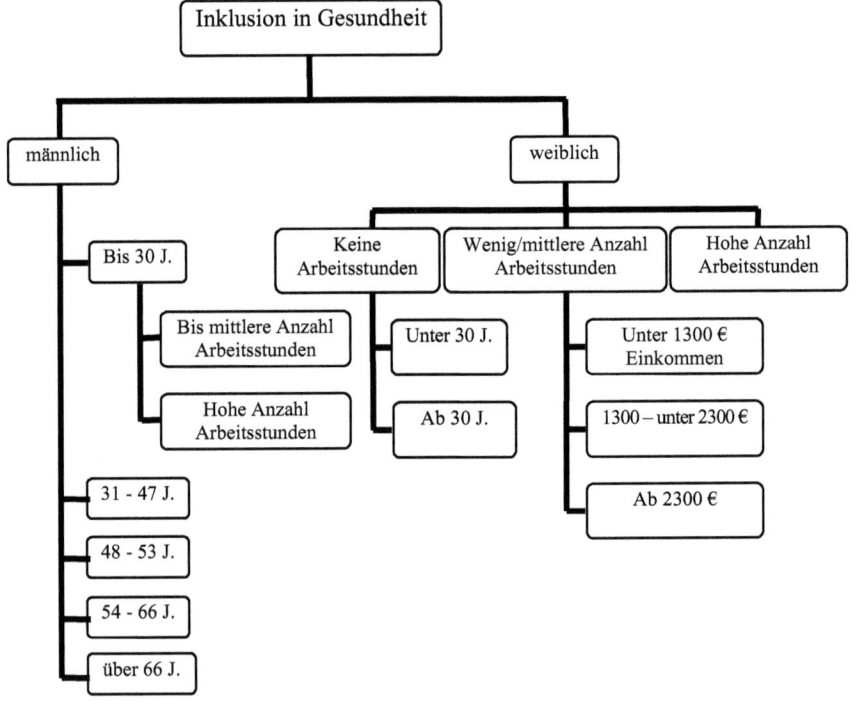

---

[11] Es handelt sich um ein von der DFG gefördertes Projekt an der FernUniversität in Hagen, geleitet von Uwe Schimank und Nicole Burzan von 2003 bis 2005 unter Mitarbeit von Brigitta Lökenhoff und Nadine M. Schöneck (näher zum Projekt und seinen Ergebnissen: Burzan et al. 2007).

4.2 Abgrenzung von „Alter" als Lebensphase

Als wichtigster Einflussfaktor (erste Verzweigung) stellt sich empirisch das Geschlecht heraus, für Männer danach das Alter und für jüngere Männer (bis 30 Jahre) zudem die Anzahl der wöchentlichen Arbeitsstunden. Es zeigt sich, dass die 53- bis 66jährigen und auch die über 66jährigen je eigene signifikante Gruppen bilden, die stärker als der Gesamtdurchschnitt in das Gesundheitssystem inkludiert sind. Für die Frauen stellt sich das Bild anders dar. Hier spielt das Alter nur für die Nicht-Erwerbstätigen eine Rolle, und zwar die Altersgrenze von 30 Jahren. Für weitere Differenzierungen der beiden Gruppen (unter/ab 30jährige) erkennt Answer tree keine empirische Basis. In diesem Beispiel ist also ein Hinweis aus der Empirie für einen Einfluss der Altersphase (ab 66 Jahren) zumindest für Männer gegeben. Diese Exploration, wann das Alter für welche zu erklärenden Merkmale welche Rolle spielt, lässt sich auf weitere Beispiele übertragen. Dabei ist mit dieser Vorgehensweise kaum zu erwarten, dass empirisch herausgearbeitete Altersgrenzen für verschiedene zu erklärende Variablen einheitlich sind. Somit können solche empirisch fundierten Altersgrenzen recht komplex sein und liefern nicht unbedingt allein das Kriterium für die letztliche Festsetzung von Grenzen, wann Menschen „alt" sind.

Es tritt hinzu, dass die empirischen Hinweise bereits durch die Auswahl der Kriterien, Methoden und durch die Deutung der Ergebnisse von theoretischen Entscheidungen des Forschers abhängig sind, daher sollte er die Begründungen für sein Vorgehen transparent machen. Eine Gefahr besteht in diesem Zusammenhang darin, dass bestimmte Vorannahmen unreflektiert in das Vorgehen einfließen, z.B. die Vorstellung von Alter als einem Defizit (zum Alter als Defizitmodell siehe z.B. Prahl/Schröter 1996: 278/279). Wenn Altersgrenzen dort gesetzt werden, wo ausgewählte Aspekte ins Negative umschlagen (z.B. das Nachlassen bestimmter Fähigkeiten), sind nachfolgende empirische Resultate über das Alter, die dieses als nachteilig erweisen, auch eine Folge dieser Festlegung und kein bis dahin offenes Ergebnis. Ähnlich wie am Beispiel der Armut zeigt sich auch hier: Bereits die Festlegung des Gegenstands mit entsprechenden methodischen Entscheidungen ist für die weitere Forschung folgenreich. Im Weiteren geht es nun um einen späteren Schritt im Forschungsprozess, die (Vorbereitung der) Datenerhebung.

4.3 Datenerhebung: Besonderheiten bei der Stichprobenausschöpfung und Befragung Älterer

Das Spektrum der Datenerhebungsinstrumente ist auch auf die Untersuchungsgruppe älterer Menschen anwendbar, je nach genauer Fragestellung, die im Idealfall die angemessenen Methoden nach sich zieht. Beispielsweise kann die Forscherin Ältere in bestimmten Situationen beobachten; (schriftliche, visuelle etc.) Quellen von und über Ältere(n) sind analysierbar; Sekundäranalysen von Daten, z.b. der Rentenversicherungsträger oder zu Mitgliedern in Vereinen und anderen Organisationen können erschlossen werden. Die lange als Königsweg betrachtete und heute nach wie vor häufig angewandte Erhebungsmethode ist jedoch die Befragung, die in unterschiedlichen Formen (telefonisch, persönlich-mündlich, schriftlich, z.b. per Post oder online) auftritt (vgl. z.B. Jacob/Eirmbter 2000: 131-147, zu Online-Umfragen ADM/ASI/Statistisches Bundesamt 2003) und sich an Einzelne oder Kollektive, z.B. alle Mitglieder eines Haushalts richtet. In diesem Zusammenhang stellt sich dann die Frage: Sind alte Menschen in besonderer Weise zu befragen? Zwei Aspekte dieser Thematik sollen hierzu näher angesprochen werden, und zwar

- die Stichprobenausschöpfung und im Zusammenhang damit die Befragungssituation sowie
- die Fragebogenkonstruktion.

Dass Menschen, die aus einer Grundgesamtheit für eine Stichprobe „gezogen" werden, doch nicht befragt werden können, kann verschiedene Gründe haben. Zum einen gibt es neutrale Ausfälle, das heißt solche, die nicht zur Verzerrung von Ergebnissen führen. Beispielsweise könnte eine Person gestorben sein, was noch nicht in der der Auswahl zugrunde liegenden Liste vermerkt worden war. Systematische Ausfälle dagegen liegen z.B. vor, wenn Personen nicht erreichbar sind, wenn sie – einmal kontaktiert – die Teilnahme verweigern oder (etwa aus gesundheitlichen Gründen oder durch Sprachschwierigkeiten) nicht befragbar sind. Ältere sind in der Regel besser erreichbar als andere Bevölkerungsgruppen wie Vollzeit-Erwerbstätige. Ansonsten ist die Nichtbefragbarkeit eher das größere Problem vor der Verweigerung, wobei die Verweigerungsgründe wiederum mit dem Alter zusammenhängen könnten (z.B. eine erhöhte Kriminalitätsfurcht bei Älteren). Der höhere Ausfall durch Nichtbefragbarkeit konnte etwa bei der ersten Welle des Alterssurveys (von 1996) festgestellt werden. Während die Verweigerungen bei den verschiedenen Altersgruppen des Surveys jeweils in einer ähnlichen Größenordnung liegen (zwischen 28 und 33%), gibt es große Unterschiede bei den Gründen „dauerhaft krank" und „geistig oder körperlich

4.3 Besonderheiten bei der Stichprobenausschöpfung und Befragung Älterer

behindert": Bei den 40-54jährigen machten diese Fälle circa 2% aus, bei den 70-85jährigen waren es rund 18% (Motel-Klingebiel/Gilberg 2002: 139/140). Von den 1996 etwa 5.000 befragten 40- bis 85jährigen konnten übrigens in der zweiten Welle 2002 immerhin circa 1.500 Personen (nun 46 bis 91 Jahre alt) nochmals befragt werden; eine ergänzende erneute Stichprobe umfasste knapp 4.000 deutsche und 600 ausländische Befragte (Quelle: www.dza.de/forschung/forsch-alterssurvey.html).

In der Studie „OASIS"[12] zeigten sich keine signifikanten Altersgruppenunterschiede bei der Teilnahmebereitschaft. Die höchste Bereitschaft gab es bei den 65- bis 75jährigen, also einer Gruppe, die häufig gut erreichbar sowie vergleichsweise gesund ist und genügend Zeit für eine Befragung zur Verfügung hat (Motel-Klingebiel/Gilberg 2002: 141-143). Die empirischen Ergebnisse dazu, ob die Stichprobenausschöpfung bei Älteren problematisch ist, sind also uneindeutig. Es lässt sich vermuten, dass das Problem quantitativ weniger bedeutsam als häufig angenommen ist. Zwar gibt es eine gewisse Höherbeteiligung der Gesünderen, besser Gebildeten und Wohlhabenderen, doch ist dies ein Phänomen, das auch aus allgemeinen Bevölkerungsumfragen bekannt ist (a.a.O.: 152). Andererseits ist zu berücksichtigen, dass in allgemeinen Surveys die Anstaltsbevölkerung (z.B. auch in Einrichtungen der Altenhilfe) oft von vorneherein gar nicht einbezogen wird, sich also auch dadurch Verzerrungen ergeben können (vgl. Schnell 1991: Kapitel 4.3; 4.4.8).

Wie sieht es speziell bei der telefonischen Befragung aus, also einer Befragungsform, die mittlerweile den größten Anteil unter den Befragungsarten ausmacht?[13] Auch hier weisen die Ergebnisse nicht vollständig in eine Richtung. Eine lineare Zunahme von Verweigerungen mit ansteigendem Lebensalter gibt es jedenfalls nicht. In einer Studie aus dem Jahr 2000 zu „sozialem Status und Gesundheit bei alten Menschen" (von dem Knesebeck et al. 2001) mit ab 60jährigen Befragten stellte sich etwa als Vorteil heraus, dass die Anzahl der nicht im Telefonbuch eingetragenen Haushalte innerhalb der Zielgruppe vergleichsweise gering war. Die Forscher gingen so vor, dass nach einer allgemeinen Auswahl von Telefonnummern (nach dem Gabler-Häder-Design; Häder/Glemser 2006: 155/156) gefragt wurde, ob eine ab 60jährige Person im Haushalt lebt. Falls es mehrere Personen gab, wurde die Zielperson danach ermittelt, wer zuletzt Geburtstag hatte. Die Autoren stellen fest, dass die Ausschöpfungsquote mit rund 62% im Vergleich zu üblicherweise erzielten Werten

---

[12] OASIS = Old Age and Autonomy: The Role of Service Systems and Intergenerational Familiy Solidarity; eine Studie mit 25- bis 100jährigen Befragten in Städten über 100.000 Einwohnern aus dem Jahr 2000.
[13] Unter den Untersuchungen der ADM-Mitgliederinstitute fanden 2004 44% der Befragungen in telefonischer Form statt (ADM 2005: 15).

von etwa 40 bis 60% und angesichts der im Hinblick auf (Telefon-) Befragungen oft als „schwierig" eingeschätzten Population gut war. Von 821 geführten Interviews konnten dabei 114 durch ausschöpfungssteigernde Maßnahmen durchgeführt werden, also vor allem durch eine nochmalige postalische oder telefonische Kontaktierung nach Nicht-Bereitschaft im ersten Kontakt.

Spezifisch ist ein weiteres Element, und zwar das so genannte Proxy-Interview, das heißt bei Nichtbefragbarkeit z.b. durch Schwerhörigkeit gab es die Möglichkeit, dass ein Stellvertreter zumindest eine Kurzform des Fragebogens beantwortete (139 der 821 Interviews waren solche Proxy-Interviews). Bestimmte Informationen lassen sich auf diese Weise in der Regel gut in Erfahrung bringen (z.b. das Alter, ob die Person regelmäßig in ärztlicher Behandlung ist etc.). Andere Fragen sind schwieriger oder gar nicht durch Ersatzbefragte zu beantworten, dazu gehört der Bereich der Einstellungen. Besonders heikel ist dies natürlich z.B. dann, wenn die Tochter einschätzen soll, wie zufrieden ihre Mutter mit den Generationenbeziehungen in ihrer Familie ist. Dieses Problem tritt auch dann auf, wenn Befragte zwar selbst antworten, jedoch Dritte beim Interview beziehungsweise beim Ausfüllen des Fragebogens anwesend sind. In diesem Fall ist ein sonst geltendes Merkmal des wissenschaftlichen Interviews außer Kraft gesetzt, und zwar, dass es sozial folgenlos ist und dem Befragten folglich keine Nachteile daraus entstehen. Dies ist bei der Anwesenheit Dritter nicht mehr unbedingt gewährleistet, es könnten sich etwa konflikthafte Anschlussdiskussionen innerhalb der Familie ergeben – die der Befragte mit sozial erwünschten Antworten möglicherweise von vorneherein zu vermeiden sucht.

Dieses Phänomen weist eine Parallele zu einer anderen Befragungssituation auf, der Befragung von Heimbewohnern. Kelle und Niggemann (2002) zeigen, dass die Heimleitung oder das Pflegepersonal dem Kontakt zu den Befragten oft vorgeschaltet sind, was – wenn die Befragung nicht ohnehin vollständig abgelehnt wird – möglicherweise zu einer verzerrten Auswahl führen kann, z.B. von Personen, die der Institution wohlwollend gegenüberstehen oder zumindest eher keine Kritik äußern und die nicht als „schwierig" gelten. Es ist damit auch nicht auszuschließen, dass von der Heimleitung eingeführte Interviewer als Abgesandte der Institution wahrgenommen werden und Befragte entsprechend zurückhaltend antworten. Andererseits können die vermittelnden Personen für die Forschung positive Effekte bewirken, indem sich mehr Befragte zur Teilnahme bereit erklären als wenn sie direkt einem fremden Interviewer gegenüber stehen oder indem Heimleitung und Pflegepersonal zusätzliche Informationen über die Befragten geben. Besondere Schwierigkeiten dürften sich weiterhin bei einer aus der Perspektive von Pflege zunehmend wichtigen Gruppe ergeben, und zwar bei Demenzkranken. Eine Herausforderung für die – gegebenenfalls eher qualitative – Forschung besteht neben der Gewinnung Demenzkranker als For-

4.3 Besonderheiten bei der Stichprobenausschöpfung und Befragung Älterer

schungsteilnehmende darin, zumindest Annäherungen an eine gültige Datenerhebung zu finden, z.b. durch das „Abpassen" geeigneter Befragungsmomente, die zusätzliche Beobachtung von Mimik und Gestik sowie die genauere Ergründung der Einsatzmöglichkeiten von Proxy-Interviews. Schließlich sei hinsichtlich der Befragungssituation Älterer noch zu erwähnen, dass diese aufgrund eines mit dem Alter abnehmenden „Durchhaltevermögens" für eine Befragung ihr kognitives Hoch öfter am frühen Morgen haben (Knäuper et al. 2002: 76) beziehungsweise zwischen 10.30 und 15.30 Uhr (Kühn/Porst 1999: 22). Kontaktaufnahmen sollten dies berücksichtigen und Interviewer entsprechend eher nicht z.B. um 19.30 Uhr abends anrufen oder vorbeikommen.

Hat man nun Befragte für die Teilnahme in einer möglichst verzerrungsarmen Befragungssituation gewonnen, legt man ihnen mündlich oder schriftlich den zuvor konstruierten Fragebogen vor. Aus allgemeinen Methodenlehrbüchern weiß man, dass hier verschiedene Aspekte zu beachten sind und man sich einem „perfekten" Fragebogen allenfalls annähern kann. Fragen sollen z.b. eindeutig und nicht suggestiv sein, Antwortvorgaben trennscharf und erschöpfend (Porst 2000). Zudem spielt die Reihenfolge der Themenkomplexe und Fragen eine Rolle. Gibt es für die spezifische Befragtengruppe älterer Menschen zusätzliche Hinweise zu beachten? Die Methodenforschung kann hier tatsächlich einige Besonderheiten benennen, die unter anderem auf alterstypischen kognitiven Veränderungen beruhen und die Folgen für die Fragebogenkonstruktion haben. Einige Beispiele seien hier herausgegriffen:

- Ältere Menschen haben zwar durchaus oft eine Bereitschaft zu antworten, jedoch nicht unbedingt im Einklang mit dem standardisierten Fragebogen (Kelle/Niggemann 2002: 102).
- Bei selbst auszufüllenden Bögen oder vorgelegten Karten / Listen sollte die Schriftgröße hinreichend sein; glänzende Papieroberflächen und farbige Blätter sollten vermieden werden (Kühn/Porst 1999: 22/23).
- Die Tendenz, sozial erwünscht zu antworten und extreme Antwortmöglichkeiten zu meiden, ist bei Älteren stärker ausgeprägt (Kelle/Niggemann 2002: 103).
- Personen mit reduzierter kognitiver Kapazität, wozu Menschen höheren Alters häufiger gehören, verstehen komplexe Fragen oft nicht, was sich in einem erhöhten Anteil von „weiß nicht"-Antworten äußert (Knäuper et al. 2002: 79).
- Ältere reagieren bei Rating-Skalen weniger auf numerische Werte, sondern vor allem auf verbale Angaben (a.a.O.: 81).

- Ältere nutzen Kontextinformationen weniger als Jüngere, was nicht zwingend nachteilig, aber eben – insbesondere für Vergleiche von Altersgruppen – zu beachten ist (a.a.O.: 82). Konkreter nehmen Fragereihenfolgeeffekte mit dem Alter eher ab, während Antwortreihenfolgeeffekte – ob also z.b. Antworten zu einer Bewertungsfrage von gut bis schlecht reichen oder umgekehrt – zunehmen (a.a.O.: 87). Der Einfluss von Antwortalternativen ist generell für ältere Befragte in der Regel stärker als für jüngere (a.a.O.: 91). Die Verwendung offener Fragen, z.b. zu Häufigkeitsangaben, ist daher durchaus in einigen Fällen in Erwägung zu ziehen.
- Wie bei anderen Aussagen über ältere Menschen weisen Kühn und Porst aber nochmals darauf hin, dass neben dem Lebensalter immer auch der Zusammenhang mit anderen Merkmalen wie Bildung, Geschlecht und Gesundheitszustand berücksichtigt werden muss, wenn man das Antwortverhalten Älterer nach seiner Zuverlässigkeit und Güte bewerten will (1999: 29).

Aus diesen Einsichten ist nun kein unmittelbares „Erfolgsrezept" ableitbar, jedoch sind zum einen – wie aus den genannten Aspekten ersichtlich – einige konkrete Maßnahmen durchaus möglich, zum anderen können diese Erkenntnisse zu einer erhöhten Sensibilität für die möglicherweise eingeschränkte Gültigkeit von Antworten (z.B. soziale Erwünschtheit) oder von Altersgruppenvergleichen führen. Die Verknüpfung mit anderen – auch qualitativen – Methoden kann im Einzelfall (z.B. hinsichtlich der Zufriedenheit mit dem Altenheim, in dem jemand lebt) ebenfalls eine bedenkenswerte Schlussfolgerung sein.

Im Zusammenhang mit der Datenerhebung sind bereits einige „Altersstudien" angesprochen worden. Nochmals zusammengefasst handelt es sich um

- das Alterssurvey 1996 / 2002 (Kohli/Künemund 2000; Dittmann-Kohli et al. 2001; Tesch-Römer et al. 2006; http://www.dza.de/forschung/forsch-alterssurvey.html#Marke2)
- den Altenbericht der Bundesregierung: der Fünfte Altenbericht mit dem Schwerpunkt „Potentiale des Alters in Wirtschaft und Gesellschaft. Der Beitrag älterer Menschen zum Zusammenhalt der Generationen" stammt aus dem Jahr 2005 [14]
- „OASIS" (siehe Fußnote 12; Tesch-Römer et al. 2000); hinzuzufügen ist mindestens
- die interdisziplinär angelegte Berliner Altersstudie (Mayer/Baltes 1996).

---

[14]http://www.dza.de/allgemein/politik-altenbericht.html#3;
http://www.bmfsfj.de/Kategorien/Publikationen/Publikationen,did=78114.html (Stand Juli 2007)

Dies ist keine erschöpfende Aufzählung, sondern lediglich eine Auswahl. Natürlich können auch allgemeine Surveys wie ALLBUS (Allgemeine Bevölkerungsumfrage der Sozialwissenschaften), ISSP (International Social Survey Programme), das sozioökonomische Panel SOEP, das Wohlfahrtssurvey, der Mikrozensus, die Zeitbudgetstudie des Statistischen Bundesamtes (siehe z.B. Statistisches Bundesamt 2004) etc. für altersspezifische und altersgruppenvergleichende Analysen genutzt werden. Hinzu kommen zahlreiche Einzelstudien, die unter anderem mit Hilfe allgemeiner sozialwissenschaftlicher (z.B. SOLIS, Datensätze des Zentralarchivs für empirische Sozialforschung) oder fachspezifischer Datenbanken (z.B. Gerolit, vgl. www.dza.de/gerolit/gerolit-online.html) auffindbar sind.

Solche Studien liefern nicht nur theoretische beziehungsweise inhaltliche Anknüpfungspunkte für weitere Forschungen, sondern können auch methodisch dazu dienen, das „Rad" nicht vor jeder empirischen Untersuchung wieder neu zu erfinden, sondern an den Stand der Forschung sinnvoll anzuschließen.

4.4 Interpretation empirischer Befunde: Drei Fallbeispiele

Hat man nun Daten erhoben, müssen sie im nächsten Schritt ausgewertet werden, in der quantitativen Forschung typischerweise mit Hilfe der Statistik. Dabei ist es für den Forscher nicht nur wichtig zu wissen, wie die Verfahren prinzipiell funktionieren (die Details der Berechnungen kann er meist getrost der Software des Computers überlassen, z.B. SPSS) und wann sie anwendbar sind, sondern auch, welche inhaltlichen Schlussfolgerungen er aus den Befunden ziehen kann. An diesem Punkt sind in verschiedenen Hinsichten Fehler möglich. Etwa können unreflektierte Hintergrundannahmen in die Auswertung einfließen, oder bestimmte Befunde werden im Nachhinein – auch die quantitative Forschung ist in der Praxis nicht so linear wie Methodenlehrbücher es möglicherweise vermuten lassen könnten – als Indikatoren für Sachverhalte verwendet, die sie auf den zweiten Blick nicht zweifelsfrei abbilden. Um hier ein punktuelles Beispiel zu nennen: Backes und Clemens nennen zurückgehende Heiratshäufigkeit, die Zunahme von Scheidungen und die sinkende Geburtenhäufigkeit als äußere Zeichen für eine zunehmende Vereinzelung Älterer. Zwar weisen sie nachfolgend darauf hin, dass diese Indikatoren noch nichts über die Netzwerkbeziehungen im Allgemeinen aussagen und gerade ältere Menschen ohne oder mit nur wenigen Verwandten über den Lebenslauf familiäre Beziehungen meist durch Freunde, Bekannte und Nachbarn teilweise „ausgleichen" (1998: 202/203). Doch stellt sich dann die Frage, mit welcher Begründung die Abnahme der Anzahl von Familienmitgliedern als „Vereinzelung" bezeichnet werden muss –

ein Begriff, bei dem wertende Konnotationen wie Einsamkeit durchaus nahe liegen. Weiterhin kann ein mangelnder Überblick des Forschers über das Spektrum der für die Fragestellung adäquaten statistischen Verfahren ein Grund neben anderen dafür sein, dass er seine Auswertungsinstrumente nur einseitig nutzt. Ein möglicher Effekt der genannten Mängel besteht darin, dass der Forscher (gegebenenfalls unbewusst) insbesondere auf solche Befunde schaut, die seine Hypothesen bestätigen. Ein Forscher mit anderen Hypothesen, anderem fachdisziplinären Hintergrund oder auch einem anderen „Wertezugang" hätte dieselben Daten möglicherweise anders gedeutet. Ohne hier erschöpfend auf alle nur möglichen Interpretationsfehler eingehen zu können, sollen die folgenden Beispiele die Herausforderung, die die Interpretation von empirischen Befunden an den Forscher stellt, an drei konkreten Fällen verdeutlichen.

Beispiel 1: Der Einfluss des Alters auf die Rezeption von Massenmedien

Im bereits erwähnten Forschungsprojekt „Inklusionsprofile" wurden die Befragten unter anderem gebeten anzugeben, wie häufig sie die Massenmedien nutzen, ob sie konkret Tageszeitungen, Zeitschriften, Fernsehen, Radio und das Internet täglich, mehrmals wöchentlich, seltener oder nie nutzen. Ziel war es, zunächst eine Größe zu erhalten, die die Gesamtnutzung der Massenmedien abbildet. Zu diesem Zweck wurde ein additiver Index konstruiert: tägliche Nutzung entsprach pro Medium 100 Punkten, gar keine Nutzung 0 Punkten, so dass jemand maximal 500 Punkte erhalten konnte.[15] Im nächsten Schritt wurde diese Inklusion in die Massenmedien für bestimmte Auswertungen in die Ausprägungen schwach, mittel und stark unterteilt (durch Drittelung der maximal erreichbaren Punktzahl). Nach der Indexbildung sollte untersucht werden, von welchen Einflussfaktoren die Stärke der Inklusion in die Massenmedien abhängt. An dieser Stelle interessiert insbesondere der Einfluss des Alters. Zu welchen Ergebnissen führen dabei welche statistischen Verfahren?

Bei der Ansicht der Kreuztabelle „Altersgruppe * Inklusion Massenmedien (kategorisiert)" ergibt sich, dass Ältere ab 60 Jahren unterdurchschnittlich der Gruppe der stark Inkludierten angehören (29% gegenüber 46% im Gesamtsample).

---

[15] Diesen Index könnte man als Teil der Interpretation natürlich bereits in Frage stellen. Als Annahme ist beispielsweise eingegangen, dass alle Medien gleich gewichtet und damit als für die Summe der Punkte austauschbar angesehen werden.

4.4 Interpretation empirischer Befunde: Drei Fallbeispiele

Tabelle 6: Kreuztabelle Altersgruppen * Inklusionsstärke in das Teilsystem Massenmedien (kategorisiert)

		Alter kategorisiert					
		18 - 29 Jahre	30 - 44 Jahre	45 - 59 Jahre	60 Jahre und älter	Angabe verweigert	Gesamt
schwache Inklusion	Anzahl	16	27	18	25	0	86
	%	4,0%	3,9%	3,3%	5,5%	,0%	4,1%
mittlere Inklusion	Anzahl	185	315	240	298	10	1048
	%	46,4%	45,0%	44,2%	65,6%	71,4%	49,7%
starke Inklusion	Anzahl	198	358	285	131	4	976
	%	49,6%	51,1%	52,5%	28,9%	28,6%	46,3%
Gesamt	Anzahl	399	700	543	454	14	2110
	%	100,0%	100%	100,0%	100,0%	100,0%	100%

Dieses Ergebnis ist allerdings differenziert zu sehen, wenn man sich die einzelnen Medien anschaut. Beispielsweise lesen die Älteren häufiger als die anderen Altersgruppen täglich die Tageszeitung (82%/60%) und schauen häufiger täglich fern (86%/72%). Radio hören sie allerdings seltener täglich (69%/75%), noch ausgeprägter gilt dies für die tägliche Internetnutzung (12%/33%). Beim Lesen von Zeitschriften, Illustrierten etc. sind sie sowohl bei der täglichen Nutzung als auch in der Kategorie „nie" etwas überdurchschnittlich vertreten.

Bei dieser Analyse, die schon einigen Aufschluss gibt, bleibt der Forscher jedoch nicht stehen, will er das Potential der statistischen Analyse nutzen. Im Weiteren kann er zunächst ein Zusammenhangsmaß berechnen, das in einer Maßzahl zusammenfasst, was die Kreuztabelle durch mehrere Prozentzahlen ausdrückt (Benninghaus 2005: Kapitel 5-8). Dabei kann nun auch das metrische Messniveau beider Merkmale genutzt werden – dies wäre in einer nicht kategorisierten Kreuztabelle zu unübersichtlich gewesen. Bivariat ergibt der für metrisches Messniveau anwendbare Korrelationskoeffizient Pearson's r einen Zusammenhang von r=-0,11 zwischen dem Alter und der Inklusionsstärke in die Massenmedien. Das negative Vorzeichen weist auf die gegenläufige Richtung des Zusammenhangs hin: Je älter jemand ist, desto geringer ist tendenziell seine Inklusion. Allerdings ist die Stärke des Zusammenhangs (abzulesen am Betrag: 0,11) nicht herausragend. Andererseits erhöht eine weitere statistische Information die Aussagekraft dieses Werts: die Betrachtung der Signifikanz. In diesem Fall ist der Zusammenhang bei einem Signifikanzniveau von 1% zweiseitig signifikant (zum Signifikanzniveau beziehungsweise der Irrtumswahrscheinlichkeit allgemein siehe Kühnel/Krebs 2001: Kapitel 9.1.2). Damit könnte man sagen, dass angesichts der Tatsache, dass bei der Nutzung von Massenmedien wie bei vielen anderen soziologisch bedeutsamen Merkmalen ein nahezu deterministischer

Einfluss eines Faktors nicht zu erwarten war, der Zusammenhang zumindest noch nennenswert ist. Aber auch damit muss sich der statistisch versierte Forscher noch nicht zufrieden geben. Er kann zu Recht argumentieren, dass die Untersuchung des bivariaten Zusammenhangs nicht ausreicht, sondern dass der multivariate Zusammenhang mehrerer Variablen gleichzeitig zu betrachten ist (vgl. zu multivariaten Verfahren Backhaus et al. 2003). Ein Beispiel für ein solches multivariates Verfahren ist die multiple Regressionsanalyse. Am konkreten Fall zeigt sich, dass der für diese Fragestellung relevante ß-Wert nicht signifikant ist, das heißt multivariat gibt es (zumindest nach der multiplen Regressionsanalyse, das gleiche gilt auch für die partielle Korrelation) keinen Zusammenhang zwischen dem Alter und der Inklusion in die Massenmedien. Kontrolliert wurden dabei die sozialen Lagemerkmale Geschlecht, Bildung, Haushaltseinkommen und wöchentliche Arbeitsstunden – eine einschlägige, aber letztlich natürlich selektive Auswahl.

Das Beispiel zeigt: Bei komplexen Realitäten sind einfache Antworten kaum zu erwarten. Zur Beantwortung der Forschungsfrage kann Statistik wichtige Hilfestellungen leisten; sie liefert jedoch kein von methodischen und theoretischen Entscheidungen des Forschers unabhängiges, eindeutig interpretierbares Ergebnis. Unter anderem könnte der Forscher andere Maßzahlen, ein anderes Signifikanzniveau, andere multivariate Verfahren oder alternative Einflussfaktoren auswählen. Hängt die Mediennutzung nun mit dem Alter zusammen? Die vorsichtigste Antwort ist ein „es kommt darauf an" mit sorgfältiger Deskription der Daten. Für den Forscher sowie für die Leserin von Studien wäre es jedoch unbefriedigend, schon bei diesen Fragen (die ja z.B. im Inklusionsprojekt nur einen sehr kleinen Teil der Forschungsfrage ausmachten) bei der Unentschiedenheit stehen zu bleiben. Der Forscher muss sich folglich auf eine fundierte Gratwanderung aufmachen, die ihn zwischen nichtssagender Deskription und sich zu weit vorwagender Überinterpretation auf die Spur solider, empirisch untermauerter Ergebnisse führen soll. Im Beispiel könnte man auf der aggregierten Ebene von Alter und Inklusion in die Massenmedien allgemein sagen, dass diese beiden Merkmale statistisch – aufgrund der multivariaten Befunde – nicht zusammenhängen, dass dies jedoch Auffälligkeiten im Einzelnen unberührt lässt.

Beispiel 2: Handlungstypen im Alter

Kolland und Kuhri (2004) gehen von der theoretischen Annahme aus, dass, bedingt durch sozialen Wandel, heutzutage vermehrt Diskontinuitätsprozesse zwischen mittlerem und höherem Alter gegeben sind. Sie definieren in der Folge vier Handlungstypen älterer Menschen, deren Vorkommen sie empirisch untersuchen: 1) Stabilität und

4.4 Interpretation empirischer Befunde: Drei Fallbeispiele

Orientierung am Bewährten; 2) vollzogene Richtungswechsel im Handeln (Innovationskompetenz); 3) Richtungswechsel unter Rückgriff auf frühere Verhaltensmuster; 4) potentielle Richtungswechsel (Innovationspotential). Innovationskompetenz sehen sie dabei als Fähigkeit, innovativ auf veränderte Rahmenbedingungen (z.B. Ende der Erwerbsphase, Tod des Partners) zu reagieren. Innovationspotential ist die noch nicht realisierte Absicht eines Richtungswechsels im Lebenslauf.

Diese Typen wurden zum einen durch eine Selbsteinschätzung 60- bis 93jähriger Befragter nach einer Verhaltensänderung in den letzten fünf Jahren und zum anderen durch Fragen zum tatsächlichen Verhalten: Handybesitz, Zugang zum Internet, ehrenamtliche Tätigkeit, sportliche und künstlerische Betätigung operationalisiert (a.a.O: 159). Als Ergebnis halten die Autoren fest, dass 18% der Befragten als innovativ eingestuft wurden, 9% haben bereits früher ausgeübte Tätigkeiten wieder aufgenommen; 15 % haben einen Richtungswechsel vor, und 58% orientieren sich an bewährten Handlungsweisen (a.a.O.: 160). Die Autoren kommentieren diese Verteilung nicht weiter (sind 58% „Bewährte" z.B. viele oder nicht, mehr als erwartet oder nicht etc. – ein normativer Ansatz wäre hier auch schwigig zu begründen), sondern differenzieren das Ergebnis weiter nach Altersgruppen, Geschlecht und Schulbildung:

Abbildung 6: Handlungstypen nach Alter, Geschlecht und Bildung

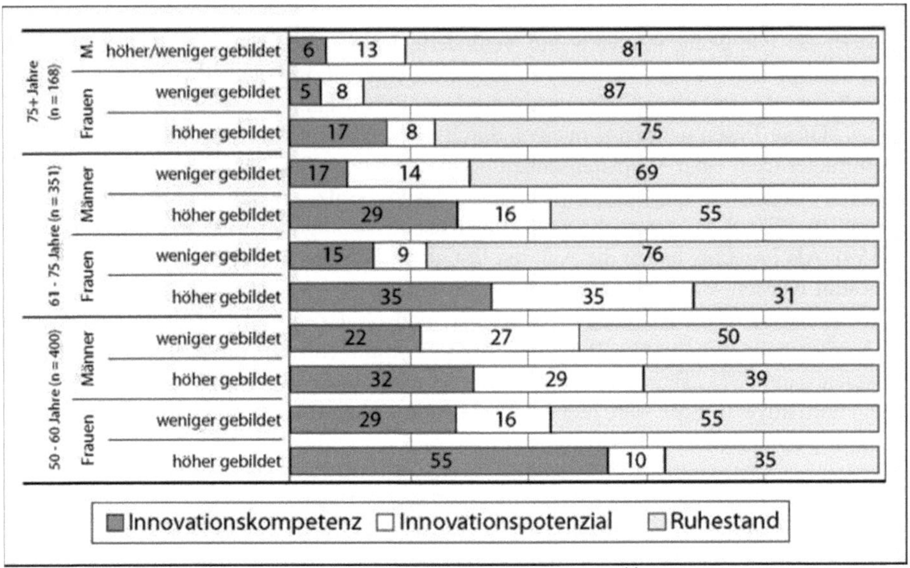

Altersgruppe	Geschlecht	Bildung	Innovationskompetenz	Innovationspotenzial	Ruhestand
75+ Jahre (n = 168)	M.	höher/weniger gebildet	6	13	81
	Frauen	weniger gebildet	5	8	87
		höher gebildet	17	8	75
61 - 75 Jahre (n = 351)	Männer	weniger gebildet	17	14	69
		höher gebildet	29	16	55
	Frauen	weniger gebildet	15	9	76
		höher gebildet	35	35	31
50 - 60 Jahre (n = 400)	Männer	weniger gebildet	22	27	50
		höher gebildet	32	29	39
	Frauen	weniger gebildet	29	16	55
		höher gebildet	55	10	35

Quelle: Kolland/Kuhri 2004: 160; Angaben in %, n=919[16]

Folgende ausgewählte Resultate zeigt das Diagramm an:

- Ältere sind häufiger den „Ruheständlern" zugeordnet als vergleichsweise Jüngere.
- Bei den 50- bis 60jährigen sind mehr Frauen mit Innovationskompetenz, mehr Männer mit Innovationspotential zu finden.
- Höher Gebildete sind pro Altersgruppe jeweils zu höheren Anteilen innovationskompetent.

Was lässt sich aus diesen Zahlen jedoch nicht schließen? Man weiß nicht, auf welchem Niveau die Häufigkeit und Dichte bestimmter Aktivitäten gegenwärtig liegt und vor mehr als fünf Jahren lag. Der Begriff „Ruhestand" kann hier leicht in die Irre führen. Es könnte ja beispielsweise sein, dass jemand zwar nicht in den letzten fünf Jahren, aber davor (z.B. nach seinem Renteneintritt vor acht

---

[16] Wo der Typus „Richtungswechsel unter Rückgriff auf frühere Aktivitäten" in dem Schema zugeordnet wurde, ist nicht ganz eindeutig – möglicherweise bei der Innovationskompetenz.

4.4 Interpretation empirischer Befunde: Drei Fallbeispiele

Jahren) viel in seinem Leben geändert hat oder noch länger aktiv ist, vielleicht sogar mehrere Klischees erfüllt wie Surfen im Internet, Marathon laufen und sich ehrenamtlich engagieren. In diesem Zusammenhang ist zu fragen, ob die hier gewählten erklärenden Merkmale nicht vielleicht ergänzt werden sollten, und zwar um den zeitlichen Abstand zu bestimmten geänderten Rahmenbedingungen wie z.B. dem Renteneintritt – die ja in der Begriffsbestimmung von Innovation eine wichtige Rolle spielen. Ferner ist klar zu unterscheiden, was man letztlich messen wollte: Geht es vor allem um die Kontinuität beziehungsweise Diskontinuität, oder werden insbesondere bestimmte Aktivitäten als „innovativ" aufgefasst – was die Abfrage nach den ausgeübten Aktivitäten (siehe oben) ein wenig vermuten lässt. Eine Richtungsänderung in Form neuen Verhaltens zeigt ja auch jemand, der sich etwa nach einer Phase intensiven sozialen Engagements nun lieber stärker um seinen Partner und die Familie kümmern, mit ihnen zusammen sein möchte, der damit jedoch nicht im Sinne der oben genannten Handlungen „aktiver" wird. Hier entsteht die Gefahr einer normativen Wertung von Innovation / Aktivität als gut und „Ruhestand" als allenfalls zweitbester Lösung (auch in einer früheren Studie, auf die die Autoren rekurrieren, wurde die Kombination von geringer Aktivitätsvielfalt und hohem Wohlbefinden als Zufriedenheitsparadox tituliert; a.a.O.: 166). Dies geschieht zum einen durch die Wortwahl und trotz gelegentlicher Distanz zu solchen einfachen Kausalzusammenhängen zum anderen auch dadurch, dass es den Autoren stark erklärungsbedürftig erscheint, dass sie keinen Zusammenhang zwischen Innovationskompetenz und subjektivem Wohlbefinden feststellen können (a.a.O.: 162). Aus methodischer Sicht sei an diesem Beispiel festgehalten, dass Sensibilität für die Grenzen der Aussagekraft empirischer Ergebnisse in jedem Fall geboten ist, und dass unter anderem auch Operationalisierungen (hier: ausgeübte Aktivitäten, der Fünf-Jahres-Zeitraum) sowie Benennungen (z.B. Ruhestand oder Innovation) so wenig wie möglich unreflektierte Hintergrundannahmen einführen sollten.

Beispiel 3: Die Beobachtung Älterer im Altenheim

M. Baltes et al. (1986) wenden in ihrer Studie zu selbständigem und unselbständigem Verhalten im Altenheim ein weniger verbreitetes Erhebungsinstrument an: die standardisierte Beobachtung (Grümer 1974; Gehrau 2002, Burzan 2005: Kapitel 4.2), eine für die Fragestellung zweckmäßige Wahl. An ein standardisiertes Beobachtungsschema sind hohe Anforderungen geknüpft, soll es den Beobachtern doch in angemessenen Beobachtungssituationen möglich sein, in kurzer Zeit die für die Fragestellung relevanten Phänomene zu erkennen und zuverlässig in das Schema einzuordnen. Eine weitere oft nicht leicht zu klärende Frage lautet, ob die beobachteten Handlungen gültige Indikatoren für die zu messenden Sachverhalte darstellen. Im Beispiel kamen die Autoren zu folgenden Befunden für kategorisierte Verhaltensweisen:

Tabelle 7: Häufigkeitsverteilung der Verhaltensweisen von Bewohnern und sozialen Partnern

Verhaltensweisen Bewohner	**Häufigkeit in %**
Konstruktiv-aktives Verhalten = „prosoziales" Verhalten (ohne Selbstpflege), z.B. sich mit jemandem unterhalten, fernsehen, Zeitung lesen, handarbeiten	50,0
Destruktiv-aktives Verhalten = unsoziales, unangepasstes Verhalten, z.B. schreien, jemanden beschimpfen, mit dem Essen spielen	1,7
Passives Verhalten = passive, inaktive Verhaltensweisen, z.B. schlafen, in die Gegend starren	20,7
Selbständiges Eigenpflegeverhalten = tägliche Selbstpflege ohne Hilfe und entsprechende Ankündigungen, z.B. sich anziehen	26,3
Unselbständiges Eigenpflegeverhalten = Bitte um oder Annahme von Hilfe bei der Selbstpflege oder Weigerung, solche Aktivitäten allein zu tun	0,9

4.4 Interpretation empirischer Befunde: Drei Fallbeispiele

Verhaltensweisen soziale Partner (Mitbewohner, Personal, andere)	Häufigkeit in %
Aktivitätsunterstützendes Verhalten = z.B. „Möchten Sie Karten spielen?" oder „Sie stricken einen schönen Pullover"	33,0
Passivitätsunterstützendes Verhalten = z.B. jemanden zur Ruhe auffordern	0,5
Selbständigkeitsunterstützendes Verhalten = z.B. „wenn Sie den Stock benutzen, brauchen Sie nicht meine Hand"	2,9
Unselbständigkeitsunterstützendes Verhalten = z.B. jemanden beim Gehen stützen	2,8
Keine Reaktion Weder verbal noch nicht-verbal trotz Gesprächsnähe (2m)	58,7
Verlassen = z.B. vom Tisch aufstehen, Zimmer verlassen	2,1

Quelle: Baltes et al. 1986: 16, 22-23; n=32.469 Verhaltenssequenzen von 39 Bewohnern innerhalb von 21 Werktagen in einem Berliner Pflegeheim; n=45.441 Verhaltenssequenzen der sozialen Partner

Konstruktiv-aktives Verhalten, mit einigem Abstand folgend selbständige Eigenpflege und Passivität, erwiesen sich als häufigste Verhaltensweisen der Bewohner, die sozialen Partner reagierten im Wesentlichen nicht oder verhielten sich aktivitätsunterstützend. In einem nächsten Schritt prüften die Forscher unter anderem, welche Kombinationen der Verhaltensweisen von Bewohnern und sozialen Partnern wie häufig aufeinander folgten. Methodisch formuliert wurde eine LAG-Sequenzanalyse nach Sackett durchgeführt, bei der Basiswahrscheinlichkeiten und (durch vorangegangene Verhaltensweisen, so genannte Antezedenzereignisse) bedingte Wahrscheinlichkeiten auf signifikante Abweichungen hin verglichen werden. Es können dabei auch mehrere Folgeereignisse – hier waren es fünf – in die Analyse eingehen. Die Autoren zogen als Basis nur solche Verhaltensweisen heran, die im Beisein sozialer Partner geschahen. Beispielsweise ist die bedingte Wahrscheinlichkeit, dass auf konstruktiv-aktives Verhalten als Antezedenzereignis direkt ein aktivitätsunterstützendes Verhalten folgt, mit 0,28 signifikant größer als die Basiswahrscheinlichkeit von 0,11. Eine weitere signifikante Abweichung weist „keine Reaktion" auf (0,34 gegenüber

0,19); alle anderen direkten Folgeereignisse haben keine signifikant abweichenden bedingten Wahrscheinlichkeiten, hängen also nicht von dem vorigen Ereignis ab. Zusammengefasst lässt sich inhaltlich sagen, dass auf unselbständiges Eigenpflegeverhalten am häufigsten abhängigkeitsunterstützendes Verhalten folgte, auf selbständiges, passives und destruktiv-aktives folgte oft „keine Reaktion" und auf konstruktiv-aktives Verhalten folgte gelegentlich aktivitätsunterstützendes Verhalten.

Zur Einschätzung der Güte dieser Ergebnisse lassen sich nun folgende ausgewählte Aspekte anführen:

- *Die Fallzahl:* Es ging weniger darum, repräsentative Befunde zu erzielen, sondern die Autoren wollten prüfen, inwieweit sich Ergebnisse aus den USA prinzipiell auch in Deutschland wiederfinden lassen würden. Daher wählten sie ein Berliner Pflegeheim aus, das ihnen mit den in den USA untersuchten vergleichbar erschien. In dem Berliner Heim lebten 69 Bewohner, von denen 39 beobachtet wurden – darunter 34 Frauen. Soziale Partner waren vorwiegend die anderen Bewohner sowie das Personal.
- *Die Beobachtungssituation:* An 21 Werktagen führten die Forscher im Zeitraum von 7.00 bis 19.00 Uhr die Beobachtungen durch. Zwei gleichzeitig anwesende Beobachter beobachteten zu verschiedenen Uhrzeiten je die Hälfte der Beobachtungspersonen jeweils drei Minuten lang. Die konkrete Beobachtungssituation legten die Bewohner zumindest teilweise mit fest, beispielsweise durften die Beobachter in einigen Fällen erst dann das Zimmer betreten, wenn die morgendliche Wäsche abgeschlossen war. Dies hat offensichtlich einen Einfluss auf die empirischen Ergebnisse. Die Verhaltensweisen der Bewohner und der jeweiligen sozialen Partner wurden mit Hilfe eines Datenerfassungsgerätes in das oben dargestellte Kodierschema eingetragen. Dauerte eine Verhaltensweise länger als zehn Sekunden, wurde sie erneut kodiert. Strickte etwa eine Bewohnerin die gesamten drei Minuten (180 Sekunden) lang, ohne durch andere verbal oder durch Handlungen unterbrochen zu werden, hätte die Kodierung für die Bewohnerin gelautet: 18 x „Konstruktiv-aktives Verhalten". Auf diese Weise entstehen recht viele Kodierungen, und es wird gegebenenfalls noch plausibler, warum es relativ häufig „keine Reaktion" gab – diese erfolgt nicht unbedingt im Zehn-Sekunden-Takt. Dieses Vorgehen impliziert zudem eine gewisse Willkür für die sequentielle Analyse. Die Folgehandlungen wurden hier strikt zeitlich gefasst, nicht inhaltlich. Beispielsweise könnte es ja auch zeitlich versetzte Reaktionen geben – jemand kommt z.B. auf ein Gespräch vom Vormittag zurück. Die Möglichkeit unterschiedlicher Deutungen zeigt sich ebenfalls bei der Betrachtung der konkreten Kategorien.

- *Die Kategorien:* Es ist prinzipiell unmöglich, das perfekte Erhebungsinstrument zu entwickeln, konkrete Untersuchungen können sich diesem Ziel lediglich annähern. So könnte man auch hier sagen, dass einige Zuordnungen diskussionsbedürftig sind. Ist z.B. Fernsehen eine konstruktiv-aktive Handlung, gegebenenfalls sogar „prosozial" (von den Autoren selbst in Anführungszeichen gesetzt)? Je nachdem, ob jemand interessiert zusieht oder wenig aufmerksam ist – was allerdings nur schwer beobachtbar ist –, könnte die Kodierung unter Gesichtspunkten der Gültigkeit unterschiedlich sein. In der Kategorie „konstruktiv-aktive" Verhaltensweisen sind insgesamt sehr viele Sachverhalte zusammengefasst, was sich dann auch in einer Häufigkeit von 50% niederschlägt. Ein anderes Beispiel ist die Kategorie „keine Reaktion" der sozialen Partner. Hier ließe sich etwa fragen, ob die vorangegangene Verhaltensweise unbedingt einen Reiz dargestellt haben muss – falls nicht, erscheint der hohe Anteil in dieser Kategorie in einem anderen Licht. Weiterhin ist auch bei einer „Reaktion" die Deutung nicht immer einfach, so muss das Verlassen nicht Ablehnung oder Gleichgültigkeit ausdrücken, sondern kann ganz andere Gründe haben (wenn die Person z.B. zur Toilette ging). „Beim Gehen stützen" könnte man ebenso als aktivitätsunterstützend deuten – der Gestützte wird zu einer sonst vielleicht nicht möglichen Teilhabe befähigt – wie als unselbständigkeitsunterstützend. Die Beispiele verdeutlichen: Nach außen ähnliche Verhaltensweisen können durchaus etwas Unterschiedliches bedeuten. Es kann also nicht nur um eine Differenzierung des Kategorienschemas gehen – die die Autoren im Ausblick selbst anstreben – sondern auch um Überlegungen, das Schema zu modifizieren.
- *Reliabilität:* Es erfolgte eine Prüfung der Reliabilität, indem zu Beginn oder am Ende einer Beobachtungsperiode zwei zufällig ausgewählte Bewohner gleichzeitig von den Beobachtern beobachtet wurden und ihre Übereinstimmungen geprüft wurden. Korrelationen zwischen den Beobachtern für die Antezedenzereignisse lagen z.B. im Durchschnitt bei 0,84 (Baltes et al. 1986: 16/17), also vergleichsweise hoch, wenngleich ein Deutungsspielraum zum Ausdruck kommt.

Zusammenfassend lässt sich zu diesem Fallbeispiel sagen: Die Untersuchung gibt erste Hinweise dazu, wie Interaktionen von Altenheimbewohnern quantitativ in einer überschaubaren Anzahl von Kategorien und Sequenzen zu erfassen sind. Eine differenziertere und an einigen Stellen modifizierte Analyse – z.B. manche Kategorien oder den Zehn-Sekunden-Takt betreffend – wäre jedoch als Weiterentwicklung wünschenswert, um gültige und aussagekräftige Befunde zu erhalten. Die Beispiele zeigen insgesamt, wie eng inhaltliches Konzept und

Auswertung verknüpft sind beziehungsweise dass Spielräume in der statistischen Auswertung und ihrer Deutung existieren, die von Forschenden trotz der großen Regelhaftigkeit statistischer Verfahren Interpretationsarbeit erfordern.

5 Bildung als prägender Faktor in der Sozialstruktur: Das Beispiel der bildungsspezifischen Partnerwahl

Bildung ist in der Sozialstrukturanalyse ein zentrales Thema, das mit anderen Aspekten wie z.b. der Chancengerechtigkeit, Mobilitätsmöglichkeiten oder Lebensstilen eng verknüpft ist. Entsprechend gibt es eine breite Forschung mit vielfältigen Facetten (siehe unter anderem die Veröffentlichungen im Kontext des Max-Planck-Instituts für Bildungsforschung: http://www.mpib-berlin.mpg.de). Krais (2003) stellt den Zusammenhang von Bildung und sozialer Ungleichheit, insbesondere den Ungleichheitsdimensionen sozialer Herkunft und Geschlecht, als einen Forschungsschwerpunkt der Bildungssoziologie dar. Dahinter steht die Frage, „ob und wie über Bildung, genauer: über gesellschaftlich organisierte Bildung und damit insbesondere über Schule und Hochschule, die Strukturen gesellschaftlicher Ungleichheit reproduziert oder aufgebrochen werden können" (2003: 83). Die PISA-Studie und andere nationale und international vergleichende Untersuchungen deuten darauf hin, dass die Angleichung schichtspezifischer Bildungschancen in Deutschland trotz Bildungsexpansion nach wie vor ein Problem darstellt, während sich die Bildungschancen von Männern und Frauen in den letzten Jahrzehnten stärker angenähert haben (z.B. Hradil 2004: Kapitel 5.2.2). Weitere, hier willkürlich ausgewählte Themen der Bildungsforschung lauten: Welche Folgen hat die Bildungsexpansion für den Einfluss des Bildungsabschlusses auf die berufliche Karriere? Wirkt sich die Entwicklung zur „Wissensgesellschaft" in vermehrtem lebenslangem Lernen und/oder in anderer Form aus? Welche Rolle spielt Begabung für die Chancengerechtigkeit im Bildungssystem in Relation zu den Ungleichheitsdimensionen, bei denen zu sozialer Herkunft und Geschlecht auch andere ergänzt werden könnten, z.B. die ethnische Herkunft oder ob man in der Großstadt oder in peripheren ländlichen Räumen lebt?

Ein inhaltlicher Überblick ist hier nicht angestrebt (vgl. im sozialstrukturellen Kontext einführend Hradil 2001: Kapitel 5.1; Geißler 2006: Kapitel 13; Klein 2005: Kapitel 4.1; zu Bildung und sozialer Ungleichheit auch die Beiträge in Engler/Krais 2004 sowie in Georg 2006). Stattdessen soll ein spezifisches Thema herausgegriffen werden, das methodisch – und auch in seinen inhaltlichen Bezügen – allgemeine Elemente der Bildungsforschung widerspiegelt, und zwar die Abhängigkeit der Wahl des Ehepartners von der Bildung. Wählt man den Partner frei, ganz unabhängig von seiner Bildungsqualifikation, oder spielen doch nach wie vor strukturelle Einflüsse eine Rolle, seien sie derart, dass bestimmte Gelegenheitsstrukturen wirken oder dass soziale Zugehörigkeiten beziehungsweise Abgrenzungen zum Ausdruck kommen? Soziale Ungleichheit zeigt sich hier also möglicherweise in einem ganz „privaten" Bereich. Zuvor ist es jedoch auch in diesem Kapitel notwendig, einige Hinweise zur konzeptionellen Umsetzung von „Bildung" zu geben.

5.1 Die Operationalisierung von „Bildung"

In der Sozialstrukturanalyse hat kulturelles Kapital in Form von Bildungstiteln oft den Charakter eines möglichen Einflussfaktors auf zu erklärende Phänomene wie Chancen auf dem Arbeitsmarkt, politische Beteiligung oder Lebensstile. Auch Mobilitätsanalysen berücksichtigen Bildung – z.B. die der Eltern- und die der Kindergeneration im Vergleich – oft als zentrales Merkmal. In diesem Kontext ist es dann wichtig, Bildung möglichst als ein einziges prägnantes Merkmal zu fassen, so dass es auch vergleichend neben anderen sozialen Lagemerkmalen wie Geschlecht, Alter oder Berufsstatus analysiert werden kann. Natürlich kann Bildung in der Sozialstrukturanalyse auch in anderen Zusammenhängen eine Rolle spielen und dann etwas Komplexeres meinen als allein etwa Bildungstitel. In den vorigen Kapiteln ist an anderen Beispielen bereits demonstriert worden, wie wichtig es ist, die zentralen Begriffe möglichst präzise zu operationalisieren, und wie folgenreich es für die Untersuchungsergebnisse ist, dass der Forscher sich auf bestimmte Begriffsbedeutungen festgelegt hat. Daher soll an dieser Stelle nur ein Aspekt dazu herausgegriffen werden, wie die formale Bildung als Merkmal zu fassen ist, nämlich ob der Forscher sich auf Bildungsjahre oder auf Zertifikate/Abschlüsse bezieht.

Variante 1: Schulbildung in Jahren

Als Beispiel für diese Variante dient die Studie von Simonson (2004), die Statusinkonsistenzen im Zeitverlauf hinsichtlich der Statusmerkmale Berufsprestige, Nettoeinkommen und Bildung untersucht. Die Bildung operationalisiert sie dabei als Schulbildung, und zwar in Form der Jahre, die bis zum Erreichen des Abschlusses üblicherweise im Bildungssystem verbracht wurden (im Unterschied zu tatsächlich in der allgemeinbildenden Schule verbrachten Jahren; 2004: 40). Ein Vorteil dieser Vorgehensweise besteht darin, durch die Umwand-

5.1 Die Operationalisierung von Bildung

lung von Kategorien (z.B. „Abitur") in Jahre ein metrisches Merkmal vorliegen zu haben. Die Umwandlung sieht bei Simonson konkret so aus (a.a.O.: 43):

Volks-/Hauptschulabschluss: 9 Jahre
Realschulabschluss/mittlere Reife: 10 Jahre
Fachhochschulreife: 12 Jahre
Hochschulreife/Abitur: 13 Jahre

Zusätzlich muss eine Zahl für diejenigen, die keinen Schulabschluss haben, geschätzt werden – es spräche nicht für methodische Sorgfalt, diese Gruppe einfach unberücksichtigt zu lassen. Für diesen Schritt geht die Autorin so vor (a.a.O.: 43-46): Sie nimmt an, dass die Merkmale politisches Interesse, Nettoeinkommen und Berufsprestige eng mit der Bildung zusammenhängen und berechnet die bedingten Mittelwerte dieser Merkmale für die jeweiligen Schulabschlüsse (auch für die Ausprägung: kein Abschluss), die einen gleichgerichteten Zusammenhang bestätigen, also z.B. steigt mit der Bildungsqualifikation das durchschnittliche Einkommen. Das Konzept der Regression (siehe z.B. Kromrey 2006: Kapitel 8.3.3) kann nun im Folgenden genutzt werden, um die Schuljahre der Personen ohne Abschluss zu schätzen. Dabei ist z.B. das politische Interesse die zu erklärende Variable Y, die Schulbildung der Einflussfaktor X. In die Regressionsgleichung

$$\hat{y}=a+bx\,[17]$$

kann man für $\hat{y}$ den gruppenspezifischen Mittelwert des politischen Interesses derjenigen ohne Abschluss einsetzen (er beträgt nach kumulierten ALLBUS-Daten 1980-1998 3,65 bei einem Wertebereich von 1 bis 5). Die Werte für a und b erhält man aus der Regressionsrechnung. Erklärende Variable ist dabei die Schulbildung mit den Ausprägungen 9, 10, 12 oder 13 Jahre, zu erklärende Variable das politische Interesse mit den Ausprägungen 1 bis 5; die Daten stammen ebenfalls aus dem kumulierten ALLBUS 1980-1998. Es ergibt sich:

3,65=5,145+(-0,216)x.

Nach x aufgelöst ist x=6,92≈7. Dies deutet darauf hin, dass es sinnvoll ist, für Personen ohne Schulabschluss sieben Jahre als entsprechenden Wert für die

---

[17] Die Formel stellt die Funktionsgleichung der Regressionsgeraden dar mit a als Schnittpunkt der Gerade mit der Y-Achse (inhaltlich: der Wert, den y in der Schätzung annimmt, wenn x = 0 ist) und b als Steigung der Geraden (inhaltlich: wenn x um eine Einheit steigt, steigt der geschätzte y-Wert um den Faktor b).

Schulbildung zu schätzen. Für das Prestige und das Einkommen ergaben sich im Übrigen ähnliche Werte, und andere Korrelationsberechnungen stützten das Ergebnis weiter ab, so dass die neue Variable „Schulbildung in Jahren" um die Ausprägung „ohne Abschluss: 7 Jahre" ergänzt werden kann, ohne dass diese Ergänzung nur eine willkürliche Schätzung wäre. Prinzipiell wäre es bei entsprechenden Informationen über die berufliche Bildung im Weiteren möglich, auch die Qualifikationsjahre nach dem Schulabschluss einzubeziehen, z.B. drei zusätzliche Jahre für einen B.A.-Abschluss.

Variante 2: Bildung nach Zertifikaten

Auch diese Variante der Operationalisierung ist – zumindest in deutschen Studien – verbreitet. Gerade im Ländervergleich der (bislang) sehr ausdifferenzierten europäischen Bildungssysteme ergibt sich eine gute Vergleichbarkeit durch zertifikatsorientierte Klassifikationen sowie gleichzeitig eine ausreichende Anzahl von Fällen pro Bildungsniveau, wenn man z.B. drei Bildungskategorien – Grund-, mittlere und höhere Bildung – zugrunde legt (so z.B. Rüffer 2001: 108/109) [18]

Als Beispiel für eine auf Abschlüssen basierende Klassifikation wird hier nochmals auf das Forschungsprojekt „Inklusionsprofile" zurückgegriffen,[19] und zwar umfasste die dreistufige Qualifikation von Abschlüssen in Deutschland lebender Menschen dort sowohl Schul- als auch berufliche Abschlüsse. Im Einzelnen sieht die Zuordnung so aus:

---

[18] Siehe auch Hoffmeyer-Zlotnik zur Harmonisierung soziodemographischer Variablen und insbesondere Bildung (2005: 46-50) im internationalen Vergleich.
[19] Vgl. Fußnote 11. Dabei war insbesondere Brigitta Lökenhoff für die Konstruktion der Bildungsvariable zuständig.

5.1 Die Operationalisierung von Bildung

Tabelle 8: Ausprägungen der Variable „Bildungstitel" im Projekt „Inklusionsprofile"

Beruflicher Abschluss \\ Schulabschluss	kein Abschluss (1)	in Ausbildung (2)	Lehre (3)	Meister o. Techniker (4)	Fachhochschulabschluss (5)	Hochschulabschluss (6)
noch Schüler (1)	1	1	1			
kein Abschluss (2)	1	1	1			
Volks-/Hauptschulabschluss (3)	1	1	1	2	3	3
Realschulabschluss (4)	1	1	2	2	3	3
Fachabitur (5)	1	1	2	2	3	3
Abitur (6)	2	2	2	2	3	3

1=niedrige Bildung / 2=mittlere Bildung / 3=höhere Bildung / leere Zellen kennzeichnen nicht vorkommende Kombinationen

Über die jeweiligen Zuordnungen lässt sich natürlich trefflich streiten. Ist z.B. Abitur in Verbindung mit einer Qualifikation zum Meister noch eine mittlere oder schon höhere Bildung? Dieses Problem ist unter anderem immer dann unumgänglich, wenn mehrere Indikatoren – hier: schulische und berufliche Bildung – zu einem Index – hier: „Bildungstitel" – verknüpft werden. Andere Lösungen führen zu entsprechend anderen Ergebnissen. Blossfeld und Timm (1997: 443) wollen gezielt die mit verschiedenen Bildungsabschlüssen verbundenen Chancen berücksichtigen, und legen deshalb auf der Grundlage von Untersuchungen zu Berufs-, Einkommens- und Karrierechancen sowie nach einem Vergleich verschiedener Klassifikationen (a.a.O.: 472) die folgenden vier Bildungsniveaus fest:

1. Volks-/Hauptschulabschluss oder Mittlere Reife ohne Berufsausbildung
2. Volks-/Hauptschulabschluss oder Mittlere Reife mit Berufsausbildung oder Abitur mit und ohne Berufsausbildung
3. Fachhochschulabschluss
4. Hochschulabschluss

Im Vergleich der beiden letztgenannten Untersuchungen würde – um das gleich näher auszuführende Beispiel in dieser Hinsicht vorwegzunehmen – eine Partnerschaft einer Person mit Hauptschulabschluss und Lehre mit jemandem, der Abitur und Lehre aufweist, in der Inklusionsprofilestudie heterogam sein (also einen unterschiedlichen Bildungshintergrund haben), nach Blossfeld und Timm wäre sie homogam (mit ähnlichem Bildungshintergrund). Umgekehrt verhält es sich beispielsweise bei den Abschlüssen Fachhochschul- und Hochschulabschluss. Auf dieses Thema wird noch zurückzukommen sein. Zunächst geht es im Folgenden darum, die Fragestellung nach dem Einfluss des Bildungshintergrundes auf die Partnerwahl allgemein kurz zu erläutern und insbesondere einige ihrer Methoden und methodischen Probleme vorzustellen.

5.2 Der Einfluss des Bildungshintergrundes auf die Partnerwahl

Wenn man untersucht, ob (Ehe-)Partner einen ähnlichen oder unterschiedlichen Bildungshintergrund haben und ob sich dies möglicherweise im Zeitverlauf gewandelt hat, geschieht dies nicht nur aus deskriptivem, beschreibendem Interesse. Dahinter stehen ungleichheitstheoretische Fragestellungen. Insbesondere geht es etwa darum, ob die Durchlässigkeit der sozialen Kreise größer geworden ist, was man vor dem Hintergrund der Individualisierungsthese (insbesondere der Freisetzungsdimension; Beck 1986; Kapitel 6 in diesem Buch) ja zunächst einmal annehmen könnte, oder ob sich andere Entwicklungen zeigen, entweder eine recht große Stabilität oder sogar die Schließung bildungsspezifischer Gruppen. Sozialstrukturelle Einflüsse wirken möglicherweise unabhängig vom individuellen Eindruck, sich seinen Partner, seine Partnerin ausschließlich nach persönlichen Präferenzen ausgewählt zu haben, doch in recht hohem Maße. Wenn dies so ist, müssten wiederum Erklärungen dafür gefunden werden.

Methodisch stellen sich unter anderem folgende Fragen für das Herangehen an diese Forschungsprobleme:

- Wer stellt die Untersuchungseinheiten dar? Sind es Ehepartner, unverheiratete Paare, werden Lebenslaufaspekte, etwa bestimmte Bedingungen vor dem Zustandekommen der Partnerwahl (z.B. der Abschluss einer Ausbil-

dung oder vorangegangene „gescheiterte" Beziehungen und deren Bildungskonstellation) berücksichtigt?
- Wie soll „Bildung" operationalisiert werden? Hierzu hat der vorangegangene Abschnitt bereits Hinweise gegeben.
- Welche Maße für die Feststellung der Homogamie / Heterogamie gibt es, und was ist hier weiterhin zu beachten?

Diesen Fragen sollen anhand von drei ausgewählten Beiträgen zum Thema nachgegangen werden, und zwar von H.-P. Blossfeld/A. Timm (1997), H. Wirth (2000) sowie W. Rüffer (2001).

Untersuchungseinheiten

Aufgrund der gegebenen Datenlage basieren die Ergebnisse oft auf (heterosexuellen) Heiratsbeziehungen, nicht auf unverheiratet zusammenlebenden Paaren. Dies bedeutet natürlich eine Einschränkung, die noch dadurch bedeutsamer wird, dass bildungshomogame Ehen seltener geschieden werden (Rüffer 2001: 106) und der Blick auf bestehende Ehen somit nicht nur Gruppen unterschlägt, sondern auch einen Verzerrungseffekt birgt. Dennoch sollten auch die Partnerwahlen von Verheirateten Aufschluss über die inhaltlichen Fragestellungen geben können. Eine weitere Einschränkung, die häufig der zur Verfügung stehenden Datenbasis geschuldet ist, liegt darin, dass Daten zur Lebenslaufperspektive nicht zur Verfügung stehen. Blossfeld und Timm bieten jedoch ein Beispiel für eine Untersuchung, die diesen Mangel teilweise beheben kann. Für den Zeitvergleich ist es sinnvoll, Kohorten(gruppen) gegenüberzustellen. Unterschiede in der Datenlage ergeben sich außerdem dadurch, dass die Bildung auf verschiedene Zeitpunkte bezogen sein kann, z.B. auf die Bildung bei der Partnerwahl beziehungsweise Heirat oder die angestrebte beziehungsweise zu einem späteren Zeitpunkt erreichte Bildung.

Homogamie / Heterogamie und ihre Einflussfaktoren

Blossfeld und Timm (1997: 445, 458-461) betrachten in einem ersten Schritt die Verteilung der bildungshomogamen und nicht homogamen Heiraten nach Geburtskohorten. Wichtig ist dabei, dass zusätzlich zu den empirisch gefundenen Anteilen solche ausgewiesen werden, die sich ergäben, wenn bei gegebener Bildungsverteilung kein (statistischer) Zusammenhang zwischen Bildung und Heiratsmustern bestünde, wenn die Menschen einer Kohorte also – im methodischen Sinne – zufällig einen Partner wählten. Denn es ist zu bedenken, dass die verteilungsstrukturellen Effekte wichtig sind. Wenn ein Mann sich etwa möglichen Heiratskandidatinnen gegenübersieht, die zu 85% nicht den gleichen Bildungsabschluss haben wie er selbst, dann ist die Wahrscheinlichkeit einer heterogamen Partnerwahl recht groß, ohne dass Normen und Präferenzen der Kontaktaufnahme und Partnerwahl ins Spiel kämen (hierzu mehr bei Rüffer 2001; Klein 2005: 191-194). Und gerade diese Verteilungsstruktur der Bildungsabschlüsse hat sich im Zuge der Bildungsexpansion beträchtlich gewandelt, insbesondere Frauen erlangen zu höheren Anteilen qualifizierte Abschlüsse.

Blossfeld/Timm modellieren darauf dynamische Übergangsratenmodelle (Exponentialmodelle) dazu, wie sich Veränderungen des Bildungsverlaufs auf die Veränderung der Heiratsneigung auswirken; dabei ziehen sie noch mehrere Kovariablen, also weitere Einflussfaktoren, heran. Datenbasis sind elf Wellen des SOEP (Westdeutschland) von 1984 bis 1994. Die Beobachtung beginnt innerhalb dieses Zeitraums bei jedem Individuum mit dem 15. Lebensjahr und endet gegebenenfalls mit der Heirat oder dem 60. Lebensjahr. Heiraten können dabei homogam oder Aufwärts- beziehungsweise Abwärtsheiraten sein. Kontrollierte Einflüsse sind z.B. das Bildungsniveau selbst, die im Bildungssystem verbrachte Zeit, ob man sich noch in Ausbildung befindet oder nicht, die seit dem Verlassen des Bildungssystems verbrachte Zeit, die Bildung des Vaters etc. Andere gegebenenfalls für den Partnerwahlprozess interessante Daten liegen allerdings offensichtlich nicht vor, z.B. Ort und Zeitpunkt von Beziehungsaufnahmen, Beziehungsdauer etc.

Mit der Nutzung amtlicher Daten – aus der Volks- und Berufszählung 1970 sowie dem Mikrozensus 1993 – stehen in der Untersuchung von *Wirth* (2000) große Fallzahlen zur Verfügung (circa 600.000 beziehungsweise 800.000 Personen). Die Bildungsklassifikation hat mit sechs Kategorien den im Vergleich der hier betrachteten Studien größten Differenzierungsgrad. Ähnlich wie z.B. bei Mobilitätsanalysen gilt auch hier: Je mehr Kategorien, desto mehr Wechsel, konkret also: Auf- und Abwärtsheiraten, sind allein durch die Kategorienanzahl möglich. Die Kategorien lauten für Westdeutschland (a.a.O.: 109):

- Hauptschule ohne beruflichen Abschluss
- Hauptschule mit beruflichem Abschluss
- Mittlere Reife ohne beruflichen Abschluss
- Mittlere Reife mit beruflichem Abschluss
- (Fach-)Hochschulreife
- (Fach-)Hochschulabschluss.

5.2 Der Einfluss des Bildungshintergrundes auf die Partnerwahl

Im Auswertungsteil geht Wirth von Trends der allgemeinen und geschlechtsspezifischen Bildungsbeteiligung im Kohortenverlauf[20] aus, untersucht dann die bildungsspezifische Heiratsneigung als weiteren Aspekt der „Angebotsseite". So haben z.b. westdeutsche Frauen mit hohem Einkommenspotential ein geringeres Interesse an der Eheschließung als weniger qualifizierte Frauen. Diese Tendenz hat sich im Zeitverlauf jedoch nicht vergrößert, sondern relativ zu den Vorkriegskohorten hat sich die Heiratsneigung der Frauen mit hohem Einkommenspotential in den Nachkriegskohorten sogar erhöht (a.a.O.: 133). Bei der sich anschließenden Analyse der Heiratsraten betrachtet Wirth zunächst absolute Heiratsraten, also einfache Prozentwerte, im nächsten Schritt relative Heiratsraten, bei denen strukturelle Randbedingungen kontrolliert werden. Dies geschieht anhand loglinearer Modelle. Ausgehend von der Vorstellung bildungsunabhängiger Partnerwahl werden sukzessiv Annahmen über bildungsorientierte Partnerwahl (Homogamiepräferenz, soziale Affinität zwischen einzelnen Bildungsgruppen, geschlechtspezifische Interessenlagen) eingeführt (a.a.O: 145/146).

Für *Rüffer* (2001) besteht ebenfalls ein Anliegen seiner auf der Basis von ISSP-Studien international vergleichenden Analyse darin, die Verteilungsaspekte der bestehenden Bildungsstruktur von den „sozialen" Mechanismen der Partnerwahl zu trennen. Dies ist insofern eine analytische Trennung, als z.B. der im Vergleich zu Auszubildenden längere Verbleib von Studierenden im Bildungssystem auch andere Gelegenheitsstrukturen für Kontakte mit sich bringen kann. Eine Trennung ist im Sinne der Fragestellung jedoch durchaus sinnvoll. Rüffer nutzt insbesondere zwei Maßzahlen (a.a.O.: 109-112), zum einen die Maßzahl odds ratio, die von der Randverteilung unabhängig ist und zeigen kann, inwiefern Heiratspräferenzen oder -barrieren zwischen verschiedenen Bildungsgruppen bestehen. Ursprünglich richtet sich die Maßzahl auf 2x2-Kontingenztabellen (mit a und d als Zellen der Hauptdiagonalen) und ist definiert als: OR = (a*d)/(b*c). Sie kann Werte von 0 bis unendlich annehmen. Der Wert 1 bringt zum Ausdruck, dass – im Beispiel – unter Kontrolle der Randverteilung keine bildungsbezogenen Heiratspräferenzen existieren. Ein Wert über 1 deutet auf Bildungshomogamie, ein Wert unter 1 auf Bildungsheterogamie hin. Das Maß ist auch auf größere Tabellen übertragbar.

Die andere genutzte Maßzahl ist kappa, die beobachtete und (bei statistischer Unabhängigkeit) erwartete Werte in Beziehung setzt. Hier liegt der Wertebereich zwischen -1 und +1. Negative Werte zeigen Heterogamietendenzen an, positive Werte entsprechend Homogamietendenzen. Kappa setzt den

---

[20] Ähnlich wie Bildung sind auch die Kohorten zu klassifizieren – mit entsprechenden Konsequenzen für die jeweiligen Verteilungen. Hierauf soll an dieser Stelle nicht näher eingegangen werden, siehe am Beispiel Wirth 2000: 111-115.

Schwerpunkt auf eine mögliche Überzufälligkeit z.B. der Bildungshomogamie, odds ratios heben zudem auf die Beziehungen zwischen einzelnen Bildungsgruppen ab. Auch Rüffer setzt im Weiteren die odds ratios beziehungsweise kappa als abhängige Variable in einer kategorialen Regressionsanalyse ein, die verschiedene weitere Merkmale ebenfalls berücksichtigt, z.b. das Geburtsjahr oder verschiedene Staaten.

Bei methodischen und inhaltlichen Unterschieden im Detail wird offensichtlich, dass die drei Untersuchungen ausnahmslos mit multivariaten Modellen arbeiten. Eine bivariate Analyse der Merkmale „eigene Bildung" und „Bildung des Partners/der Partnerin" im Kohortenverlauf reicht allein nicht aus, um fundierte Aussagen über die bildungsbezogene Partnerwahl treffen zu können. Mindestens ist zusätzlich die gegebene Bildungsverteilung zu berücksichtigen, sinnvollerweise auch weitere Merkmale.

Kurzer Hinweis zu multivariaten Analysemethoden

Hier kann nicht in aller Kürze eine Einführung in multivariate Methoden gegeben werden (siehe z.B. Backhaus et al. 2003). Es sei jedoch darauf verwiesen, dass im Kontext der hier behandelten Fragestellung solche Verfahren zur Anwendung kommen, die der Überprüfung von Zusammenhängen zwischen mehreren Merkmalen dienen – im Gegensatz zu solchen Verfahren, die eher Zusammenhänge entdecken. Zu letzteren gehören z.B. die Clusteranalyse, die Faktorenanalyse oder die Korrespondenzanalyse. In Lebensstiluntersuchungen könnte man etwa mit der Clusteranalyse herausfinden, welche von beispielsweise 50 erfragten Freizeitaktivitäten und Geschmacksrichtungen sich in der empirischen Verteilung zu Clustern, also „Klumpen", sinnvoll zusammenfassen lassen. Der Forscher gelangt so zu Gruppen mit möglichst ähnlichen Freizeitmustern.

Welches Verfahren zur Anwendung kommt, wenn der Forscher in erster Linie Zusammenhänge und ihre Stärke überprüfen möchte, hängt unter anderem auch von dem Messniveau der Merkmale ab. Backhaus et al. (2003: 8) liefern folgende Übersicht dazu:

5.2 Der Einfluss des Bildungshintergrundes auf die Partnerwahl

Tabelle 9: Grundlegende strukturenprüfende multivariate Verfahren

		Unabhängige Variable	
		metrisches Skalenniveau	nominales Skalenniveau
Abhängige Variable	metrisches Skalenniveau	Regressionsanalyse	Varianzanalyse
	nominales Skalenniveau	Diskriminanzanalyse, Logistische Regression	Kontigenzanalyse

Quelle: Backhaus et al. 2003: 8

Wenn es weiterhin um Unterschiede innerhalb solcher Einteilungen geht – im Beispiel etwa Exponentialmodelle bei Blossfeld/Timm, log-lineare Modelle bei Wirth oder die lineare kategoriale Regression (GSK-Ansatz) bei Rüffer, wird es dann schnell recht speziell. Unter anderem gibt es Differenzierungen danach, welche Anwendungsbedingungen neben dem Messniveau vorliegen, ob und wie nicht-lineare Zusammenhänge berücksichtigt werden oder welche mathematische Logik hinter den Verfahren steht. Der Name der log-linearen Modelle geht beispielsweise darauf zurück, dass Gleichungen zur Ermittlung der Zusammenhänge von Merkmalen durch Logarithmisierung linearisiert werden (ausführlich z.B. bei Andreß et al. 1997).

Empirische Ergebnisse

Bei den im Folgenden ausschnitthaft vorgestellten Ergebnissen geht es nicht darum, eine inhaltliche Diskussion zu führen. Dies ist schon aus dem Grunde nicht möglich, weil bislang die durch die Autoren konkret aufgestellten Hypothesen und der theoretische Hintergrund allenfalls gestreift wurden. Im Forschungsprozess sind diese Elemente jedoch unabdingbar, um sich – insbesondere bei einer Vielzahl berücksichtigter Variablen – nicht auf Datenfriedhöfen zu verlieren und um nicht bei der Beschreibung statistischer Zusammenhänge stehen zu bleiben. Stattdessen sind ausgewählte Interpretationen statistischer Ergebnisse von Interesse, die die beschriebenen Vorgehensweisen der herangezogenen Untersuchungen konkretisieren und im Ansatz auch die Verbindung zu inhaltlichen Fragestellungen herstellen.

Die Darstellung beginnt wieder mit der Studie von *Blossfeld* und *Timm* (1997). Schaut man sich zunächst die bildungsspezifischen Paarmuster verschiedener Kohorten an, ergibt sich folgender Befund:

Tabelle 10: Bildungsspezifische Heiraten nach Geburtskohorten [21]

Kohorte	Aufwärtsheirat Empirisch %	Aufwärtsheirat Theoretisch nach dem Unabhängigkeitsmodell %	Homogame Heirat Empirisch %	Homogame Heirat Theoretisch nach dem Unabhängigkeitsmodell %	Abwärtsheirat Empirisch %	Abwärtsheirat Theoretisch nach dem Unabhängigkeitsmodell %	%
Ehefrauen							
(1900 – 1918)	48,4	50,6	50,3	40,2	1,3	9,1	100
1919 – 1923	52,1	53,9	43,9	38,7	4,0	7,4	100
1924 – 1928	46,7	50,0	49,3	41,6	4,0	8,8	100
1929 – 1933	54,4	51,3	40,8	37,8	4,8	11,0	100
1934 – 1938	37,8	42,1	56,0	47,1	6,2	10,8	100
1939 – 1943	36,9	39,5	58,1	50,6	5,0	9,9	100
1944 – 1948	26,7	33,4	65,5	52,6	7,8	13,9	100
1949 – 1953	27,0	33,4	68,8	52,5	4,2	14,1	100
1954 – 1958	23,9	27,1	70,6	55,0	5,5	17,7	100
1959 – 1963	21,6	24,5	70,0	58,4	8,4	16,7	100
(1964 – 1978)	22,3	28,3	69,9	49,2	7,8	22,7	100
Gesamt							100
Ehemänner							
(1900 – 1918)	1,9	9,1	51,7	40,2	46,5	50,6	100
1919 – 1923	5,8	7,4	44,8	38,7	49,4	53,9	100
1924 – 1928	4,6	8,8	42,5	41,6	52,9	50,0	100
1929 – 1933	5,9	11,0	45,6	37,8	48,5	51,3	100
1934 – 1938	5,8	10,8	57,5	47,1	36,7	42,1	100
1939 – 1943	5,1	9,9	61,6	50,6	33,3	39,5	100
1944 – 1948	5,4	13,9	66,8	52,6	27,8	33,4	100
1949 – 1953	6,3	14,1	70,7	52,5	23,0	33,4	100
1954 – 1958	3,8	17,7	73,7	55,0	22,5	27,1	100
1959 – 1963	7,7	16,7	71,5	58,4	20,8	24,5	100
(1964 – 1978)	13,4	22,7	65,2	49,2	21,3	28,3	100
Gesamt							100

Quelle: Sozio-ökonomisches Panel, Wellen 1984–94.
Quelle: Blossfeld/Timm 1997: 445

---

[21] Hinweise zum Lesen der Tabelle: a) Aufgrund spezifischer Selektivitäten sind die ältesten und jüngsten Kohorten nur schwer zu deuten und daher in Klammern gesetzt; b) die Anteile z.B. von Frauen, die abwärts und Männern, die aufwärts heiraten, stimmen je Kohorte nicht überein, weil die Partner ja nicht zwingend der gleichen Kohorte angehören.

5.2 Der Einfluss des Bildungshintergrundes auf die Partnerwahl

Die Autoren stellen mehrere Ergebnisse heraus (a.a.O.: 445-447):

- Der Anteil bildungshomogamer Ehen hat sich über die Kohorten stark erhöht, und zwar von circa 44% auf über 70% (Spalte 3).
- Der Anteil aufwärtsheiratender Frauen ist insbesondere bei den älteren Kohorten hoch (Spalte 1, Frauen; spiegelbildlich Spalte 5, Männer).
- Diese Ehen haben an Bedeutung verloren, sind aber mit etwa einem Fünftel auch in jüngeren Kohorten noch verbreitet (z.B. Kohorte 1959-63: 21%).
- Auch in älteren Kohorten gab es einen kleineren Prozentsatz abwärtsheiratender Frauen / aufwärtsheiratender Männer ohne einen klaren Trend über die Kohorten hinweg (zwischen 4% und 8%, Spalte 1 für Männer, Spalte 5 für Frauen). Diese Entwicklung ist nennenswert, weil sich im Zuge der Bildungsexpansion die statistische Wahrscheinlichkeit für Männer erhöht hat, eine höherqualifizierte Partnerin zu heiraten (siehe die Differenz zwischen Spalte 1 und 2 für Männer).
- Der Vergleich zu den erwarteten Verteilungen bei statistischer Unabhängigkeit ergibt: Paare haben auch in älteren Kohorten „überzufällig" bildungshomogam geheiratet, diese Tendenz verstärkt sich noch über die Kohorten (Vergleich Spalte 3 und 4).

Dieser Befund spricht eher für die Schließung als für die Öffnung der sozialen Kreise gegenüber anderen Bildungsgruppen. Erklärungen für diesen Befund liefern die Analysen, in denen weitere Merkmale berücksichtigt werden. Die entsprechenden Hypothesen und ihre Prüfung können hier nicht im Einzelnen erläutert werden. Beispielhaft sprechen die Daten dafür, dass die institutionelle Struktur des Bildungssystems einen starken Einfluss auf die Partnerwahl hat. Etwa erzeugt die Selektion im Bildungssystem zunehmend bildungshomogene Gruppen, weil auf jeder Selektionsstufe nur diejenigen im Bildungssystem bleiben, die das gleiche oder ein höheres Bildungsniveau im späteren Leben erreichen werden. Dies bedeutet nicht, dass jemand den späteren Partner unbedingt z.B. in der Schule oder an der Universität kennen lernen muss, sondern dass die Kontaktkreise durch das Bildungssystem mitstrukturiert werden. Für Frauen wirkt sich dies z.B. so aus, dass die Homogamierate von Universitätsabsolventinnen, die die Heiratsentscheidung zunächst oft aufgeschoben haben, nach Abschluss ihrer Ausbildung sprunghaft ansteigt (Abbildung 7 zeigt allerdings leider nicht die altersspezifische Heiratsneigung insgesamt im Vergleich):

Abbildung 7: Homogamieraten nach Bildungsniveau der Frau

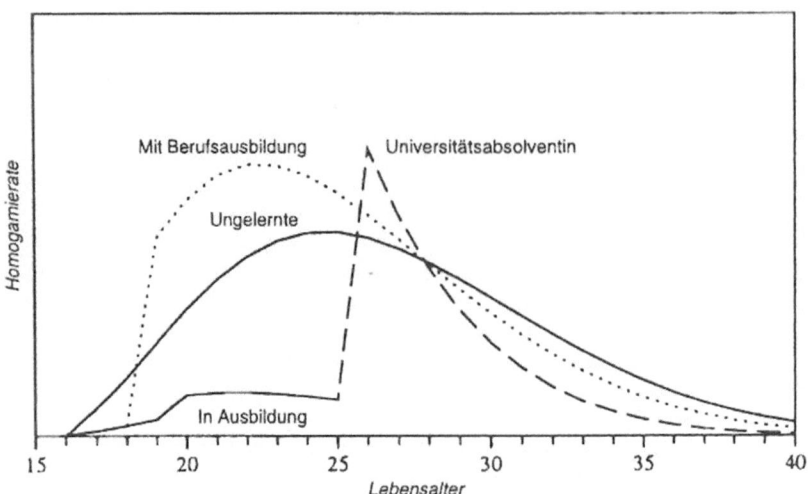

Quelle: Blossfeld/Timm 1997: 462

Ebenso bestätigt sich: „Je länger die Frauen und Männer also im Bildungssystem verweilen, desto größer ist für sie damit die Chance, einen gleich- oder (später einmal) höherqualifizierten Partner zu heiraten." (a.a.O.: 463). Zusammengenommen lautet das Ergebnis der Autoren, dass eine Entstrukturierung oder Vermischung bildungsspezifischer Kreise durch das – aus subjektiver Sicht stark nach individuellen Präferenzen bestimmte Phänomen der Partnerwahl – nicht in nennenswertem Ausmaß stattgefunden hat.

Unterstützt auch die Untersuchung von *Wirth* mit einer anderen Datenbasis und einer anderen Bildungs- und Kohortenqualifikation dieses Resultat? Die absoluten Heiratsraten für Westdeutschland geben einen ersten Eindruck:

5.2 Der Einfluss des Bildungshintergrundes auf die Partnerwahl

Tabelle 11: Bildungshomogame und -heterogame Ehen nach Kohorten in %

Bildungsniveau der Ehepartner:	Geburtskohorten (bezogen auf Ehemänner)					
	1918-25	1926-33	1934-41	1942-49	1950-57	1958-65
	Spaltenprozente					
Homogam	42,4	41,0	45,3	46,9	46,8	46,7
Heterogam	57,6	59,0	54,7	53,1	53,2	53,3
Hiervon:						
Hypergam	50,0	50,9	44,5	40,7	34,8	29,8
Hypogam	7,6	7,9	10,2	12,4	18,4	23,5
Heterogame Ehen differenziert nach Bildungsstufen (bezogen auf alle heterogamen Ehen)						
1 Stufe	56,9	57,9	46,9	36,8	35,5	37,1
2 Stufen	22,2	23,0	34,9	44,8	47,5	48,1
3 Stufen	14,6	13,4	11,5	10,3	10,3	10,6
≥4 Stufen	6,3	5,7	6,7	8,1	6,7	4,2
N (Ehepaare)	7964	12589	17154	12795	13192	10751

Quelle: Mikrozensus 1993 (faktisch anonymisierte 70% Substichprobe); Westdeutsche Bevölkerung am Ort der Hauptwohnung

Quelle: Wirth 2000: 141

Zunächst gibt es einen relativ kontinuierlichen Anstieg der Homogamierate bis zu den Kohorten 1942-49, danach bleibt diese mit knapp 47% verhältnismäßig stabil und spricht so eher gegen eine zunehmende Schließung der Heiratskreise, aber ebenso wenig für einen generellen Entstrukturierungstrend. Die Stabilität erklärt sich dadurch, dass die Abnahme der hypergamen Ehen (der Mann hat den höheren Abschluss) mit einer Zunahme der hypogamen Ehen (die Frau hat den höheren Abschluss) einhergeht. Man erkennt damit Unterschiede zu den Anteilsbefunden von Blossfeld/Timm: Dort gab es beispielsweise in der Kohorte 1959-1963 7,7% aufwärtsheiratende Männer, bei Wirth sind es in der Kohorte 1958-1965 23,5%, was zu einem nennenswerten Teil an der unterschiedlichen Bildungsklassifikation der beiden Studien liegen dürfte. Wirth spricht selbst explizit den Vergleich zu Blossfeld und Timm an und schlussfolgert: „Sofern in den jüngeren Kohorten zunehmend Heiratsbeziehungen zwischen Hauptschülern und Realschülern zu beobachten sind, spricht dies für eine partielle Öffnung von bildungsspezifischen Heiratskreisen." (Wirth 2000: 141). Blossfeld und Timm hatten Haupt- und Realschüler zusammengefasst und sie lediglich danach differenziert, ob sie eine Berufsausbildung absolviert haben oder nicht. Allerdings geben nach Wirth die absoluten Heiratsquoten ja zunächst erst allgemeine Hinweise, und man sieht hier auch, dass ein Bildungsunterschied der Ehepartner von drei und mehr Stufen über die Kohorten sogar rückläufig ist. Aber auch verschiedene relative Heiratsraten bestätigen das bisherige Ergebnis. Dabei sind im Detail häufig andere Resultate als bei Blossfeld und Timm zu erkennen. So wählen nach Wirth Akademiker 25 Mal häufiger Partner der eigenen Gruppe, als es bei einer zufälligen Partnerwahl zu erwarten wäre. Die Schließungstendenz bei den Hauptschulabsolventen ohne berufliche Qualifikation ist jedoch weitaus größer. Diese heiraten 92 Mal häufiger innerhalb der eigenen Gruppe (basierend auf Lambda-Werten, a.a.O.: 153/154). Dies widerspricht dem Befund von Blossfeld/Timm, dass die Homogamietendenz mit zunehmendem Bildungsniveau steigt. Als Gesamtergebnis zur bildungsspezifischen Partnerwahl in Westdeutschland stellt jedoch auch Wirth fest, „dass die Bildungsexpansion nicht zu einer Verringerung der sozialen Distanz zwischen den verschiedenen Bildungsgruppen geführt hat" (a.a.O.: 165). Den scheinbaren Widerspruch zwischen relativ stabiler Homogamie und freier Partnerwahl erklärt sie so, dass auch Lebensführung und Lebensstile, die die Kontakte und die Partnerwahl beeinflussen, ihrerseits ja nicht unabhängig von der Bildung sowie von ökonomischen Ressourcen seien (a.a.O.: 244).

Rüffer (2001) hat ein etwas anders gelagertes Erkenntnisinteresse als die beiden anderen Studien. Er vergleicht die Bildungshomogamie in acht Ländern. Die relativ grobe Einteilung der Bildungstitel in drei Klassen wird hier nochmals plausibel, denn die Bildungssysteme von acht Ländern sind unterschiedlich und mit hoher Wahrscheinlichkeit auch die Bedeutung der Bildungsabschlüsse für die weiteren beruflichen Chancen. Eine grobe Einteilung kommt der Vergleichbarkeit dann näher als eine differenziertere Klassifizierung. Rüffers Ergebnisse zeigen sich unter anderem in folgender Tabelle:

5.2 Der Einfluss des Bildungshintergrundes auf die Partnerwahl

Tabelle 12: Bildungsbezogene Heiratsbarrieren/-präferenzen im internationalen Vergleich

Land[1]	Bildungs-homo-gamie-tendenz[2]	Heiratsbarrieren/Präferenzen[3] zwischen der Bevölkerungsgruppen mit …				
		„Grund-bildung" versus „mittl. Bildung"	„mittl. Bildung" versus „höhere Bildung"	„Grund-bildung" versus „höhere Bildung"	„Grund-bildung" versus „mittl. Bildung" und „höhere Bildung"	„Grund-bildung" und „mittl. Bildung" versus „höhere Bildung"
Irland	0,39	9,4	3,9	32,6	10,0	9,3
Österreich	0,39	5,6	5,0	36,5	9,3	14,2
Ungarn	0,42	6,8	4,0	131,5	11,8	17,2
Polen	0,46	8,6	5,7	258,8	12,9	13,9
Deutschland	0,42	5,8	5,3	69,1	10,7	16,4
USA	0,39	6,9	6,5	353,7	11,4	9,4
Niederlande	0,31	2,3	3,3	26,3	5,2	9,1
Australien	0,25	2,3	3,4	14,0	3,5	6,2

1 absteigende Sortierung nach der Höhe der beobachteten Bildunghomogamie; vgl. Tabelle 2
2 kappa bezogen auf eine 3x3-Kontingenztabelle; Bildungskodierung siehe Punkt 3
3 local odds ratios; spanning cell odds ratios; diagonal odds ratios; vgl. Punkt 3
Quelle: kumulierter ISSP 1985-1993

Quelle: Rüffer 2001: 115

Danach weisen – nach Kontrolle der gegebenen Bildungsverteilung – Polen, Ungarn und auch Deutschland die höchsten Homogamietendenzen auf (kappa-Werte, Spalte 2), die Niederlande und Australien die niedrigsten. Die USA, Österreich und Irland liegen vom Niveau dazwischen.[22] Differenzierter zeigen die odds-ratio-Werte Barrieren zwischen Bildungsgruppen an (Spalten 3-7). Dort finden sich für Deutschland zwischen den am niedrigsten und am höchsten gebildeten Gruppen niedrigere Barrieren nicht nur als in Polen und Ungarn, sondern auch als in den USA. Aus diesen und weiteren Befunden folgert Rüffer, dass sowohl die strukturellen (also die gegebene Bildungsverteilung) als auch die sozialen Mechanismen die Homogamiequote beeinflussen: „Nur wenn die strukturellen und die sozialen Mechanismen entgegen den Voraussetzungen für hohe Homogamie entwickelt sind, resultiert eine niedrige Bildungshomogamie. Für die Länder Australien und Niederlande ist dies der Fall" (a.a.O.: 116). In Irland und Österreich wirken insbesondere die strukturellen Bedingungen, in

---

[22] Bei nicht kontrollierter Randverteilung wiesen dagegen Irland und Österreich die höchsten beobachteten Homogamieraten auf.

den anderen Ländern – so auch in Deutschland – zeichnen sich zudem deutliche soziale Ausgrenzungsprozesse ab. Über die Kohorten hinweg gibt es in den meisten Ländern außer Australien eine leicht sinkende überzufällige Homogamietendenz.

Ist aus den Untersuchungen, die einen recht starken Zusammenhang von Bildung und Partnerwahl konstatieren, eine Widerlegung von Individualisierung zu lesen? Diese Frage kann hier nicht beantwortet werden, denn sie führt auf theoretische Aspekte und konzeptionelle Diskussionen (ist z.B. die bildungsspezifische Partnerwahl ein eindeutiger Indikator, der gegen Individualisierung spricht?) zurück, die hier nicht im Fokus der Aufmerksamkeit standen – das folgende Kapitel wird auf empirische Überprüfungsmöglichkeiten theoretischer Aspekte am Beispiel von Individualisierung zurückkommen. Vor vorschnellen Schlussfolgerungen sollten Forscher sich hüten, andererseits sollten sie – wie dies die hier behandelten Autorinnen und Autoren ja auch tun – Stellung beziehen und eine empirische Untersuchung nicht vor der theoretischen Rückkopplung beenden. Dass dies nicht gleichbedeutend damit ist, Forschungen zum Thema letztgültig abzuschließen, sollte ebenso deutlich geworden sein. Sowohl Ausweitungen der Fragestellung (z.B. verweist Rüffer auf die Notwendigkeit weiterer mikrosoziologischer Analysen) als auch nochmalige konzeptionelle Überlegungen auf der Basis der Ergebnisse (z.B. zur Bildungsqualifikation) lassen sich hier anschließen.

6 Die empirische Überprüfung von Individualisierung

Bei den vorigen Beispielen zu methodischen Implikationen der Erforschung von Sozialstruktur standen insbesondere thematische Zugänge wie Armut oder die Lebensphase Alter im Vordergrund. Der Bezug zu theoretischen Erklärungsansätzen für die empirischen Phänomene zog sich dabei durch die Ausführungen hindurch, bildete jedoch keinen Schwerpunkt. Dieses Kapitel soll nun Hinweise dazu geben, wie ein theoretischer Ansatz der empirischen Prüfung zugänglich gemacht wird. Es handelt sich im Beispiel um einen so genannten Ansatz mittlerer Reichweite, und zwar die Individualisierungsthese, wie sie in Deutschland in prominenter Form Ulrich Beck entwickelt hat. Es ist hier, wie in den anderen Kapiteln, nicht angestrebt, die Fragestellung möglichst umfassend inhaltlich zu beantworten, sondern wiederum wird die methodische Umsetzung der Schwerpunkt sein. Eine solche Theorie-Empirie-Verknüpfung, die in Teilen der Sozialstrukturanalyse nicht unbedingt im Vordergrund steht, wird, z.B. von Barlösius (2004: 12), in den letzten Jahren wieder verstärkt angemahnt. Zu diesem Zweck werden nach einer knappen Skizze der Individualisierungsthese zuerst einige Schwierigkeiten einer solchen empirischen Prüfung erläutert. Diese stellt im konkreten Fall eine besondere Herausforderung dar. Ende der 1990er Jahre stellt jedenfalls Friedrichs als status quo fest: „Die These ist ... weder hinreichend expliziert, noch hinreichend empirisch untersucht" (1998: 7). Im zweiten Schritt werden zwei Ansätze aus methodischer Perspektive angesprochen, die die Individualisierungsthese auf verschiedene Weise geprüft und dabei unterschiedliche Antworten gefunden haben.

Ulrich Beck nimmt mit der Individualisierungsthese eine Gegenwartsdiagnose (Schimank/Volkmann 2000) vor, durch die er Entwicklungen insbesondere in Deutschland, im weiteren Sinne westlicher Industriegesellschaften vor allem seit den 1960er Jahren beschreibt. Drei Dimensionen sind dabei konstitutiv (Beck 1986: 206):

- Freisetzung aus traditionellen Bindungen, z.B. aus sozialen Klassen und traditionellen Geschlechtsrollen. Durch die Freisetzung erhöhen sich die Wahlmöglichkeiten der Einzelnen, z.B. welchen Beruf sie ergreifen (nicht unbedingt den des Vaters), ob sie mit Partner/in und Kindern leben möchten oder nicht etc. Die soziale Lage und Familie, in die jemand hineingeboren wurde, bestimmen also weniger seine Handlungsorientierungen als vor dem Individualisierungsschub. In der Lebenslaufperspektive lösen folglich so genannte „Bastelbiographien" Normalbiographien ab.

- Entzauberung: Diese Freisetzung hat auch Kehrseiten, kann Orientierungsunsicherheiten mit sich bringen, gerade weil handlungsleitende Normen weniger verbindlich geworden sind. Beispielsweise könnte eine Frau sich weniger als noch etwa in den 1950er Jahren darauf verlassen, durch eine Heirat dauerhaft ökonomisch abgesichert zu sein. Allgemeiner werden dem Individuum seine Entscheidungen als eigenverantwortlich zugeschrieben. Jeder geht mit seinen Entscheidungen Risiken ein, die gegebenenfalls auf ihn zurückfallen. Wenn jemand z.B. arbeitslos wird, hat er möglicherweise die falsche Branche gewählt, sich nicht genügend weitergebildet etc. – und diese Zuschreibungen sind auch dann wirksam, wenn weitere, strukturelle Ursachen wie bei der Arbeitslosigkeit offensichtlich sind. Individualisierung bedeutet somit sowohl mehr Freiheit als auch mehr Unsicherheit für das Individuum.
- Reintegration in die Gesellschaft: Die Freiheit ist nicht grenzenlos, die Einbindung in die Gesellschaft ist jedoch in geringerem Maße durch Kollektive wie soziale Klassen oder Schichten vermittelt. Eher sind es Institutionen, die Grenzen setzen und zugleich Integration fördern, wie der Arbeitsmarkt oder sozialstaatliche Regelungen. Außerdem bedeutet die Freisetzung nicht, dass jemand keine Bindungen mehr hat, z.B. an seine Herkunftsfamilie oder einen Verein. Diese Bindungen bestehen allerdings nicht mehr unhinterfragt für den gesamten Lebenslauf, haben stärker einen freiwilligen Charakter.

Welche Ursachen hatte dieser Individualisierungsschub ab den 1960er Jahren? Eine wichtige Ursache ist der wirtschaftliche Aufschwung nach dem Zweiten Weltkrieg. Durch den „Fahrstuhleffekt" erzielten Menschen aller sozialer Lagen ein höheres Einkommen. Wenngleich die Abstände zwischen den Lagen im Wesentlichen ähnlich geblieben sind, wurde die soziale Ungleichheit subjektiv weniger wichtig dadurch, dass sich auch die weniger Wohlhabenden nun oft z.B. ein Auto oder eine Urlaubsreise leisten konnten. Die Entschärfung potenzieller Konflikte zwischen den Klassen und die mit dem Fahrstuhleffekt einhergehende räumliche und soziale Mobilität führten dazu, dass die individuelle Bindung zur sozialen Klasse an Bedeutung verlor. Eine weitere Ursache besteht in der wohlfahrtsstaatlichen Absicherung, die Wahlmöglichkeiten erhöht, wenn z.B. Bafög das Studieren erleichtert oder die Arbeitslosenversicherung berufliche Risiken abfedert. Drittens ist die Bildungsexpansion zu nennen, von der insbesondere Frauen profitiert haben. Mit einer qualifizierten Ausbildung stehen ihnen mehr Entscheidungsmöglichkeiten offen, auch ihre Werte verändern sich, unter anderem weg von traditionellen Idealen oder der Hinnahme von Ungleichheiten in Paarbeziehungen.

Soweit diese knappe Skizze dessen, was Individualisierung nach Beck meint und wodurch sie hervorgerufen wurde (vgl. im Überblick Burzan 2007: Kapitel 8, weiterhin z.B. Junge 2002, Schroer 2004). Warum ist es nun möglicherweise problematisch, dieses Konzept empirisch zu überprüfen, welche methodischen Anforderungen gibt es?

6.1 Probleme der empirischen Umsetzung

Ein zentrales Problem besteht in der Multidimensionalität und vor allem der Mehrdeutigkeit von Individualisierung. Methodisch formuliert bedeutet dies: Es ist nicht leicht, Indikatoren für ein Phänomen zu finden, das eine Zunahme an Optionen und zugleich Reintegrationsaspekte beinhaltet, wobei die Erhöhung der Wahlfreiheit zusätzlich sowohl positive Aspekte als auch Risiken mit sich bringt. In diesem Fall geht es nicht nur darum, wie z.B. bei der Armutsthematik, möglichst angemessene Indikatoren zu finden, sondern die Frage ist grundlegender: Welche Phänomene stellen – für sich genommen oder in Kombination – überhaupt einen gültigen Indikator für Individualisierung dar? Lassen sich nicht für jedes Einzelphänomen, z.B. die Zunahme von Singles und Geschiedenen als Zeichen für eine gewisse Pluralisierung von Lebensformen (z.B. Brüderl 2004), andererseits Gegenbeispiele finden, wie die nach wie vor sehr verbreitete traditionelle Arbeitsteilung von Paaren im Haushalt (Gille/Marbach 2004; Bundesminsterium für Familie, Senioren, Frauen und Jugend 2005, Cornelißen 2005)? Wie wären dann diese widersprüchlichen Befunde zu gewichten und zu interpretieren? Denn zumeist geht es nicht um Phänomene, die vor dem Individualisierungsschub überhaupt nicht auftraten und deren Existenz nun ein Kriterium bildet, sondern es handelt sich eher darum, dass Phänomene häufiger auftreten oder eine andere Form oder Bedeutung annehmen. Beispielsweise lässt sich zeigen, dass bereits vor dem Individualisierungsschub Menschen zwischen Heiratskandidat/innen abgewogen haben und insofern Entscheidungsfreiheiten hatten. Sie sind jedoch seltener z.B. erst einmal mit einer Freundin zusammengezogen. Ein weiteres Beispiel verdeutlicht nochmals eine andere Ebene der Indikatorenfindung: Sind vielleicht weniger die Handlungsresultate ein Kriterium für Individualisierung, sondern die Deutungsmuster, die Selbstverantwortung und Selbststeuerung akzentuieren und die zu bestimmten Modi der Entscheidungsfindung (z.B. der Berufswahl) oder Handlungslogiken führen? Und noch weitergehender: Ist es überhaupt möglich, Individualisierung zu falsifizieren, wenn sie so Vieles zugleich bedeuten kann? Becks teilweise schlagwortartige und bildhafte Sprache trägt überdies zu den Schwierigkeiten bei, den Begriff für eine empirische Operationalisierung fassbar zu machen. Ein Beispiel, das diese Schwierigkeit demonstriert, gibt folgendes kurze Zitat Becks: „Nonkonformismus schließt die Möglichkeit ein, konventionell und traditionell zu leben" (2001: 4). Das Argument richtet sich auf die Infragestellung von Pluralisierung als eindeutigen Indikator für Individualisierung. Gegen andere Missverständnisse seiner These wehrt Beck sich noch ausdrücklicher. So meint Individualisierung keine fast unbegrenzte individuelle Autonomie oder Emanzipation, andererseits ebenso wenig Vereinzelung, Vereinsamung, Netzwerklosigkeit (Beck/Beck-Gernsheim 1993: 179) oder Aufhebung sozialer Ungleichheiten. Der Forscher steht demzufolge vor dem Problem, dass ein Phänomen, das für die Alltagswahrnehmung zunächst einmal plausibel beschrieben wird – wir leben in einer individualisierten Gesellschaft –, einer systematischen empirischen Prüfung in seiner Komplexität kaum zugänglich ist. Greift man sich einen Aspekt heraus, etwa die Zunahme an Wahlmöglichkeiten, erfolgt die Prüfung möglicherweise zu einseitig. Bei der Perspektive auf mehrere Aspekte muss deren Zusammenhang betrachtet werden, methodisch kommt bei der Verwendung verschiedener Methoden und Daten die Vergleichbarkeit der Befunde als Herausforderung hinzu. Ein Königsweg, die Komplexität der Gegenwartsdiagnose empirisch einzufangen, ist als Ganzes bislang nicht gefunden worden. Vielleicht ist dies aber nicht (allein) ein methodischer Mangel, sondern deutet auch auf theoretische Defizite beziehungsweise Desiderata hin, die Theorie so auszubauen, dass sie einer empirischen Überprüfung zugänglich wird. Dabei muss die Weiterarbeit am theoretischen Konzept nicht zwingend zu größerer Eindeutigkeit führen. Für das übergreifender als Individualisierung zu verstehende Konzept der Reflexiven Moderne liest sich diese Komplexität bei Beck und Lau so: „So hat sich in vielen Fällen gezeigt, dass alte Strukturen (Basisinstitutionen) nicht einfach – wie manche unserer ursprünglichen Formulierungen nahe gelegt haben – ersatzlos erodieren und selbst nach dem Prinzip des ‚Entweder-Oder' ersetzt werden ... Demgegenüber haben unsere bisherigen Forschungen gezeigt, dass das Neue selbst nach dem Prinzip des ‚Sowohl-als-Auch' gedacht werden muss. Denn es tritt nicht in ‚reiner' Form auf, sondern in unterschiedlichen und vielfältigen Konfigurationen" (2005: 122). Solch eine Aussage, so zutreffend sie auch sein mag, muss zumindest ein relativer Forschungsneuling, der hinsichtlich der quantitativen Forschung bislang gelernt hatte, Dimensionen, Begriffe, Indikatoren etc. systematisch durchzudeklinieren, erst einmal verdauen.

Neben dem Problem der Mehrdeutigkeit und Falsifizierbarkeit von Individualisierung existiert ein zweites, das die empirische Überprüfung erschwert,

6.1 Probleme der empirischen Umsetzung

und zwar das Problem des Geltungsbereiches hinsichtlich der Bevölkerungsgruppen sowie in räumlicher und in zeitlicher Hinsicht. Gilt Individualisierung laut These für alle Bevölkerungsgruppen, handelt es sich also um einen allgemeinen gesellschaftlichen Prozess, oder sind einige Menschen, etwa nach sozialer Lage oder Milieuzugehörigkeit, individualisiert und andere sind es nicht? Sind z.B. junge Akademikerinnen „individualisierter" als ältere Arbeiter? Verschiedenes deutet auf die Lesart des allgemeinen gesellschaftlichen Prozesses hin. Gruppenspezifische Unterschiede müssten dann jedoch erklärt werden beziehungsweise führen wieder auf das Problem geeigneter Indikatoren für Individualisierung zurück. Weiterhin sind Becks Beispiele in der „Risikogesellschaft" (1986) häufig auf Zahlenbelege aus Deutschland gerichtet. Inwiefern handelt es sich folglich eher um einen landestypischen Prozess oder um einen, der allgemeiner westliche Industriegesellschaften (mit unter anderem unterschiedlichen wohlfahrtsstaatlichen Systemen, siehe Kapitel 7.4) betrifft? Schließlich ist die zeitliche Eingrenzung bedeutsam. Während die drei Dimensionen Freisetzung, Entzauberung und Reintegration Bestandteil eines zunächst ahistorischen Modells sind, beschreiben die hier erwähnten Konkretisierungen einen spezifischen Individualisierungsschub etwa ab den 1960er/1970er Jahren, der andererseits – wie das obige Zitat zeigt – nicht als vollständiger Bruch verstanden werden darf. Wiederum aus methodischer Perspektive ergeben sich daraus zwei Fragen: Welchen Vergleichszeitraum hat der Forscher zu betrachten? Wann wurde beispielsweise die traditionelle Kleinfamilie (mit dem Mann als Ernährer und der Frau als vorwiegend Hausfrau und Mutter), von der sich die „Verhandlungsfamilie auf Zeit" der individualisierten Gesellschaft oft abgrenzt, als Massenphänomen tatsächlich gelebt? Die 1950er Jahre, für die dieses Bild gegebenenfalls am ehesten zutrifft, scheinen doch ein recht schmaler Zeitkorridor zu sein. Zwar ließe sich argumentieren, dass andere Familienformen zuvor häufig auf andere Gründe zurückgingen, dass z.B. Alleinerziehende möglicherweise eher verwitwet als geschieden waren. Das Problem, der zeitlichen Abgrenzungsfolie nicht eine unangemessen hohe Homogenität zuzuschreiben (im Sinne von „früher haben die meisten so gelebt"), bleibt jedoch zu klären. Die zweite Frage geht von der Formulierung der Individualisierungsthese in den 1980er Jahren in die Zukunft. Ein Forscher müsste auch berücksichtigen, dass sich seither (dis-)kontinuierliche Wandlungen vollzogen haben könnten, die thesenkonform sind oder auch nicht. An diesen kurz skizzierten Hinweisen zeigt sich wie bereits in anderen Kontexten: Der Klärungsbedarf, den Forscher mit dem Ziel einer empirischen Überprüfung haben, hängt eng mit der theoretischen Konkretisierung und Ausarbeitungen von Ansätzen zusammen.

Als zwei wichtige Anforderungen an eine empirische Überprüfung von Individualisierung lassen sich zusammengefasst formulieren:

1. Es muss eine klare und theoretisch begründete Zuordnung von Indikatoren zu Individualisierung erfolgen: Welcher empirische Befund zeigt Individualisierung (z.B. im Sinne der drei Dimensionen) an, welcher widerlegt oder modifiziert die These? Wie lassen sich unterschiedliche Befunde zu einem Gesamtergebnis zusammenfügen?
2. Der Forscher muss den Geltungsbereich und insbesondere den Vergleichszeitraum festlegen. Im Idealfall ist also ein Zeitvergleich von Befunden vor und nach dem Individualisierungsschub beziehungsweise eine möglichst lange Zeitreihe mit vielen Messzeitpunkten für das Forschungsdesign charakteristisch. Mangels entsprechender Datenbasis oder auch aufgrund empirischer Konzepte, die die zeitliche Komponente weniger betonen, wird dieser Vergleich jedoch nicht durchgängig durchgeführt oder zumindest nicht transparent gemacht.[23]

Kohler (2005) schlägt als methodische Ergänzung von Längsschnittstudien einen Vergleich von Ländern mit unterschiedlichem Wohlstandsniveau vor (als Beispiel dienten ihm in einer Untersuchung die Staaten der EU zuzüglich der Türkei). Staaten mit höherem Wohlstand, so die These, müssten einen höheren Individualisierungsgrad aufweisen als Staaten mit geringerem Wohlstandsniveau. Methodisch ist dabei darauf zu achten, dass potentielle Störfaktoren (z.B. die sozialistische Vergangenheit einiger Länder) möglichst kontrolliert werden und die Datenbasis (bei Kohler das European Quality of Life Survey EQLS) auf vergleichbare Art erhoben wurde.

6.2 Beispiele der empirischen Überprüfung

Zwei Beispiele aus der empirischen Forschung sollen im Folgenden zeigen, wie Forscher mit diesen beiden Forderungen umgegangen sind und welche Methoden sie verwendet haben, um Individualisierungsprozesse zu überprüfen. Eine Einseitigkeit ist dabei insofern gegeben, als in diesem Rahmen Untersuchungen herangezogen werden, die mit quantitativen Methoden gearbeitet haben. Für eine inhaltliche Diskussion wäre die Berücksichtigung auch qualitativer Studien (z.B. Koppetsch/Maier 1998, Geissler/Oechsle 1996, einige der Projekte im SFB

---

[23] Beispielsweise untersucht Dimbath (2003) Berufswahlentscheidungen „in der individualisierten Gesellschaft", insbesondere auf der Basis qualitativer Interviews. Im Zuge eines Fallvergleichs heißt es dort: „Die strikt begrenzenden Verhaltensmaximen aus der Zeit der Industriemoderne scheinen sich, was den grundsätzlichen Aktionsradius des weiblichen Geschlechts angeht, weitgehend aufgelöst zu haben – die Entwicklung von Helena ... ist hierfür Beweis genug" (2003: 261). Die Analyse eines Wandels beruht hier somit auf der Betrachtung eines Falls in der Gegenwart. Die Begrenzung in der Vergangenheit wird vorausgesetzt, ohne im möglichst direkten Vergleich Daten, z.B. aus einer Sekundäranalyse älterer Studien, gegenüberzustellen.

536, siehe den Hinweis in Beck/Lau 2005: 112/113) und damit aus Forschersicht der flexible Umgang mit unterschiedlichen Methoden natürlich ebenfalls notwendig. Beck et al. (2001) betonen sogar – allerdings nicht speziell für Individualisierung, sondern für den allgemeineren Kontext eines Forschungsprogramms zur Reflexiven Moderne – dass sich nach Sekundärauswertungen und expliziter Perspektiven- und Methodenkritik bei einer eigenen Datenerhebung zunächst ein qualitatives, theorieorientiert-typisierendes Vorgehen anbiete, bevor dessen Befunde quantitativ nach Verteilungen überprüft würden (2001: 51/52). Dennoch gibt es in der bisherigen Forschung auch quantitativ orientierte Zugänge, von denen hier zwei herausgegriffen werden, und zwar von G. Burkart zur Elternschaft (1993; 1998) und von J. Simonson (2004) zur Entwicklung von Statusinkonsistenz und dem Einfluss sozialstruktureller Merkmale auf das Handeln von Individuen. Burkarts Untersuchung dient nochmals als Bekräftigung und Konkretisierung der gerade erläuterten Argumente, inwiefern Individualisierung schwer empirisch zu fassen ist. Bei Simonson stehen die Methoden im engeren Sinne stärker im Mittelpunkt. Beide Untersuchungen werden nach bestimmten Kriterien dargestellt, und zwar:

- Welche Indikatoren werden für Individualisierung ausgewählt? (Eine eingehende Reflexion dieser Indikatoren, auf deren Problembehaftetheit allgemein bereits hingewiesen wurde, erfolgt hier allerdings nicht)
- Welchen räumlichen und zeitlichen Bezug hat die Untersuchung?
- Mit welchen Daten und Methoden arbeitet die Studie?
- Zu welchem Ergebnis kommt sie hinsichtlich der Überprüfung von Individualisierung?

Beispiel 1: G. Burkart – Individualisierung und Elternschaft

Indikatoren: Burkart (1998; fußend auf Burkart 1993) identifiziert wachsende individuelle Wahl- und Entscheidungsmöglichkeiten als Kernaussage der Individualisierungsthese (1998: 108). Deshalb prüft er, ob der Übergang in die Elternschaft optional geworden ist und die „Verhaltensvarianz" entsprechend zugenommen hat. Konkret benennt er die Indikatoren, die in diesem Sinne für Individualisierung sprächen: Kinderlosigkeit ist keine seltene Anomalie mehr, es gibt kein Standardalter mehr für den Übergang in Elternschaft, und die Kinderzahl ist beliebiger geworden. Schließlich behauptet Burkart in skeptischer Sicht gegenüber der Individualisierungsthese, dass sie ein milieuspezifisches Phänomen sei, mit anderen Worten: einige Milieus bremsen oder verhindern eine größere individuelle Wahlfreiheit. Indikator ist hier der Übergang zur Elternschaft nach Bildungsgrad und ethnischer Herkunft, zudem zieht er an dieser Stelle qualitative Befunde heran.

Räumlicher Geltungsbereich: Burkart stützt sich auf Daten aus den USA, weniger, um allein spezifisch amerikanische Charakteristika herauszuarbeiten, sondern unter anderem, um den über Deutschland hinausgehenden Anspruch der Geltung der Individualisierungsthese ebenfalls einer Prüfung zu unterziehen.

Zeitvergleich: Der Zeitrahmen ist in der Regel auf die Jahrzehnte zwischen 1960 und 1990 festgelegt, reicht in Einzelfällen aber auch weiter in die Vergangenheit zurück. Burkart weist auf das oben angesprochene Phänomen hin, dass die 1950er Jahre in Bezug auf die Homogenität der Lebensform Familie eher eine Ausnahmesituation als den Normalfall darstellten und zusätzlich generell die Tendenz bestünde, Vergangenheit zu vereinfachen und die Pluralität der Gegenwart demgegenüber zu überschätzen (1998: 125).

Daten: Burkart greift auf verschiedene Quellen zu, teilweise in bereits von anderen Autoren aufbereiteter Form, darunter Daten der amtlichen Statistik (z.B. U.S. Bureau of the Census) oder Current Population Surveys. In einigen Fällen wird auf Befunde anderer Autoren verwiesen, ohne deren Methoden im Einzelnen zu erläutern.

Datenauswertung: Teilweise genügen im Wesentlichen Anteilswerte (in %), um die Hypothesen zu prüfen. Nicht in jedem Fall werden zusammenfassende Aussagen von konkreten Zahlenbelegen begleitet, sondern durch Hinweise auf andere (auch qualitative) Studien. Die Datenauswertung hat in dem Beitrag eher die Funktion von Illustration und Beleg als dass sie systematisch im Vordergrund stünde. Die Diskussion der Individualisierungsthese als solche bildet den Fokus.

Ergebnis: Burkart sieht Individualisierung skeptisch. Die Kinderlosigkeit stieg zwar zwischen 1960 und 1990 an, aber immer noch werden vier Fünftel einer Kohorte Eltern, meist zu einem späteren biographischen Zeitpunkt als dreißig Jahre zuvor. Die Altersspanne ist nicht wesentlich größer geworden, wenige Kinder pro Familie herrschen vor. Nimmt man noch hinzu, dass das Bild der aufgeschobenen Elternschaft und höheren Kinderlosigkeit den 1920er und 1930er Jahren ähnelt, kann danach von Pluralisierung nicht gesprochen werden. Weiterhin wird der Zeitpunkt des Übergangs zur Elternschaft seltener genau geplant (ist also nicht Resultat einer klaren Entscheidung) als man angenommen haben könnte. Zur Milieuspezifik sieht sich Burkart bestätigt, dass Bildung und ethnische Zugehörigkeit wichtige Einflussfaktoren sind. Unter anderem ist der Anteil schwarzer Frauen mit einer Erstgeburt im frühen Alter deutlich höher als der weißer Frauen. Eine höhere Wahlfreiheit, die sich in faktischer Pluralisierung ausdrücken würde, zeigt sich hier also nicht. Für die weißen College-Frauen ist umgekehrt frühe Elternschaft kaum eine Option. Die inhaltliche Kritik lautet deshalb unter anderem: Eindeutige Trends zur Individualisierung im Sinne einer größeren Entscheidungsfreiheit und entsprechender Folgen gibt es nicht, bestimmte beobachtbare Tendenzen in diese Richtung beschränken sich oft auf bestimmte sozio-kulturelle Milieus; es handelt sich also nicht um eine gesamtgesellschaftliche Entwicklung. Als Kritik am theoretischen Konzept fügt Burkart hinzu, dass die Individualisierungstheorie keinen adäquaten Entscheidungsbegriff entwickelt habe und dass sie sich jeglicher Kritik durch Unschärfe entziehe (mit Verweis auf die Antwort von Beck/Beck-Gernsheim 1993 auf seinen Beitrag 1993, die unter anderem geschrieben hatten, Individualisierung sei nicht gleichzusetzen mit Autonomie, a.a.O.: 179). Der Ausdruck, einen Pudding an die Wand nageln zu wollen, träfe auch auf die Klärung von Individualisierung und entsprechender Kritik am Ansatz zu (1998: 128). In einem abschließenden Absatz versucht Burkart dennoch, einen theoretischen Bogen zu schlagen und benennt – nicht als abschließende Klärung, sondern als auszuarbeitenden Beitrag in einer offenen Diskussion – verschiedene Dimensionen (Freisetzung, Distinktion, Selbstbezug) und Gegentendenzen auf verschiedenen Ebenen (Struktur, Institutionen, Kultur, Erleben und Handeln). Diese auszuführen führte wieder ins Zentrum der theoretischen Diskussion, was den Rahmen hier sprengen würde. Festzuhalten bleibt: Burkarts Untersuchung bekräftigt nochmals die schwierige Fassbarkeit der Individualisierungsthese für eine empirische Überprüfung auch nach Austausch der Argumente, ohne dass seine Untersuchung andererseits Individualisierung konsensfähig widerlegt.

Beispiel 2: J. Simonson – Individualisierung und soziale Integration

Indikatoren: Grundsätzlich untersucht Simonson (2004) Individualisierung anhand von zwei Indikatoren. Erstens handelt es sich um die Zunahme von Statusinkonsistenzen, also um die Annahme, dass die Korrelation zwischen klassischen Statusmerkmalen wie Bildung, Einkommen, Berufsprestige oder Klassenzugehörigkeit im Zeitverlauf abnimmt. Es gäbe danach immer mehr Menschen, die z.B. eine hohe Bildung, aber kein entsprechendes Einkommen hätten. Der zweite Indikator ist ein sinkender Einfluss sozialstruktureller Merkmale (z.B. Bildung, Geschlecht, Alter etc.) auf das Handeln und auf Einstellungen. Konkret handelt es sich vor allem um im weiteren Sinne politische Aspekte wie die Akzeptanz staatlicher Institutionen, politische Partizipation, ehrenamtliches Engagement und freiwillige Mitgliedschaften.

Räumlicher Geltungsbereich: Die Studie arbeitet vorwiegend mit Daten aus Deutschland, zieht aber punktuell andere Länder wie die USA oder Großbritannien vergleichend hinzu.

Zeitvergleich: Die Datenbasis bedingt, dass die betrachteten Zeiträume meist im Rahmen von 1980-2000 liegen. So gibt es etwa ALLBUS und SOEP, die beiden Hauptquellen, erst seit dem Beginn der 1980er Jahre. Aus theoretischer Perspektive ist dieser Zeitrahmen allerdings problematisch, denn dass sich zwischen 1980 und 2000 quasi ein nochmaliger oder fortgesetzter Individualisierungsschub vollzogen hat, müsste im Idealfall theoretisch näher begründet werden. Positiv ist zu sehen, dass man fundierte Ergebnisse zur Entwicklung über zwanzig Jahre hinweg erhält.

Daten: Die Befunde gründen auf Sekundäranalysen repräsentativer standardisierter Befragungen. Es handelt sich, wie angesprochen, vor allem um ALLBUS und SOEP, daneben um Wahlstudien, ISSP und General Social Survey für die USA.

Datenauswertung: Für die Hypothese der Zunahme von Statusinkonsistenzen liegen unter anderem Korrelationsberechnungen zwischen Statusmerkmalen im Zeitverlauf nahe, die – sofern die These zutrifft – sinken müssten. Ein Beispiel für eine graphische Darstellung solcher Korrelationen zeigt Abbildung 8:

6.2 Beispiele der empirischen Überprüfung

Abbildung 8: Entwicklung des Zusammenhangs zwischen Statusmerkmalen

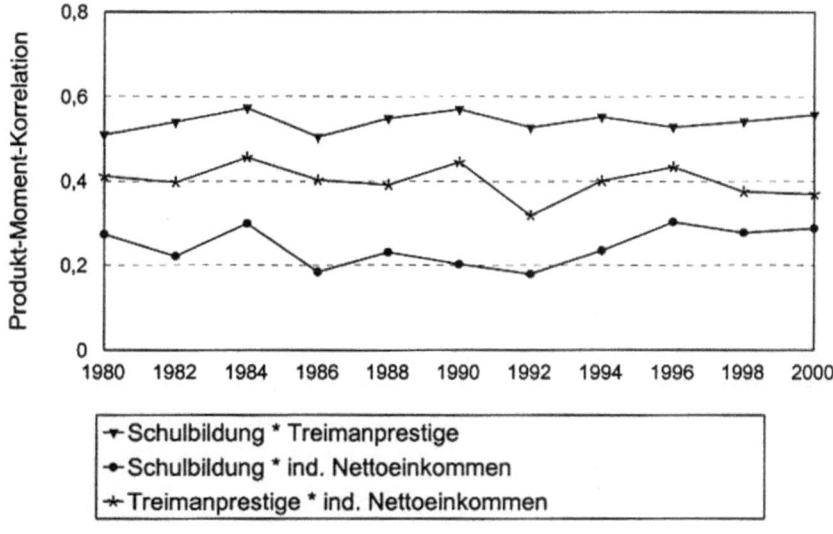

Daten: Allbus 1980- 2000; p<0,01; paarweiser Fallausschluss
Quelle: Simonson 2004: 47

Zusätzlich betrachtet Simonson diese Korrelationen differenziert, z.B. nach Alter/Kohortenzugehörigkeit, Geschlecht oder (ab den 1990er Jahren) Wohnort in Ost-/Westdeutschland. Ferner berücksichtigt sie einen Umstand, der auf den ersten Blick der Aufmerksamkeit des Forschers entgehen könnte, und zwar die maximal mögliche Korrelation bei gegebener Verteilung (a.a.O: Kapitel 4.2). Eine maximale Korrelation von 1 beziehungsweise -1 kann nur dann erreicht werden, wenn die Verteilung der beiden zu korrelierenden Merkmale identisch ist, was in der Regel kaum der Fall ist. Wenn man die Fälle der Merkmale nach Größe der Ausprägungen in aufsteigender Reihenfolge sortiert und dann eine Korrelation berechnet, erhält man die größte zu errechnende Korrelation im konkreten Fall. Diese Sorgfaltsmaßnahme führte bei der vorliegenden Fragestellung zu zwar abweichenden, jedoch nicht völlig andere Tendenzen konstatierenden Ergebnissen.

Ein weiterer Auswertungsschritt besteht in der Berechnung des Anteils statusinkonsistenter Fälle, der gemäß Hypothese wachsen müsste. Dazu muss zunächst definiert werden, was als statuskonsistent beziehungsweise leicht oder extrem inkonsistent zu verstehen ist. Simonson unterteilt z.B. das Berufsprestige in Quartile und verknüpft dann vier Stufen des Berufsprestiges mit vier Bildungsabschlüssen als statuskonsistent. Eine Abweichung um ein Quartil gilt als leicht inkonsistent, größere Abweichungen als extrem inkonsistent. Wieder einmal zeigt sich, dass die Forscherentscheidungen zwangsläufig das Ergebnis beeinflussen, hier durch das Ausmaß der Abstufung (vier Stufen) und die Art der Zusammenfassung von Bildungsabschlüssen (siehe auch Kapitel 5.1 in diesem Buch) und Berufsprestige. Ein Beispiel für die Ergebnisdarstellung, die Simonson in den nächsten Schritten wiederum weiter differenziert und auch an anderen Statusmerkmalen betrachtet, sieht dann wiederum so aus:

Abbildung 9:   Statusinkonsistenzen zwischen Schulbildung und Prestige

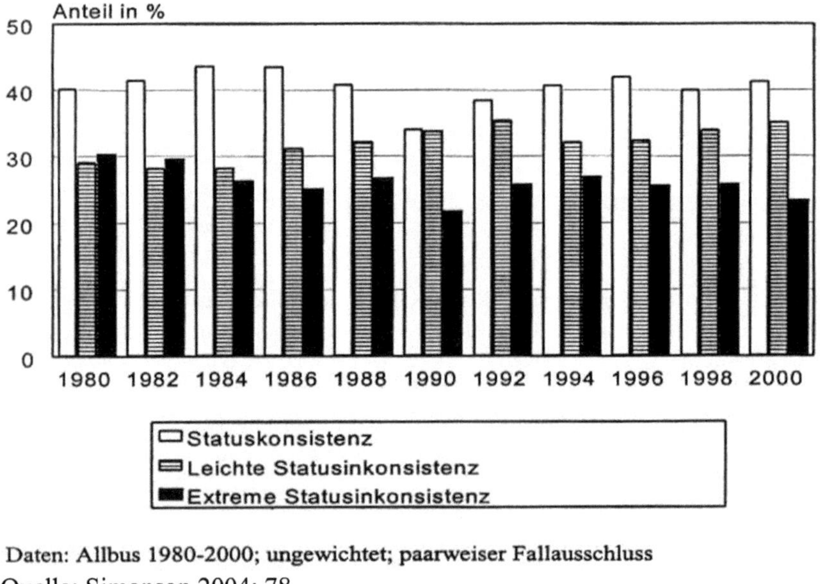

[Balkendiagramm: Anteil in % von 1980 bis 2000, mit drei Kategorien: Statuskonsistenz, Leichte Statusinkonsistenz, Extreme Statusinkonsistenz]

Daten: Allbus 1980-2000; ungewichtet; paarweiser Fallausschluss
Quelle: Simonson 2004: 78

Nicht alle Auswertungsverfahren, die Simonson anwendet, können hier im Einzelnen dargestellt werden, sie selbst stellt den Methodenbezug ausführlich her, so dass auf die Studie selbst verwiesen werden kann. Hinsichtlich des ersten Indikators für Individualisierung, der Statusinkonsistenz, verwendet sie etwa Mehrebenenanalysen und betrachtet diachrone sowie relationale Statusinkon-

6.2 Beispiele der empirischen Überprüfung

sistenz. Mehrebenenanalysen (Engel 1998) integrieren unterschiedliche Arten von Einflussfaktoren (z.B. individuen- und gruppenbezogene Merkmale), hier für die Statusinkonsistenz. Im konkreten Fall kam Merkmalen des Individuums eine höhere Erklärungskraft zu als Merkmalen des Haushalts und erst recht der Region (Simonson 2004: 102/103). Diachrone Statusinkonsistenz richtet sich auf Wechsel des Status im Lebenslauf, relationale auf Statusungleichheiten zwischen Partnern (siehe zu letzterem auch Kapitel 5.2 in diesem Buch). Deutlich wird dabei ein wichtiger Grundsatz für empirische Forscher: Sie sollten es sich nicht zu einfach machen und überdies das Potential der zur Verfügung stehenden Daten nutzen, indem sie sich nicht mit einer Berechnungsmöglichkeit zufrieden geben. Beispielsweise sollte man nicht bei der zuerst beschriebenen Korrelationsberechnung stehen bleiben, sondern durchaus Perspektivenwechsel im Rahmen der gegebenen Fragestellung vornehmen, z.B. von Inkonsistenzen der Gruppe hin zu Inkonsistenzen einer Person im Zeitverlauf. Auf die Gefahr hin, empirische Widersprüchlichkeiten deuten zu müssen, sollte der komplexen Analyse der Vorzug gegeben werden.

Zur Prüfung der zweiten Hypothese zum sinkenden Einfluss sozialstruktureller Merkmale auf Handeln und Einstellungen zieht Simonson unter anderem lineare beziehungsweise logistische Regressionsmodelle heran. Abbildung 10 zeigt Beispiele für die Wirkkraft verschiedener Kombinationen von Einflussfaktoren auf politisches Interesse im Zeitverlauf – überdies eine Gelegenheit, ein weiteres Mal darauf hinzuweisen, dass viele Kurven in einer Graphik die Grenze zur Unübersichtlichkeit schnell überschreiten können. Die noch relativ gute Unterscheidbarkeit hier wurde dadurch erkauft, dass die Y-Achse relativ klein gewählt wurde (Abstände von 0,05; Minimum 0,1; Maximum 0,3). Simonson weist allerdings auf den möglichen Fehleindruck selbst hin, dass Unterschiede – hinzuzufügen ist: und die Erklärungskraft selbst – auf den ersten Blick gravierender erscheinen könnten als sie sind (a.a.O: 172).

Abbildung 10: Anteile erklärter Varianz des politischen Interesses

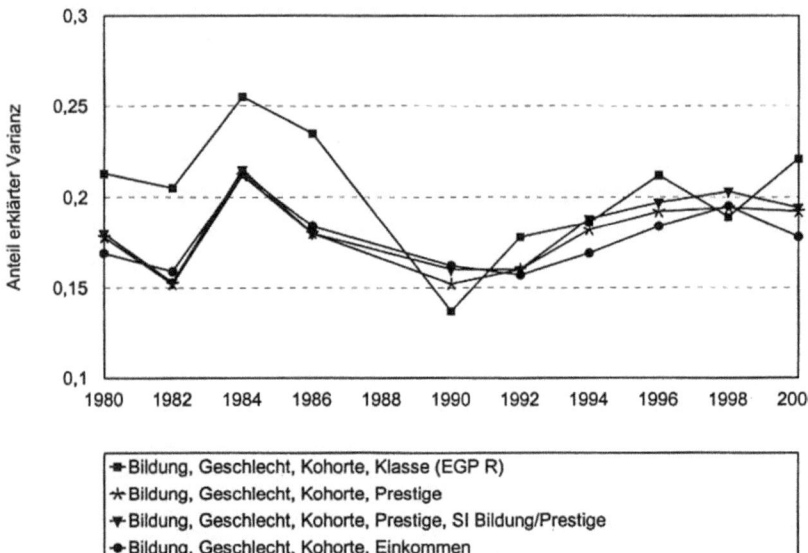

Quelle: Simonson 2004: 172

Ergebnis: Die inhaltlichen Ergebnisse stehen nicht im Mittelpunkt, sollen der Vollständigkeit halber jedoch auch hier zumindest zusammenfassend genannt werden. Es zeigte sich erstens keine deutliche Zunahme statusinkonsistenter Lagen.[24] Zweitens gab es hinsichtlich des Einflusses sozialstruktureller Merkmale auf die erfassten Einstellungen und Handeln oft uneinheitliche Befunde und Tendenzen; außerdem lag die erklärte Varianz häufig auf recht niedrigem Niveau. Am ehesten ließ sich eine abnehmende Erklärungskraft sozialstruktureller Merkmale für die Institutionenakzeptanz und Gewerkschaftsmitgliedschaft finden. Für beispielsweise politische Partizipation und Vereinsmitgliedschaft traf dies jedoch nicht zu, teilweise gab es sogar gegenläufige Tendenzen.

---

[24] Dieses Ergebnis kann Kohler anhand des oben erwähnten Ländervergleichs bestätigen, wobei er sich auf Zusammenhänge von Bildung, Beruf und Einkommen bei Erwerbstätigen stützt. Mit zunehmendem Wohlstand eines Landes verringerte sich typischerweise die Statusinkonsistenz (2005: 242). Hinweise auf eine Entstrukturierung von Klassenpositionen und Lebenslagen (z.B. Wohnen, Geldprobleme oder Lebenszufriedenheit), die er ebenfalls feststellt, gehen hiernach entsprechend nicht auf Statusinkonsistenzen zurück (a.a.O.: 248/249).

6.2 Beispiele der empirischen Überprüfung

Was bedeutet dies nun für Individualisierung? Da keine der beiden Hypothesen eindeutig bestätigt werden konnte, ist auch nach diesen Befunden die Geltung der Individualisierungsthese eher skeptisch zu sehen. Simonson selbst scheut davor zurück, auf eine „Widerlegung ... in Gänze" (a.a.O.: 234) zu schließen und nennt dafür überwiegend methodische Argumente. So könnten sich bei der Verwendung anderer Statusmerkmale, Methoden, Daten sowie Modellspezifikationen und erweitertem Zeitrahmen andere Ergebnisse zeigen. Dies ist jedoch eine Einschränkung, die in der Sozialforschung immer gilt. Universale, zeit- und raumunabhängige Theorien und entsprechende empirische Belege sind dort kaum zu finden. Und im Prinzip gibt es immer die Möglichkeit, im Falle falsifizierender Ergebnisse entweder die Theorie oder den Indikator zu verwerfen beziehungsweise die empirischen Grenzen (z.B. die Datenbasis) anzuführen. Weitreichende theoretische Schlussfolgerungen zieht Simonson aus ihrer empirischen Untersuchung nicht. Inwiefern müsste man die Individualisierungsthese etwa umformulieren? Welches theoretische Modell als Alternative zur Individualisierung würden die empirischen Ergebnisse eher stützen? Weniger grundsätzlich könnte man auch nochmals, wenngleich dies nach quantitativer Logik idealtypisch im Zuge der Konzipierung und Operationalisierung der Forschungsfrage erfolgen sollte, die Gültigkeit und Reichweite der Indikatoren hinterfragen, ohne dass dies nur einen methodisch-technischen Charakter hätte. Huinink und Wagner etwa konstatieren, dass „Individualisierung weder eine notwendige noch eine hinreichende Bedingung für die Pluralisierung der Lebensformen" sei, unter anderem deshalb, weil der Abbau traditionaler normativer Verbindlichkeiten durch (neue) Restriktionen anderer Art begleitet werden könnte (1998: 103). Hängt also möglicherweise Pluralisierung – wie bereits Burkarts Ergebnisse nahe legten – nicht in einfacher Weise mit Individualisierung zusammen, so könnte dies ebenfalls für das Phänomen der Statusinkonsistenz gelten. Mit Blick auf die zweite These lässt sich beispielhaft der Standpunkt von Schnell und Kohler anführen, dass selbst eine abnehmende Prognosekraft zumindest einzelner demographischer Variablen für einige Verhaltensmöglichkeiten nicht darauf schließen lassen könnten, dass eine relative Freiheit von Zwängen, begrenzten Budgets etc. vorläge. Sie folgern unter Rückgriff auf Esser, dass „die traditionelle Art der Datenanalyse durch ‚Variablensoziologie' ersetzt werden [muss] durch eine explizite Modellierung der individuellen Handlungskalküle der Akteure" (1998: 245). Auch hierzu mag es wieder Gegenpositionen geben. Entscheidend ist an dieser Stelle, dass Forscher, die eine Theorie-Empirie-Verknüpfung herstellen wollen, ihr empirisches Konzept schlüssig aus der zu prüfenden Theorie ableiten, einzelne methodische Entscheidungen darauf abstimmen und schließlich nach der Datenauswertung den Bogen zur Theorie schließen. Letzteres geschieht, indem sie Schlussfolgerungen aus der Empirie für die Theorie ziehen, die diese entweder bestätigen oder andernfalls – sofern sie nicht vollständig als für die Fragestellung nutzlos verworfen wird – in ihrer weiteren Ausarbeitung voranbringen. Dies ist möglicherweise eine anspruchsvolle Sicht von Forschung. In einer realistischen Sichtweise kann nicht erwartet werden, dass jede Forscherin nun gleich die soziologische Theorie revolutioniert. Aber das Ziel der Verknüpfung von Theorie und Empirie sollte sie nicht zugunsten der einen oder anderen Seite aus dem Auge verlieren.

7 Einstellungen zu sozialer Ungleichheit und Gerechtigkeit im internationalen Vergleich

Von Kerstin Rückert

In diesem Kapitel soll die Methode der Sekundäranalyse anhand einer Untersuchung über Einstellungen zu sozialer Ungleichheit im internationalen Vergleich dargestellt werden. Bei Sekundäranalysen handelt es sich um die Analyse von Daten, die von anderer Stelle erhoben wurden. Das bedeutet auch, dass die gesamte Planung der Primärerhebung nicht durch die Forscherin vorgenommen wurde, die nun ihre wissenschaftliche Fragestellung mit Hilfe dieser Daten zu beantworten sucht. Schon aus diesem Grund weicht die Vorgehensweise bei einer Sekundäranalyse von der bei einer Primärerhebung ab. Diese Vorgehensweise wird mit ihren Vor- und Nachteilen in ihrem Ablauf dargestellt und zugleich wird eine Einführung in den Themenbereich der sozialen Ungleichheit im internationalen Vergleich gegeben, welcher im Mittelpunkt meiner hier als Beispielanalyse dienenden Untersuchung (Rückert 2005) steht. Insbesondere wird analysiert, wie Menschen in unterschiedlichen sozialen Lagen und aus verschiedenen Ländern soziale Ungleichheiten bewerten und gegebenenfalls rechtfertigen. Dabei stellt sich die Frage, ob sich entweder die Landeszugehörigkeit oder die persönliche soziale Lage stärker auf die geäußerten Einstellungen gegenüber sozialer Ungleichheit auswirkt.

7.1 Soziale Ungleichheit: Definition, Begriffsklärung

Die zentrale Fragestellung der Soziologie sozialer Ungleichheit ist die nach der ungleichen Verteilung von Lebenschancen. Daraus leitet sich die Frage ab, was ungleiche Lebenschancen überhaupt sind und wovon sie abhängen; Ursachen und Merkmale sozialer Ungleichheit sollen untersucht werden. Daneben geht es um die Legitimation sozialer Ungleichheit, das bezieht sich einerseits auf Rechtfertigungsansätze für soziale Ungleichheit und andererseits auf die Einstellung hierzu von Personen, die in unterschiedlichen sozialen Lagen sind.

Wesentlich für soziale Ungleichheit ist, dass sie sich auf Dinge bezieht, die einen Wert in der betrachteten Gesellschaft darstellen. Das könnten beispielsweise für unsere heutige Gesellschaft Bildung, Einkommen oder Macht sein. Wenn diese sozialen Ungleichheiten in systematischem Zusammenhang mit anderen sozialstrukturellen Merkmalen und Ungleichheiten stehen, so sind sie von Interesse für die Soziologie sozialer Ungleichheit. Möglicherweise können sich eher Personen mit hohem Einkommen eine umfassende Bildung für ihre Kinder leisten. Somit wäre das Merkmal Bildung ein Stück weit vom Elternhaus und den zur Verfügung stehenden Finanzmitteln abhängig. Andererseits könnte es denkbar sein, durch Bildung eine erhöhte Chance auf hohe Arbeitseinkommen zu haben. Damit bezieht sich Soziale Ungleichheit auf verschiedene Stellungen in der gesellschaftlichen Struktur, die die Lebensbedingungen von Menschen positiv oder negativ beeinflussen und die zugleich einen gesellschaftlichen Wert darstellen (Hradil 1998: 147). Die Verteilung muss einer allgemeinen Gleichheitsnorm widersprechen und schließlich muss dieser Wert nach einem systematischen Muster aufgrund der Position im gesellschaftlichen Beziehungsgefüge verteilt werden (vgl. Hradil 1998), das heißt unsystematische Ereignisse wie z.B. Lottogewinne werden nicht berücksichtigt.

Hradil (1998: 148) nimmt eine begriffliche Unterscheidung zwischen den Merkmalen, die einerseits „Menschen mit großer Wahrscheinlichkeit in Vorteile oder Nachteile führen, selbst aber objektiv keine Vor- oder Nachteile darstellen", wie z.B. das Alter oder Geschlecht, und andererseits den „wichtigsten Arten sozialer Vor- und Nachteile ..., die in einer bestimmten Gesellschaft vorkommen", wie z.B. Macht oder Einkommen, vor. Diese Begriffsklärung macht deutlich, dass natürliche Unterschiede zwischen Menschen bestimmend für ungleiche Lebenschancen sein können, wenn z.B. Frauen geringere Einkommen erzielen. Allerdings verliert sich in dieser Begriffstrennung die Tatsache, dass auch bereits bestehende Vor- oder Nachteile im Sinne sozialer Ungleichheit, wie beispielsweise eine hohe Schulbildung, selbst nicht nur bessere oder schlechtere soziale Positionen beschreiben, sondern weitere verbesserte oder verschlechterte Chancen nach sich ziehen können – die Merkmale können sich also gegenseitig beeinflussen, interagieren. Insbesondere ist das Wort „objektiv" in der obigen Begriffsbestimmung problematisch, da unklar bleibt, wo die objektiven Vor- oder Nachteile beginnen.[25] In der Einstellungsforschung zur (Legitimisierung der) sozialen Ungleichheit umgeht man ein solches Definitionsproblem, indem man auf Begriffstrennungen solcher Art verzichtet oder häufiger noch eine

---

[25] So halten wir das Geschlecht oder das Alter für Merkmale, die selbst keinen Nachteil darstellen, aber gegebenenfalls Nachteile oder Vorteile nach sich ziehen können. Wo allerdings Nachteile beginnen, ist in dem Sinne nicht *objektiv* zu bestimmen, sondern immer nur im Kontext der betrachteten Gesellschaft und der Zeitepoche.

pragmatische Bedeutungsunterscheidung in sogenannte vertikale und nicht-vertikale Merkmale trifft. Das Wort „objektiv" bleibt dabei außen vor, man bezieht sich eher auf den gesellschaftlichen und wissenschaftlichen Konsens und beschreibt Merkmale, die gesellschaftlich einen Wert darstellen und in ihrer unterschiedlichen Ausprägung daher unterschiedlich bewertet werden (z.B. Bildung, sozialer Auf- oder Abstieg), als vertikale Merkmale, wohingegen die „natürlichen" Merkmale und andere Merkmale, die nicht entsprechend geordnet werden können (Geschlecht, Religion u.a.), als nicht-vertikale Merkmale bezeichnet werden (z.B. Haller 1989, Mau 1997).

7.2 Begriffsentwicklung

Durch die Berücksichtigung von Alter, Geschlecht, aber auch Religion, Wohnort und anderen sozialstrukturellen Merkmalen wurde hier schon ein jüngerer Ungleichheitsbegriff zugrunde gelegt. Ältere Modelle sozialer Ungleichheit haben sich insbesondere auf vertikale Differenzen, also unterschiedliche Positionen im vertikalen Klassen- oder Schichtgefüge, bezogen. Nicht-vertikale Merkmale wurden dabei in der Regel nicht berücksichtigt.[26] Diese Modelle stammen vor allem aus der ersten Hälfte des vergangenen Jahrhunderts bis in die 1970er Jahre. Ein wesentlicher Kritikpunkt an diesen Modellen ist, dass sie die in modernen Gesellschaften bestehenden sozialen Ungleichheiten nicht angemessen abbildeten, da nicht-vertikale sozialstrukturelle Merkmale, wie Geschlecht, Alter, Wohnort etc., nicht berücksichtigt werden, die durchaus eine Bedeutung für Lebenschancen haben. Daher wird der Begriff der sozialen Ungleichheit in jüngeren Modellen nicht mehr nur im vertikalen Sinn benutzt, sondern auch im nicht-vertikalen Sinn, um Chancenungleichheiten, die mit nicht-vertikalen Merkmalen in Zusammenhang stehen, zu berücksichtigen (Kreckel 1982).

Die Nichtberücksichtigung nicht-vertikaler Merkmale in älteren Modellen macht auch schon deutlich, dass in verschiedenen Epochen offensichtlich Ungleichheitsmerkmale eine unterschiedliche Bedeutung für bevorzugte und benachteiligte Lagen hatten,[27] aber auch, dass sich in den theoretischen Ansätzen die Prioritätensetzungen verschoben haben.[28] Hradil (1987) beispielsweise be-

---

[26] Einen Überblick über die zentralen Theorien sozialer Ungleichheit, also sowohl über ältere, vor allem vertikale Modelle, als auch jüngere Modelle gibt Burzan (2007).
[27] So führt Hradil (1998: 149) an, dass in der vorindustriellen Ständegesellschaft die familiäre Herkunft die wichtigste Determinante sozialer Ungleichheit gewesen sei.
[28] So kann sicher nicht geleugnet werden, dass Anfang des letzten Jahrhunderts die soziale Ungleichheit mindestens ebenso mit dem Geschlecht in Zusammenhang gestanden hat wie heute,

schreibt verschiedene Personengruppen, die jeweils bestimmte Merkmale gemeinsam haben und sich in diesen von anderen Gruppen abheben. Je nach sozialer Lage dieser Gruppen existieren nach Hradils Annahme unterschiedliche dominante „Schichtungsmerkmale", die er als primäre Dimensionen bezeichnet. Hieran sieht man sehr deutlich, dass soziale Ungleichheit keineswegs ein eindimensionales Konzept ist. So sind vorteilhafte soziale Lagen keineswegs nur abhängig von Geld, sondern möglicherweise auch von Einfluss, Freundschaften, sozialen Netzwerken, Wohnqualität. Aber andererseits hängen diese möglicherweise wiederum mit weiteren sozialstrukturellen Merkmalen zusammen.

Steht auch in vielen Modellen die vertikale Schichtung im Vordergrund und werden auch in vielen Analysen insbesondere die vertikalen Lagen zur Operationalisierung sozialer Ungleichheit herangezogen, so sollte man die Kritik an dieser Vorgehensweise doch im Hinterkopf behalten. Als ein Beispiel zu den Konsequenzen der Nichtbeachtung nicht-vertikaler Merkmale sei der Zusammenhang zwischen Bildung und Erwerbseinkommen genannt. Nimmt man an, dass sich mit höherer Bildung ein höheres Erwerbseinkommen erzielen lässt (was wiederum eine wichtige Fragestellung für die Legitimation von Ungleichheit sein könnte), so würde man mit einem moderaten Zusammenhang möglicherweise unangemessene Schlüsse ziehen, wenn man wesentliche nicht-vertikale Merkmale außer Acht lässt. Das könnte in diesem Beispiel das Geschlecht sein. Findet man unter Berücksichtigung der Geschlechtsunterschiede heraus, dass für Männer ein enger Zusammenhang zwischen Bildungsabschluss und Erwerbseinkommen besteht, bei Frauen aber quasi kein Zusammenhang, so wird man ganz andere Schlüsse ziehen.

Hier wird wieder einmal deutlich, dass die Modellannahmen durchaus einen Einfluss auf das Vorgehen des Forschers haben und mögliche Schwachpunkte, aber auch Vorteile des jeweiligen Modells und der damit verbundenen Vorgehensweise berücksichtigt werden müssen.

---

jedoch lässt die Aufmerksamkeit für dieses Thema es auch in der Ungleichheitsforschung wichtiger werden (vgl. Nollmann 2003).

7.3 Legitimation sozialer Ungleichheit

Der Legitimationsaspekt sozialer Ungleichheit befasst sich insbesondere mit der Frage, ob und in welchem Ausmaß soziale Ungleichheiten gerechtfertigt sind oder legitimiert werden müssen. Der Aspekt der sozialen Gerechtigkeit steht hierbei im Vordergrund, bei dem der Frage nachgegangen wird, ob Unterschiede, wie sie oben beschrieben wurden, gerecht sind und falls ja, in welchem Ausmaß sie für gerecht gehalten werden. Insbesondere Umfragedaten, in denen die Bevölkerung nach ihrer Einstellung oder Wahrnehmung bestimmter Ungleichheitsaspekte befragt wird, sollen uns im Folgenden interessieren. Diese selbstreflexive Bewertung, bei der Personen unterschiedlicher sozialer Lagen selbst Angaben darüber machen, welche Aspekte von Ungleichheit sie als legitim oder eben zu weit gehend empfinden, steht im Mittelpunkt der hier in Ausschnitten dargestellten sekundäranalytischen Untersuchung (Rückert 2005).

Rechtfertigungen sozialer Ungleichheiten können auf unterschiedliche Art erfolgen und lassen sich folglich für eine empirische Untersuchung in verschiedene Dimensionen untergliedern. Die funktionalistische Schichtungstheorie hält eine soziale Schichtung mit unterschiedlichen Lebenschancen durchaus für vorteilhaft. Sie beantwortet die Frage, warum verschiedene soziale Positionen unterschiedlich dotiert sind, damit, dass soziale Ungleichheit eine unverzichtbare Voraussetzung für die Aufrechterhaltung der Leistungsmotivation sei. Ansätze, die dieser Richtung zuzuordnen sind, gehen davon aus, dass durch Unterschiede im Einkommen und sozialen Ansehen der Anreiz für persönliche Leistung geschaffen wird (Noll 1996: 500). Davis und Moore (1973: 397, zuerst 1945) sehen in ihrem funktionalistischen Ansatz die Notwendigkeit von unterschiedlichem Ansehen und finanzieller Entlohnung darin, dass geeignete Personen dadurch motiviert werden könnten, bestimmte Positionen einzunehmen und sie zu erfüllen. Leistungsunterschiede legitimieren hier also soziale Ungleichheit. Diese Bewertung sozialer Ungleichheit wird im Folgenden als funktionalistische Orientierung bezeichnet.[29]

Davon zu unterscheiden ist die Überzeugung, dass Leistung und Können gerecht honoriert werden. Dabei geht es vordergründig weniger um bestimmte soziale Positionen und die Motivationsfunktion, diese auszufüllen, sondern letztlich um die Leistung, die in bestimmten sozialen Positionen erbracht wird (vgl. Haller 1989; Liebig und Wegener 1995). Diese sollte nach der so genann-

---

[29] Eine tiefergehende Differenzierung schlägt Delhey (1999: 5) vor, der den positiven Effekt, den soziale Ungleichheit nach der funktionalistischen Orientierung haben soll, in einen Effekt auf dem Makro-Level der Gesellschaft (z.B. durch Stimulation von Wachstum) und einen Mikro-Level-Effekt auf Ebene der Individuen (z.B. durch Motivierung geeigneter Individuen) unterteilt. Im Folgenden findet hier diese „Motivationsfunktion" (Mau 1997: 52) Berücksichtigung.

ten meritokratischen Orientierung entsprechend honoriert werden. Diese Form der Leistungsorientierung mit einer etwas anderen Schwerpunktsetzung wird ebenso von vielen funktionalistischen Theorien aufgegriffen.

Wenn hier die ungleiche Verteilung von Belohnungen durch Leistungsunterschiede legitimiert wird, so müssten für eine Chancengleichheit und damit einen reinen Leistungsaspekt alle Konkurrenten um begehrte soziale Positionen die gleichen Ausgangschancen haben. Diese gleichen Chancen im Wettbewerb um Positionen sind wesentlicher Aspekt der Legitimation, so beispielsweise der gleichberechtigte Zugang zum Bildungssystem (vgl. Noll 1996; Parsons 2000, zuerst 1977). Wenn diese Ungleichheiten auf Basis von Chancengleichheit legitimiert werden, dann wird dieses Prinzip von denjenigen umgangen, die sich diesem Wettbewerb in dieser Form nicht stellen. Vermögende Eltern, die ihrem Kind Vorteile „erkaufen" können (z.B. durch einen Auslandsaufenthalt, der die Fremdsprachenkenntnisse zu verbessern hilft), würden damit gegenüber solchen, die sich das nicht leisten können, die Chancengleichheit ein Stück weit aushebeln. Der Wettbewerb um begehrte soziale Positionen geht nicht mehr von gleichen Chancenbedingungen aus. Dieser Aspekt wird im Folgenden als Soziales Kapital bezeichnet. Es handelt sich dabei um Vorteile, die aufgrund sozialer Netzwerke zur Verfügung stehen und die den Wettbewerb „verzerren" können.

Und bereits am sozialen Kapital zeigt sich, dass das Konzept der Chancengleichheit sehr fragil ist. Ist es legitim, die unterschiedlichen, gegebenenfalls vorteilhaften, sozialen Positionen zu nutzen, die man bereits innehat oder die Eltern oder Bekannte innehaben, um selbst eine Verbesserung der Lage zu erreichen? Die Problematik, tatsächlich soziale Gleichheit herzustellen, ist ein so schwieriges Unterfangen, dass auch dieses einer Legitimation bedarf. Ein kleines Gedankenexperiment verdeutlicht das: Würde man jeder Person den gleichen Betrag an Finanzmitteln zugestehen, jede Arbeit gleich bezahlen, jede Tätigkeit mit gleicher Anerkennung versehen, würden möglicherweise Rufe laut, doch beispielsweise Kranke nicht zu benachteiligen. Wäre es denn gerecht, dass jemand, der beispielsweise aufgrund einer Krankheit oder Behinderung eine teure Ausstattung seiner Wohnung mit Hilfsmitteln benötigt, daraus resultierend weniger frei verfügbares Geld hätte? Wäre es gerecht, dass Menschen, die eine Familie haben und mit ihr gemeinsam kostengünstiger wirtschaften können, letztlich dadurch mehr Geld pro Kopf zur Verfügung hätten als jemand im Singlehaushalt? Das würde uns von der absoluten Gleichheit (die offensichtlich schon aufgrund der bestehenden Unterschiedlichkeiten zwischen Menschen problematisch ist) zu einer bedarfsgestützten Gleichheit führen, die selbst auch wieder ihre Probleme hätte (wäre es z.B. gerecht, für Kinder mehr oder weniger oder gleich viele Finanzmittel zur Verfügung zu stellen wie für einen Erwachsenen?) (vgl. Haller 1986). Allein schon aufgrund der genannten Problematik geht

7.3 Legitimation sozialer Ungleichheit

die Diskussion zumeist in Richtung der Reduktion von Ungleichheit. Das Ziel einer Umverteilung, die eine Reduktion von Ungleichheit zur Folge hätte, kann unter dem Begriff des Egalitarismus (egalité (frz.) – Gleichheit) zusammengefasst werden, der zugleich eine kritische Wahrnehmung von Ungleichheit beschreibt. Die vier genannten Aspekte der Bewertung und Legitimisierung sozialer Ungleichheit (Funktionalismus, Meritokratische Orientierung, Soziales Kapital, Egalitarismus) finden, wenn auch hier nicht im Detail[30] dargestellt, nicht nur in verschiedenen theoretischen Ansätzen ihr Pendant, sondern sind dem Begriff der sozialen Ungleichheit in seinen verschiedenen Definitionsformen schon inhärent, so dass ihre Beachtung in der Literatur recht groß ist (vgl. z.B. Haller 1986, Hradil 1987, Pollack/Pickel 1998, Wegener 2002). Damit werden die im Folgenden zu untersuchenden Dimensionen hier also aus theoretischer Sicht hergeleitet. Die Literatur wird auf Legitimationsdimensionen für soziale Ungleichheit hin durchgesehen, Begrifflichkeiten aus Theorien werden herangezogen, um die entsprechenden Dimensionen zusammenzustellen. Definitionen und Beschreibungen des Begriffes „soziale Ungleichheit" werden auf Bedeutungsunterschiede hin betrachtet und diese den Dimensionen zugeordnet. So entsteht schließlich eine Liste von relevanten Dimensionen. In der vorgestellten Untersuchung wurden vier Dimensionen zusammengestellt (Funktionalismus, Meritokratische Orientierung, Soziales Kapital, Egalitarismus) mit inhaltlichen Beschreibungen, welche Bedeutungen diese Dimensionen einnehmen. Später werden Fragebogenitems den Dimensionen aufgrund der inhaltlichen Beschreibungen zugeordnet, um schließlich untersuchen zu können, welche Unterschiede in den Einstellungen auf diesen Dimensionen nachzuweisen sind.

---

[30] Eine genaue Darstellung findet sich z.B. bei Mau (1997) oder Rückert (2005).

7.4 Aspekte des internationalen Vergleichs sozialer Ungleichheit: Typen wohlfahrtsstaatlicher Systeme

Den dargestellten verschiedenen Legitimationsformen können unterschiedliche kulturelle und geschichtliche Hintergründe zugeordnet werden. Insbesondere unterscheiden sich die Wohlfahrtsstaaten durch ihren Umgang mit sozialer Ungleichheit und den gemeinhin akzeptierten Begründungen für soziale Unterschiede zwischen verschiedenen Personengruppen. Diese können auf bestimmte Traditionen, religiöse, geschichtliche Hintergründe etc. zurückgehen. Man kann davon ausgehen, dass diese Legitimation sich nicht nur im politischen System, insbesondere dem Sozialsystem, widerspiegelt, sondern sich auch in den Einstellungen der Bürger nachweisen lässt. Esping-Andersen (1990) klassifiziert verschiedene westliche Staaten in drei wohlfahrtsstaatliche Regimetypen. Diese Regimetypen unterscheiden sich im Umgang mit Markt, Staat und Familie und begründen Ungleichheit traditionell unterschiedlich. Esping-Andersens drei Haupttypen wohlfahrtsstaatlicher Regime sind das liberale, das sozialdemokratische und das konservative System.

Liberale Wohlfahrtsstaaten sehen den Markt als Regulativ, es gibt nur gering ausgeprägte soziale Sicherungssysteme gegen Lebensrisiken, die staatlich geregelt sind, private Absicherungen stehen im Vordergrund, falls soziale Sicherung überhaupt von Bedeutung ist. In diesen Staaten, denen nach Esping-Andersen die angelsächsischen Staaten wie USA, Kanada, Großbritannien angehören, hat mit dem Markt als regulierender Instanz die Leistungsorientierung eine hohe Bedeutung, wohingegen das egalitaristische Prinzip höchstens eine untergeordnete Rolle spielt.[31]

In *sozialdemokratischen* Wohlfahrtsstaaten, denen Esping-Andersen (1990) vor allem die skandinavischen Staaten zuordnet, ist der Egalitarismus stark verwurzelt. Insbesondere in Norwegen und Schweden wurde ein Wohlfahrtsstaat angestrebt, der Gleichheit auf höchstem Niveau bieten sollte (Esping-Andersen 1998: 45), was ein generöses Unterstützungsniveau bedeutet (Esping-Andersen 1999: 78). Die Leistungen und sozialen Dienste mussten so gestaltet werden, dass sie „auch den kritischsten Ansprüchen der neuen Mittelschichten genügen konnten" (Esping-Andersen 1998: 45). Dieses Modell drängt den Markt zurück und sorgt so für eine ihrem Wesen nach universale Solidarität im und mit dem Wohlfahrtsstaat (1998: 45). Eine umfassende Absicherung gegenüber Lebensrisiken ist durch dieses System gegeben. Entsprechend ist eine egalitäre Orientierung in diesem System verwurzelt.

---

[31] Lediglich in Großbritannien ist mit dem universalistischen Krankenversicherungssystem (das auf recht niedrigem Niveau arbeitet und durch vorgegebene Finanzmittel beschränkt ist) ein egalitaristisches Element im System vorhanden.

In *konservativen* Wohlfahrtsstaaten schließlich waren in deren Geschichte weder der Liberalismus noch die Sozialdemokratie von wesentlicher Bedeutung. Stattdessen standen in diesen insbesondere zentraleuropäischen Ländern wie Deutschland, Österreich und Frankreich der Statuserhalt und Familiarismus im Vordergrund. Im Gegensatz beispielsweise zum sozialdemokratischen Regimetypus gilt nicht das Individuum als kleinste Zelle des Staates, die gegebenenfalls einer Förderung bedarf, sondern die Familie. Der (männliche) Alleinverdiener steht dabei im Zentrum dieses (durch den Einfluss der Kirche mitbestimmten) Systems. Der Statuserhalt ist durch einen relativ starken Kündigungsschutz und durch Sozialleistungen für Verdiener recht gut ausgebaut. Für die anderen Personen, die im Rahmen der Familie versorgt werden, ist die Lage deutlich schwieriger, da sie in der Regel keine eigenen Ansprüche auf Unterstützung haben, sondern zunächst auf die Familie verwiesen werden.

Darüber hinaus haben verschiedene Forscher weitere Regimetypen identifiziert, wobei diejenigen, die sich mit den postkommunistischen Ländern befassen, hier beachtet werden sollen. Der sozialistische Wohlfahrtsstaat wird von Götting und Lessenich (1998: 272) als eine autoritäre Überformung des sozialdemokratischen Regimetypus beschrieben. Durch die Beschäftigungsgarantie zusammen mit den oft durch die Betriebe geleisteten sozialstaatlichen Aufgaben und dem egalitären Element durch den Grundsatz „Annäherung aller Klassen und Schichten" wurde die Gesellschaft als umfassende Solidargemeinschaft gesehen (Delhey 2001: 49). Mit den Transformationen seit Ende der 1980er Jahre spielen nun so genannte Transformationseffekte eine Rolle. Die verschiedenen postsozialistischen Staaten gehen unterschiedliche Wege. So wurde für Ostdeutschland das konservative wohlfahrtsstaatliche System Westdeutschlands innerhalb kurzer Zeit übernommen, für Ungarn andererseits wird ein Weg in Richtung eines liberalen Systems angenommen. Dabei könnte man eine Anpassung der Einstellungen der Bürger an das Zielregime erwarten. Die persönliche Lage des Befragten und die Geschwindigkeit sowie Qualität der Veränderungen spielen zudem eine Rolle dafür, wie schnell die neuen Prinzipien in das Einstellungsprofil übernommen werden.

7.5 Sekundäranalysen: Vorgehensweise an einem Fallbeispiel

In der bereits erwähnten eigenen Sekundäranalyse (Rückert 2005) wurden die oben genannten vier Dimensionen der Bewertung sozialer Ungleichheit (Egalitarismus, Meritokratische Orientierung, Funktionalismus, Soziales Kapital) herausgegriffen und nicht nur dahingehend betrachtet, ob die persönliche soziale Lage einen Einfluss auf diese Einstellungsmerkmale hat, sondern zudem, ob die

Landeszugehörigkeit einen Einfluss hat. Die zugrundeliegende Annahme ist, dass sich nicht nur die persönliche Situation eines Befragten auf die geäußerte Einstellung auswirkt (z.b. könnte eine Person mit hoher Bildung und gutem Einkommen es durchaus für gerechtfertigt halten, dass Entlohnungsunterschiede zwischen Personen unterschiedlicher Bildung bestehen), sondern dass auch unterschiedliche Länder mit ihren Regimetypen einen Einfluss auf die Einstellung der Befragten haben. Es sollten sich also Einstellungsunterschiede nachweisen lassen, die einerseits durch die persönliche Lage des Befragten beeinflusst sind, aber andererseits sollten sich auch Einstellungsunterschiede zwischen den Ländern finden lassen, abhängig davon, welche Begründung oder Legitimationsform für soziale Ungleichheit in den untersuchten Ländern im Mittelpunkt steht.

Abbildung 11: Erklärungskonzept: Einstellungen zu sozialer Ungleichheit

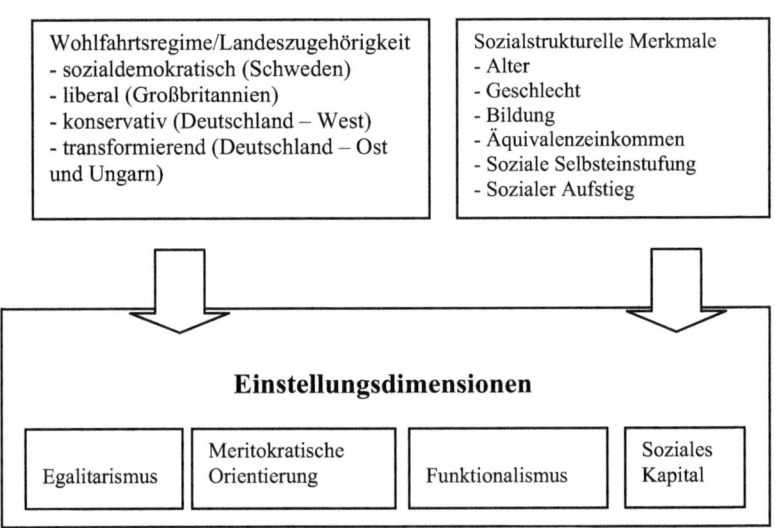

Insbesondere Länder vergleichende Untersuchungen bringen einen hohen Aufwand mit sich. Man muss die Untersuchung in mehreren Ländern durchführen. Hierfür ist jeweils eine landesspezifische Planung notwendig, z.B. muss der Urfragebogen in die Zielsprache übersetzt werden, die Auswahl der zu befragenden Personen muss für jedes Land (unter Berücksichtigung der gewünschten Grundgesamtheit) neu erfolgen, wobei möglicherweise spezielle gesetzliche

Regelungen zu beachten sind; darüber hinaus braucht man möglicherweise Personen, die die Erhebungen durchführen können, die die entsprechende Landessprache beherrschen und mit den Gepflogenheiten vor Ort vertraut sind. Bereits diese ersten genannten Hindernisse würden Länder vergleichende Untersuchungen für die meisten Forschenden als Einzelperson oder kleine Gruppe unmöglich machen. Nicht nur der hohe Finanzbedarf, der damit einhergeht, sondern auch der erhebliche Zeitbedarf würde bedeuten, dass Länder vergleichende Untersuchungen für kleinere Fragestellungen, Forschungsprojekte, zeitkritische Fragestellungen, aber auch Abschlussarbeiten nicht möglich wären.

Die Methode der Sekundäranalyse bietet sich hier als Lösung an. Dabei werden Datensätze bearbeitet und analysiert, die von anderer Stelle erhoben wurden. Das bietet eine enorme Zeitersparnis und in der Regel auch eine enorme Ersparnis an nötigen Finanzmitteln, da die Daten nicht selbst erhoben werden müssen. Für internationale Vergleiche kommt noch der Vorteil hinzu, dass – bei überwiegend auf Englisch dokumentierten Fragebögen – die Übersetzungsarbeit weitgehend entfällt. Für die Übersetzungsarbeit reicht es keinesfalls aus, einfach eine Übersetzerin zu beauftragen, den Fragebogen in die Zielsprache zu übertragen, sondern es muss sichergestellt werden, dass auch tatsächlich in beiden Sprachen (Ursprungssprache und Zielsprache) die gleichen Konzepte erfasst werden. In der Regel lässt man eine Hin- und Rückübersetzung von verschiedenen Übersetzern anfertigen und überprüft das Original mit der wieder zurück übersetzten Version des Fragebogens. Wenn keine inhaltliche Deckungsgleichheit gegeben ist, so muss man an den entsprechenden Stellen nachhaken, worauf die Bedeutungsunterschiede zurückzuführen sind. Hiermit hat man zwar die Wahrscheinlichkeit dafür verringert, aber keineswegs ausgeschlossen, dass nicht doch Bedeutungsunterschiede unaufgedeckt bleiben, da sie bei der Rückübersetzung wieder zur gleichen Bedeutung führen (vgl. Harkness/Schoua-Glusberg 1998). Daneben kann eine bloße Übersetzung, möglicherweise auch wenn sie formal korrekt ist, zu weiteren Problemen führen, wenn z.B. Gepflogenheiten des Ziellandes nicht berücksichtigt werden. So kann man sich vorstellen, dass der Dank für die Teilnahme durchaus eine Bedeutung haben kann, oder dass man in dem einen Land bestimmte Fragen nicht offen beantwortet, wohingegen es im anderen Land kein größeres Problem ist, nach bestimmten Dingen direkt zu fragen (z.B. könnte die Frage nach dem Einkommen ein solches Problem sein). Analysen, die beispielsweise von internationalen Zusammenschlüssen von Forschungsgruppen durchgeführt werden, haben den Vorteil, dass die Forschenden vor Ort besser einschätzen können, wie sie idealerweise vorgehen. Sie können sich auch einfacher um möglicherweise notwendige Genehmigungen für die Datenerhebung innerhalb ihres Landes kümmern.

Ein Beispiel für eine solche Kooperation stellt das ISSP (International Social Survey Programme, online unter www.issp.org) dar. Dieser Forschungszusammenschluss führt international vergleichende Studien zu verschiedenen Themengebieten in zurzeit 41 verschiedenen Ländern durch (http://www.issp.org/beginning.shtml). Der Zugriff auf derart erhobene Datensätze bringt natürlich die oben aufgeführten Erleichterungen mit sich.

Diese Vorteile erkauft man jedoch auch durch gewisse Einschränkungen und Nachteile. Je nach Ziel der Forscherin können diese Einschränkungen mehr oder weniger stark ins Gewicht fallen, so dass jeweils im Forschungskontext die Frage zu stellen ist, ob eine Sekundäranalyse in Frage kommt. Die Fragebogenitems sind natürlich nicht auf den theoretischen Hintergrund und die exakte Fragestellung der Forscherin hin maßgeschneidert, wie es bei einer Primärerhebung realisiert werden könnte. Hier müssen die vorhandenen Daten mit dem eigenen Erkenntnisinteresse in Einklang gebracht werden. Möglicherweise bietet auch ein Datensatz nicht alle notwendigen Informationen, so dass man verschiedene Datensätze kombinieren muss.[32] Darüber hinaus ist man bei Sekundäranalysen natürlich durch die Qualität der Daten beschränkt, das kann sich auf Probleme der Erhebungsart, der verwendeten Items, des Skalenniveaus der Variablen, aber auch auf Stichprobenart, -ziehung oder -größe und viele andere Beschränkungen beziehen. Ein typisches Beispiel sind Alters- oder Einkommensklassen. Wurden im Fragebogen z.B. die Einkommen nicht genau erhoben, sondern nur in wenige Klassen aufgeteilt, um den Befragten die Beantwortung zu erleichtern (die Idee dahinter ist, dass nicht jeder gerne sein Einkommen genau angibt und man bei Einkommensgruppen eher auf korrekte Angaben hofft), so sind detaillierte Analysen in diesem Bereich nicht möglich. Insbesondere bei sehr häufiger Auswahl einer oder zweier mittlerer Einkommenskategorien lassen sich Zusammenhänge zu anderen Merkmalen möglicherweise nicht mehr entdecken. Man hat lediglich ein Ordinalskalenniveau vorliegen, was auch eine Beschränkung auf eine geringere Auswahl geeigneter Auswertungsverfahren bedeuten kann (zu dieser Diskussion vgl. z.B. Benninghaus 2005 oder Bortz 1993).

Zunächst muss aber ein geeigneter und zugänglicher Datensatz für eine Länder vergleichende Sekundäranalyse gesucht und gefunden werden. Nach der Definition des Erkenntnisinteresses und einer groben Darstellung der notwendigen Variablen beziehungsweise Indikatoren (z.B. wie oben gezeigt in Form von Dimensionen und ihrer Beschreibung) ist dieser Schritt der nächste, der für eine

---

[32] Die Kombination verschiedener Datensätze miteinander wirft wiederum Probleme der „Kompatibilität" auf. Entsprechen sich die erhobenen Items in ihrer Fragestellung, weichen die zugrundeliegenden Populationen voneinander ab, falls ja, wie? Nach welchen Kriterien kann man zusätzlich gewonnene Informationen einfügen? Einen einführenden Überblick hierzu liefern Kiecolt und Nathan (1985).

7.5 Sekundäranalysen: Vorgehensweise an einem Fallbeispiel 117

Sekundäranalyse gegangen werden muss.[33] Einige Archive (z.B. das Zentralarchiv in Köln, online unter http://www.gesis.org/ZA/) stellen hierfür eine Fundgrube dar. Wertvolle Hinweise darauf, welche (öffentlich zugänglichen) Datensätze innerhalb eines bestimmten Forschungsbereiches sekundäranalytisch untersucht werden können, bietet natürlich auch die Fachliteratur. So werden in Zeitschriftenartikeln, die über wissenschaftliche Ergebnisse berichten, in der Regel bei sekundäranalytischem Vorgehen auch die zugrundeliegenden Datenquellen genannt. Entsprechende Artikel können zugleich einen ersten Einblick bieten, wie man die erhobenen Items als Indikatoren für die theoretischen Konzepte verwenden kann. Natürlich muss dieser Schritt von der Forscherin selbst wieder gegangen werden, jedoch sind diese Hinweise oft wertvoll.

---

[33] Porst (1985: 104) nennt auch den umgekehrten Weg. Die Forscherin hat sich für einen Datensatz entschieden und definiert aufgrund dessen ihr Erkenntnisinteresse. Insbesondere bei Mehrthemenbefragungen wie dem ALLBUS bietet sich dieser Weg möglicherweise an. Porst ordnet die Bearbeitung der Literatur entsprechend auch der Fragestellung nach, was in der Regel zumindest im Groben anders sein wird. Meistens wird die Forscherin bereits über wesentliche Aspekte Ihres Forschungsgegenstandes aus der Literatur informiert sein, bevor sie sich für ein Themengebiet entscheidet.

Abbildung 12: Ablaufschema Sekundäranalyse

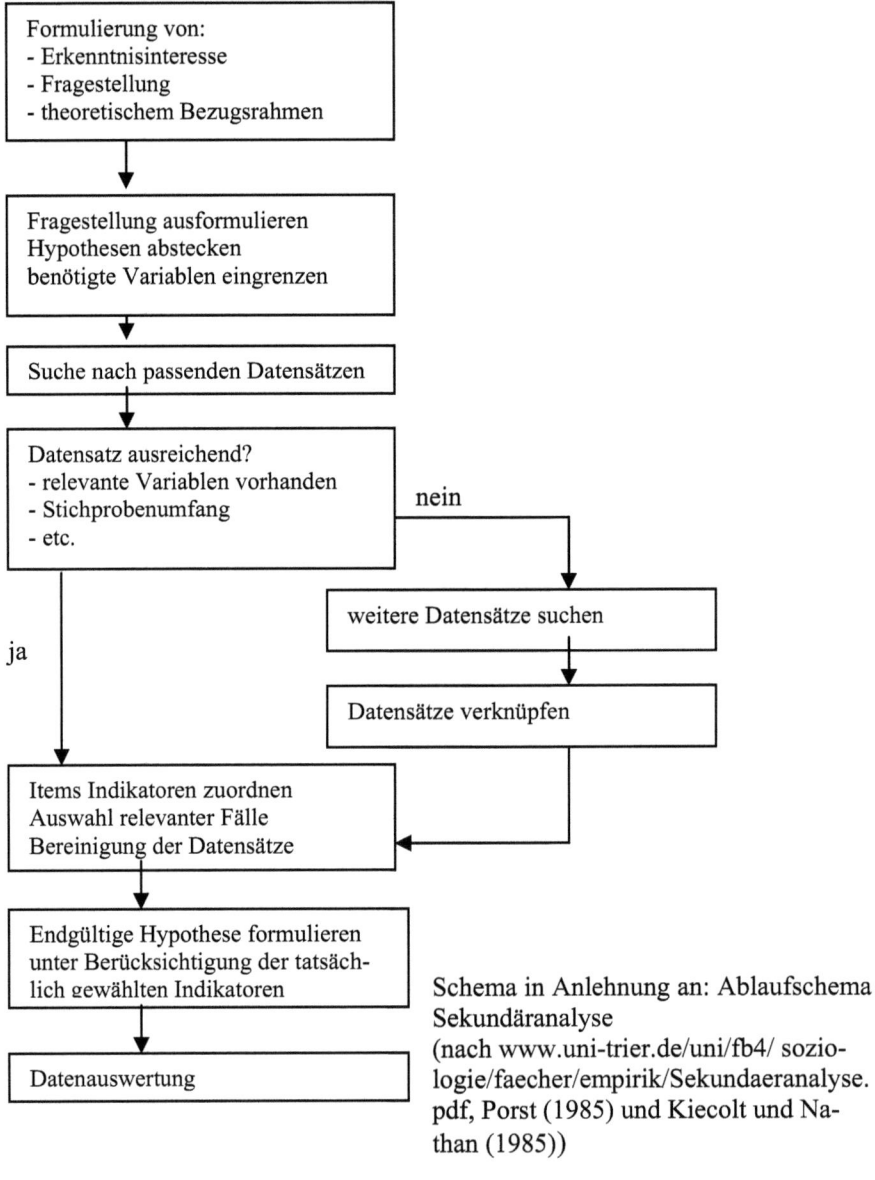

Schema in Anlehnung an: Ablaufschema Sekundäranalyse
(nach www.uni-trier.de/uni/fb4/ soziologie/faecher/empirik/Sekundaeranalyse.pdf, Porst (1985) und Kiecolt und Nathan (1985))

7.5 Sekundäranalysen: Vorgehensweise an einem Fallbeispiel 119

Für die von mir durchgeführte Sekundäranalyse (Rückert 2005) ergaben sich bei ersten Literatursichtungen und Recherchen in Datenarchiven zunächst Hinweise auf den ISSP (Module Soziale Ungleichheit und Role of Government), aber auch auf andere Datensätze. Beim ISSP (International Social Survey Programme, online unter www.issp.org) handelt es sich um eine internationale Zusammenarbeit mit dem Ziel, Befragungen, die wesentliche sozialwissenschaftliche Fragestellungen abdecken, international vergleichbar zur Verfügung zu stellen. In jedem Jahr verfolgt das ISSP eine andere Fragestellung, Fragebögen werden zu verschiedenen sozialwissenschaftlich relevanten Themen entwickelt und in der Regel im Rahmen bereits bestehender regelmäßiger Untersuchungen an die Zielpersonen verteilt. In Deutschland ist der ISSP ein Anhang des ALLBUS, der in zweijährigem Abstand erhoben wird. Die Entscheidung für den ISSP Soziale Ungleichheit wurde schließlich getroffen, da dieser nicht nur einfach und kostengünstig zu beziehen ist, sondern vor allem, da er die interessierenden Dimensionen sozialer Ungleichheit mit seinen Fragestellungen abdeckt und auch (mit Einschränkungen)[34] in den interessierenden Ländern erhoben wird. Da der ISSP nach einigen Jahren jeweils wieder (teilweise) repliziert wird, liefert er zudem die Möglichkeit, einen Vergleich über die Zeit durchzuführen, der hier jedoch nicht dargestellt wird. Somit war es nicht notwendig, unterschiedliche Datensätze zu kombinieren.

Der nächste Schritt ist die Operationalisierung. Bei Primärerhebungen müssen die interessierenden Begriffe oder Variablen in Fragebogenitems übersetzt werden. Bei Sekundäranalysen dagegen muss zunächst der dem Datensatz zugrundeliegende Fragebogen dahingehend untersucht werden, ob sich die darin gestellten Fragen den gewünschten Variablen als Indikatoren zuordnen lassen. Im Zuge dieses Vorgehens werden nicht nur Fragebogenitems den entsprechenden Variablen zugeordnet, sondern auch ungeeignete Fragen aussortiert. So wurden beispielsweise für die Sekundäranalyse von Rückert (2005) die Fragebogenaussagen „Wie wichtig ist es Ihrer Meinung nach, aus einer wohlhabenden Familie zu stammen" dem sozialen Kapital zugeordnet und die Aussage „In Deutschland wird man für seinen Einsatz belohnt" der Meritokratischen Orientierung.

Die Aussage „Um in Deutschland heute ganz nach oben zu kommen, muss man korrupt sein" wurde dagegen nicht für die Analyse verwendet, da sie keiner der vier interessierenden Dimensionen der Bewertung sozialer Ungleichheit sinnvoll zugeordnet werden kann. Diese Aussage spiegelt zwar eine kritische

---

[34] Für den Vergleich über die Zeit (das ISSP-Modul „Soziale Ungleichheit" wurde in den Jahren 1987, 1992, 1999 erhoben) lagen nicht für alle Länder Erhebungsdaten vor. Im Fall Schweden, 1992, lagen zwar die Erhebungsdaten vor, jedoch sind in diesem Land nicht alle Items des Originalfragebogens in die Erhebung eingegangen.

Bewertung sozialer Ungleichheit wider, geht aber einen Schritt weiter als die gewünschten Items. Es handelt sich hier um eine Frage, die bereits auf Vorteilnahmen illegaler oder zumindest illegitimer Art anspricht. Entsprechend kann sie keiner Dimension zugeordnet werden, es handelt sich hier nicht um das formulierte Erkenntnisinteresse.

Die Prüfung, ob der gewählte Datensatz tatsächlich die gewünschte Funktion erfüllt, bestand der ISSP, andernfalls hätte man z.B. auf die Suche nach einem ergänzenden Datensatz gehen oder Anpassungen in der Fragestellung vornehmen müssen. Anpassungen in der Fragestellung, um mit dem Datensatz weiterarbeiten zu können beziehungsweise das Heranziehen eines weiteren Datensatzes waren hier aber nicht erforderlich. Die vier interessierenden Dimensionen konnten durch den ISSP-Datensatz sinnvoll abgedeckt werden.

Die Zuordnung der Items des Fragebogens zu den interessierenden Variablen erfolgte hier aufgrund theoretischer Annahmen zu den entsprechenden Dimensionen, wobei die Vergleichbarkeit mit anderen Untersuchungen des Themengebietes durchaus auch eine Rolle spielte. Es ergaben sich die folgenden Zuordnungen:

Tabelle 13: Items zur Messung von Einstellungsdimensionen zu sozialer Ungleichheit aus dem ISSP[35]

Egalitarismus	Meritokratische Orientierung	Soziales Kapital	Funktionalismus
Die Einkommensunterschiede in [Land] sind zu groß.	In [Land] wird man für seinen Einsatz belohnt.	Wie wichtig ist es Ihrer Meinung nach, aus einer wohlhabenden Familie zu stammen?	Keiner wird jahrelang studieren, um Rechtsanwalt oder Arzt zu werden, wenn er nicht auch erwartet, viel mehr zu verdienen als ein einfacher Arbeiter.*

---

[35] Die Bewertungen erfolgten auf einer fünfstufigen Skala.

Es ist Aufgabe des Staates, die Einkommensunterschiede zwischen den Leuten mit hohem Einkommen und solchen mit niedrigem Einkommen zu verringern.	In [Land] wird man für seine Intelligenz und sein Können belohnt.	Wie wichtig ist es Ihrer Meinung nach, die richtigen Leute zu kennen?	
Leute mit hohem Einkommen sollten einen [viel größeren/ größren/gleichen/ kleineren/viel kleineren] Anteil ihres Einkommens an Steuern zahlen als diejenigen mit niedrigem Einkommen.			

* Mikrolevel (siehe oben und vgl. Delhey 1999)

Eine theoretische Dimensionsbildung ist prinzipiell möglich, wie oben dargestellt. Von mir wurde darüber hinaus aber noch zusätzlich eine Faktorenanalyse durchgeführt, um die vorgenommene Zuordnung der Fragebogenitems zu den Dimensionen statistisch zu überprüfen (Rückert 2005). Eine Faktorenanalyse hat das Ziel, aus einer größeren Menge von Variablen eine kleinere Menge sogenannter Faktoren zu bilden, die die Varianz der Variablen möglichst gut aufklären. In einer folgenden Datenanalyse kann man dann statt vieler Einzelvariablen die Faktoren benutzen. Die Bündelung der Variablen, die untereinander in Zusammenhang stehen, zu jeweils einem Faktor erfolgt anhand ihrer korrelativen Beziehungen untereinander (vgl. Bortz 1993: 473; eine detaillierte Beschreibung der Faktorenanalyse findet sich auch bei Backhaus et al.

2003). Variablen, die hoch miteinander korrelieren, weisen auf ihrem Bündelungsfaktor hohe Werte, sogenannte „Ladungen" auf. Die Faktorenanalyse bot sich damit als Verfahren an, um die Items, die bereits theoretisch den Dimensionen zugeordnet wurden, auf ihre statistische Zusammengehörigkeit zu prüfen. Falls die entsprechenden Items, die aus theoretischer Perspektive heraus Dimensionen bilden, auch auf jeweils einem gemeinsamen Faktor laden, würde dies eine Bestätigung der theoretischen Vorarbeit bedeuten. Tatsächlich konnte die Dimensionierung bestätigt werden.

Tabelle 14: Ergebnis der Faktorenanalyse von Einstellungsitems zu sozialer Ungleichheit

	Komponente			
	1	2	3	4
Importance: coming from a wealthy family[36]	,121	-,017	,850	-,072
Importance: Knowing the right people	-,022	,014	,826	,209
People get rewarded for their effort	-,200	,872	-,012	,090
People get rewarded for their skills	-,044	,909	,008	,073
People study to earn a lot of money	,006	,139	,113	,951
Differences in income are too large	,811	-,139	,117	-,115
Government must reduce differences in income	,831	-,104	,093	-,081
Rich people pay more taxes	,694	-,038	-,074	,191

Extraktionsmethode: Hauptkomponentenanalyse.
Rotationsmethode: Varimax mit Kaiser-Normalisierung.[37]

---

[36] Der Text entspricht weitgehend dem englischsprachigen Originalkommentar im Datensatz (nicht dem Fragebogentext, vgl. ISSP.org)
[37] Extraktions- und Rotationsmethode sind hier vollständigkeitshalber aufgeführt. Zur inhaltlichen Bedeutung dieser Vorgehensweisen sei auf Bortz (1993) oder Backhaus et al. (2003) verwiesen.

Hohe Ladungen auf einem Faktor (hier jeweils grau unterlegt) bedeuten einen hohen Zusammenhang des Items mit dem Faktor. Entsprechend werden diejenigen Items mit den höchsten Korrelationen zusammengefasst, um den Faktor zu beschreiben. Hier bestätigt sich exakt die Auswahl aus der theoretischen Vorannahme. Faktor 1 entspricht der Dimension „Egalitarismus", Faktor 2 der „Meritokratischen Orientierung", Faktor 3 beschreibt das „Soziale Kapital" und Faktor 4 schließlich den „Funktionalismus".

Aber nicht nur die hier als abhängige Variablen fungierenden Items mussten zum Untersuchungsgegenstand passen, sondern auch die als unabhängige Variablen gedachten Items, in diesem Fall verschiedene sozialstrukturelle Merkmale, die mit sozialer Ungleichheit einhergehen, und die Landeszugehörigkeit.

In meiner Untersuchung wurden verschiedene Ungleichheitsmodelle als „Steinbruch" genommen, um wesentliche sozialstrukturelle Merkmale zu identifizieren, die mit sozialer Ungleichheit – auch im internationalen Vergleich innerhalb von EU-Staaten – einhergehen können. Die Merkmale sollten also nicht nur eine theoretische Bedeutsamkeit haben, sondern sich auch bereits in der wissenschaftlichen Diskussion um internationale Vergleiche als wesentlich oder beachtenswert erwiesen haben. Es wurden daher sowohl vertikale Merkmale (die in älteren, auf vertikale Differenzen abzielenden Modellen vorrangig eine Rolle spielen) wie Einkommen, Bildung, soziale Selbsteinstufung (wie hoch stuft sich eine Person selbst im sozialen Gefüge ein?) und soziale Mobilität (hat man sich selbst im Laufe der letzten zehn Jahre der eigenen Meinung nach im sozialen Status verbessert oder nicht?) verwendet als auch nicht-vertikale Merkmale wie Geschlecht und Alter. Einige der vertikalen Merkmale haben durchaus auch eine eher moderne Tendenz, so kann die soziale Selbsteinstufung einer beispielsweise durch ehrenamtliches Engagement sehr angesehenen Person, die aber nur ein geringes Einkommen hat, durchaus hoch sein. Insofern ist die relative Bedeutung dieser sechs (beziehungsweise sieben, wenn die Landeszugehörigkeit mitgezählt wird) sozialstrukturellen Merkmale für die Einstellung zu den vier Dimensionen durchaus interessant, da hiervon eher direkte oder indirektere Zusammenhänge zu sozialer Ungleichheit und den Einstellungsdimensionen gesehen werden könnten.

Wegener (1992) formuliert das in dem Sinne, dass es zwar gemeinsame Werte innerhalb einer Gesellschaft oder Personengruppe gibt, dass diese jedoch überlagert werden können von Eigeninteressen, die z.B. bei den Fragen nach der Verteilung von Gütern durchaus deutlicher im Vordergrund stehen können. Die Landeszugehörigkeit könnte als gemeinsames Wertmuster (vgl. Esping-Andersen 1990) im Sinne einer so genannten primären Ideologie nach Wegener bezeichnet werden. Die Eigeninteressen hängen sicher enger mit der eigenen sozialen Lage zusammen, die sich durch die sozialstrukturellen Merkmale ausdrückt. Dies kann im Sinne einer sekundären Ideologie nach Wegener interpretiert werden.

Betrachtet man nun Länder und die Einstellungen verschiedener Personengruppen innerhalb dieser Länder, so sollte sich innerhalb der Länder eine Varianz der Einstellungen nach den persönlichen Interessen aufgrund der eigenen sozialen Lage feststellen lassen. Zwischen den Ländern jedoch könnten Unterschiede im „Grundniveau" einer Einstellung bestehen. So wäre beispielsweise zu erwarten, dass in Ländern, die sehr stark leistungsorientiert sind, die Zustimmung zu solchen Aussagen größer ist.

Um nun zu entscheiden, ob das Land und damit die Bedeutung gemeinsam geteilter Wertemuster oder die persönliche Lage einen größeren Einfluss auf die Einstellungen hat, werden später diese beiden Möglichkeiten nebeneinander gestellt und in ihrem Einfluss verglichen.

In den vorangegangenen Kapiteln wurde dargestellt, dass beispielsweise die Konzepte von Bildung, Armut etc. keineswegs eindimensional sind. Für Untersuchungen, die sich nur mit einem dieser Aspekte befassen, wird man daher sicherlich die mehrdimensionale Erfassung vorziehen, um detailliertere Informationen zu erhalten. Bei Untersuchungen zur sozialen Ungleichheit werden, da das Themengebiet selbst schon mehrdimensional ist, die oben genannten sozialstrukturellen Merkmale jeweils nur eindimensional erfasst. In der dargestellten Analyse von Rückert (2005) wurden sieben strukturelle Merkmale, bei denen davon auszugehen ist, dass sie soziale Ungleichheit abbilden oder mitbedingen, verwendet. Die Vereinfachung der Operationalisierung der einzelnen Merkmale erkauft man allerdings mit den (in den vorangegangenen Kapiteln) dargestellten Nachteilen. So könnte man beispielsweise die finanzielle Situation der Befragten sehr viel genauer als über das Äquivalenzeinkommen angeben. Je nachdem, ob beispielsweise Unterhalte an Personen, die nicht mit im Haushalt leben, zu leisten sind, ob Einkünfte aus anderen Quellen (z.B. Mieten, Zinsen) bezogen werden, ob die Befragte selbst Miete zahlt oder nicht oder andere Faktoren noch eine Rolle spielen, können sich die Einkommen stark nach oben oder unten verschieben. Das Äquivalenzeinkommen stellt daher möglicherweise nicht mehr als eine grobe Abschätzung dessen dar, was eine Person tatsächlich zur Verfügung hat. Trotzdem wird es verwendet, um eine mehrdimensionale Erfassung zu vermeiden. Würden entsprechend mehrere sozialstrukturelle Merkmale mehrdimensional erfasst, so würde man diese Genauigkeit mit einer Unübersichtlichkeit erkaufen. Ein solches pragmatisches Vorgehen ist allerdings in Sekundäranalysen häufig auch deshalb notwendig, weil in vielen Datensätzen gar nicht alle relevanten Merkmale gegeben sind.

7.5 Sekundäranalysen: Vorgehensweise an einem Fallbeispiel

Nach Zuordnung der Items zu den Variablen kann man die konkrete Arbeit mit dem Datensatz beginnen. Hierbei muss die Forscherin zunächst den Datensatz auf Unregelmäßigkeiten hin prüfen und gegebenenfalls eine Bereinigung vornehmen. In der Regel werden in einem Datensatz fehlende Werte auftreten, die unterschiedliche Ursachen haben können. Beispielsweise könnte in einem Fragebogen eine ganze Seite vom Befragten überblättert worden sein, oder eine Frage wurde einfach übersehen, genauso ist es aber auch möglich, dass ein Befragter eine Frage nicht beantwortet hat, weil sie ihm zu persönlich erschien, weil er keine wirkliche Meinung zu der Frage äußern konnte oder die Frage nicht verstanden hat. Auch bei der Übertragung von Daten aus dem Fragebogen in den Computer können Fehler oder fehlende Werte erst erzeugt werden, was jedoch durch eine zweite Kontrolleingabe weitgehend ausgeschlossen werden kann.[38] Die Forscherin muss entscheiden, wie mit fehlenden Werten umgegangen wird, auch unter Berücksichtigung dessen, ob die Ausfälle systematisch oder zufällig sind.[39]

Nicht nur fehlende Werte müssen behandelt werden, sondern zum Teil müssen auch Fälle, die nicht in die Analyse eingehen sollen (z.B. zu junge Befragte oder Rentner, je nach Fragestellung), entfernt werden. Während diese Fälle noch klar definiert sind, ist das Erkennen von vorhandenen Unregelmäßigkeiten und die Entscheidung, was in diesem Fall zu tun ist, manchmal schwieriger. Durch eine erste deskriptive Analyse können zunächst mögliche Unregelmäßigkeiten recht gut erkannt werden. Wählt man beim ISSP beispielsweise das Individualeinkommen statt des Familieneinkommens, so zeigt sich, dass britische Rentnerinnen und Rentner im Gegensatz zu solchen aus anderen Ländern quasi ausnahmslos angeben, dass sie kein Einkommen hätten. Würde man daher sämtliche nicht erwerbstätige Personen (also z.B. Rentner) ausschließen, würde sich die Fragestellung verschieben. Die Einstellungen von Personen, die kein eigenes Einkommen haben (zumindest kein Erwerbseinkommen), würden beispielsweise unberücksichtigt bleiben oder solche von Personen unter 60 Jahren.

Möchte man deren Einstellungen jedoch einbeziehen und geht man davon aus, dass die Rentner tatsächlich eine Rente beziehen, die gegebenenfalls in einer anderen Variablen „auftaucht", so muss man eine Ausweichstrategie suchen, z.B. das Familieneinkommen in Betracht ziehen. Das zeigt deutlich, dass im Ablauf einer Sekundäranalyse immer wieder Rückschritte zu den verschie-

---

[38] Hierbei werden die Daten zweifach in den Computer übertragen. Die beiden Erfassungen werden miteinander abgeglichen, um bei Abweichungen Alarm zu geben, um die Möglichkeit zu geben, im Fragebogen die Eingabe noch einmal genau zu prüfen.
[39] Zur Vertiefung dieses Themas sei auf Bortz und Döring (2001) verwiesen.

denen Entscheidungspunkten möglich sind, um von dort aus neue Ansätze zu finden.

Ein Nachteil der Sekundäranalyse ist es, dass man sich zwar für eine der Operationalisierungen theoretisch entschieden haben kann, die passende Variable möglicherweise sogar erhoben wurde, dass sie aber praktisch aufgrund der vorliegenden Daten nicht nutzbar ist oder modifiziert werden muss. Allein die Betrachtung der verfügbaren Items sagt noch nicht aus, ob diese Operationalisierung (z.B. aufgrund von Inkonsistenzen oder einer überdurchschnittlich hohen Zahl fehlender Werte oder anderen Problemen) realisierbar ist. An dieser Stelle ist sicher ein pragmatisches Vorgehen gefordert.[40]

Um eine internationale Vergleichbarkeit beispielsweise beim Einkommen zu erreichen, wurden bei Rückert (2005) zunächst Äquivalenzeinkommen definiert und schließlich drei Einkommensgruppen gebildet, die weniger als 60% des Medianeinkommens, mehr als 140% des Medianeinkommens bezogen und die Gruppe dazwischen. Damit wird zugleich der Problematik unterschiedlicher Währungen begegnet. Für die Bildung der Gruppen wurde der Median und nicht das arithmetische Mittel herangezogen, um den Einfluss durch Ausreißer zu reduzieren. Zudem war die Verteilung in einigen Ländern nicht stetig, sondern quasi schon in gleichabständige Schritte (z.B. 500-DM-Schritte) eingeteilt, so dass die Berechnung des arithmetischen Mittels eine Verzerrung nach sich ziehen könnte (vgl. Bortz 1993). Solche Problematiken treten bei einer der Analyse vorangehenden deskriptiven Untersuchung der Daten zu Tage (in diesem Fall half eine Häufigkeitsauszählung).

Aber nicht nur der Umgang mit solch systematischen Abweichungen muss geklärt werden, sondern auch Unstimmigkeiten, die in Einzelfällen, z.B. durch fehlerhafte Beantwortung der Fragen (ob beabsichtigt oder versehentlich), im Datensatz vorhanden sein können. Beispiele wären Personen, die angeben, 14 Jahre alt zu sein und zugleich für die Enkelkinder unterhaltspflichtig. Zunächst sollte also geklärt werden, an welcher Stelle solche Inkonsistenzen auftreten

---

[40] Beispielsweise sollte in der Untersuchung von Rückert (2005) das Äquivalenzeinkommen nach OECD-Vorgabe (Hauser 1995: 4 f.) betrachtet werden. Nach Hauser werden Kinder bis 15 Jahren im Haushalt darin mit einem Faktor von 0,3 berücksichtigt, Erwachsene mit dem Faktor 0,5 (der erste Erwachsene zählt voll). Im ISSP wurde jedoch das Alter der Kinder nicht erhoben, sondern nur in Kinder (Personen bis 18) und Erwachsene unterteilt. Eine pragmatische Lösung hier war die Berechnung eines anderen Kinderfaktors (der Jugendliche bis zur Volljährigkeit berücksichtigt) anhand der Wahrscheinlichkeit für das jeweilige Alter: $(15 \cdot 0{,}3 + 3 \cdot 0{,}5)/18$. Damit ergibt sich für Kinder bis 18 Jahre ein Gewichtungsfaktor von 0,33. Das bedeutet, dass für Kinder bis 15 Jahren eine geringfügig zu hohe Gewichtung vorgenommen wird (statt bei 0,33 sollte sie bei 0,3 liegen) und für Jugendliche zwischen 15 und 18 eine zu geringe Gewichtung (diese sollte bei 0,5 liegen). Bei Betrachtung aller Haushalte mit Kindern kommt man so aber auf eine zumindest im Durchschnitt angemessene Berechnung des Äquivalenzeinkommens.

7.5 Sekundäranalysen: Vorgehensweise an einem Fallbeispiel

können, diese sind anschließend herauszufiltern und schließlich muss sich die Forscherin überlegen, wie mit diesen Fällen umgegangen werden soll. Sie könnten z.B. gelöscht werden, aber auch in manchen Fällen begründet beibehalten werden – so könnte der Siebzigjährige, der von sich angibt, in der Ausbildung zu sein, durchaus tatsächlich noch einmal die Schulbank drücken. Handelt es sich bei dem Einkommen, das er angibt, nun aber um eine Rente oder um eine Ausbildungsvergütung? Je nach der Fragestellung, die verfolgt wird, muss entschieden werden, ob solche unklaren Fälle mit in die Auswertung eingehen oder nicht.

Deskriptive Untersuchungen vor der hypothesenprüfenden Datenanalyse, schon bei Bestimmung der zu verwendenden Variablen, liefern also wertvolle Hinweise auf möglicherweise bestehende Probleme im Datensatz. Sie helfen außerdem, sinnvolle Entscheidungen über die zu verwendenden Indikatoren zu treffen. Auch kann hier gleich aufgeklärt werden, ob sämtliche notwendigen Daten für die gewünschten Länder und gegebenenfalls Untersuchungszeiträume vorhanden sind. Aus den ausgewählten Items wurden nun die relevanten Variablen erstellt (z.B. das Äquivalenzeinkommen aus Personenzahl, Haushaltseinkommen und Kinderzahl berechnet und gruppiert), und die zu den vier interessierenden Dimensionen gehörenden Items zu Indizes zusammengefasst. Hierfür wurden additive, gleichgewichtete Indexwerte[41] gebildet. Die Gewichtungsgleichheit ergab sich aus der gleichen Bedeutsamkeit aller Einzelitems für die Dimensionen, keines sollte aus theoretischen oder anderen Gründen einen stärkeren Einfluss haben. Nach Abschluss dieser Vorarbeiten kann die Datenauswertung in Angriff genommen werden. Sicherlich hat man sich schon zuvor überlegt, welche Art von Hypothesenprüfung man verfolgen möchte (z.B. Unterschieds- oder Zusammenhangshypothesen). Die Hypothesen müssen nun detailliert unter Berücksichtigung der verwendeten Indikatoren formuliert werden. Die inhaltlichen Hypothesen aus der theoretischen Vorarbeit werden in statistische Hypothesen übersetzt. Hierbei schränkt sich die Auswahl möglicher statistischer Auswertungsverfahren selbstverständlich schon ein.

Zunächst werden also die Hypothesen beziehungsweise genauen Fragestellungen explizit formuliert, um sie schließlich der Prüfung zuzuführen. Drei Aspekte standen, wie bereits oben angeführt, im Vordergrund:

1) Gibt es zwischen den untersuchten fünf Ländern (Deutschland Ost, Deutschland West, Schweden, Großbritannien, Ungarn), die beispielhaft für die drei

---

[41] $\text{Index} = \dfrac{\sum_{i=1}^{n} \text{Variable}\, i}{n}$

unterschiedlichen Regimetypen (liberal, sozialdemokratisches und konservatives Wohlfahrtsregime) und die postkommunistischen Transformationsländern herausgegriffen wurden, die nach Esping-Andersen (1990) und Götting und Lessenich (1998) zu erwartenden Unterschiede zwischen den Einstellungen zu den vier Ungleichheitsdimensionen (Egalitarismus, Meritokratische Orientierung, Funktionalismus, Soziales Kapital)?

2) Haben die verschiedenen sozialstrukturellen Merkmale einen Einfluss (in der erwarteten Richtung) auf die Einstellung zu den vier untersuchten Dimensionen?

3) Welche Merkmale haben mehr Bedeutung? Sind es die sozialstrukturellen Merkmale, die die individuelle Lage widerspiegeln, oder ist es die Landeszugehörigkeit?

Am Beispiel des sozialen Kapitals soll an dieser Stelle Punkt 1) exemplarisch dargestellt werden. Für Schweden und Großbritannien werden niedrige Befürwortungen auf der Soziale-Kapital-Dimension angenommen, wohingegen in Deutschland (Ost und West) sowie in Ungarn hohe Zustimmungen erwartet werden. In den Transformationsländern und Westdeutschland sollte also die Wichtigkeit, aus einer wohlhabenden Familie zu stammen beziehungsweise die richtigen Leute zu kennen, höher eingeschätzt werden als in Großbritannien oder Schweden.

In den postkommunistischen Ländern wurde die Herkunftsfamilie teilweise mehr als im Westen „zu einer wichtigen Größe für den Statuserwerb" (Delhey 2001: 53). Aber auch für Westdeutschland als konservatives wohlfahrtsstaatliches Regime wird eine hohe Zustimmung erwartet, denn konservative Länder sind dadurch gekennzeichnet, dass der Staat in der Regel erst „dann eingreift, wenn die Selbsthilfetätigkeit der Familie erschöpft ist" (Esping-Andersen 1998: 44). Daher hat auch hier das soziale Kapital möglicherweise eine höhere Bedeutung als in Schweden oder Großbritannien, wobei in Schweden die Abhängigkeiten von der Familie in einem sozialdemokratisch geprägten Wohlfahrtssystem möglichst gering gehalten werden sollen (vgl. Esping-Andersen 1998: 45). Auch das britische Leistungsprinzip schließt eine solche Zuschreibung aus.

Es werden daher Kontraste gebildet, mit deren Hilfe getestet werden soll, ob die Gruppe Schweden/Großbritannien geringere Zustimmungswerte verzeichnet als Deutschland (Ost und West) / Ungarn. Kontraste bieten die Möglichkeit, die beiden genannten Gruppen gegenüber zu stellen und auf Unterschiede in der Zustimmung zu testen.

Abbildung 13: Operationalisierung von Länderunterschieden am Beispiel der Bedeutung sozialen Kapitals

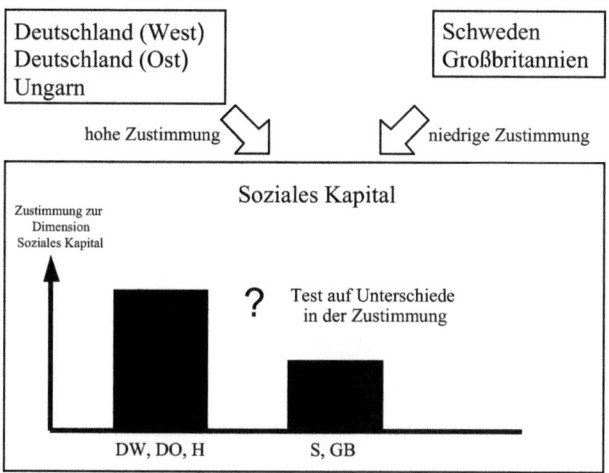

Bezogen auf die in 2) erwähnten sozialstrukturellen Merkmale sollen das Geschlecht und die Einstellungen zum Egalitarismus beispielhaft betrachtet werden. Svallfors (1997: 290) argumentiert, dass Frauen abhängiger vom Wohlfahrtsstaat seien, das heißt sie hätten oft eine soziale Position, die sie abhängiger vom Wohlfahrtsstaat oder dem männlichen Ernährer mache. Daher sollten sie, ihren eigenen Interessen folgend (vgl. Wegeners Ansatz zu primären und sekundären Ideologien 1992) eher eine egalitaristische Position einnehmen als Männer.

Abbildung 14: Operationalisierung von geschlechtsspezifischen Unterschieden am Beispiel der Zustimmung zum Egalitarismus

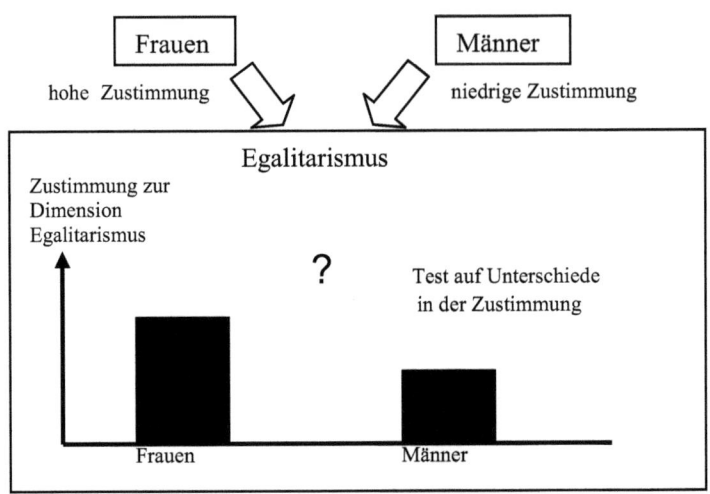

Diese Auswertung erfolgte ebenfalls über Kontraste beziehungsweise einfaktorielle Varianzanalysen. Bei einfaktoriellen Varianzanalysen liegt ein mehrfach gestuftes Merkmal (hier: zweifach gestuftes Merkmal Geschlecht in den Abstufungen männlich und weiblich) vor. Die Auswirkungen des Merkmals auf die Ausprägung der abhängigen Variablen (hier: egalitaristische Position) wird geprüft. Bei varianzanalytischen Verfahren soll die Varianz einer metrischen (das heißt mindestens intervallskalierten) Zufallsvariablen durch den Einfluss der Gruppierungsvariablen (unabhängigen Variablen) erklärt werden. Die Verfahren untersuchen, ob (und gegebenenfalls wie) sich die Erwartungswerte der metrischen Zufallsvariablen in verschiedenen Gruppen unterscheiden. Es wird getestet, ob die Varianz zwischen den Gruppen größer ist als die Varianz innerhalb der Gruppen. Dadurch kann ermittelt werden, ob die Gruppeneinteilung sinnvoll ist oder nicht beziehungsweise ob sich die Gruppen signifikant unterscheiden oder nicht (weitere Darstellung in Benninghaus 2005 oder Bortz 1993).[42]

---

[42] Eine mehrfaktorielle Varianzanalyse (mehrfaktorielle Varianzanalysen liegen vor, wenn die Bedeutung mehrerer unabhängiger Variablen für die abhängige Variable gleichzeitig untersucht wird, vgl. Bortz 1993) wurde nicht durchgeführt, da man bei sechs (ohne die Länderzugehörigkeit) strukturellen Merkmalen nicht nur (selbst bei nur zweifacher Abstufung der Merkmale) 64 Kombinationsmöglichkeiten (2^6) zu berücksichtigen hätte, sondern für diese auch noch Hypothesen aufstellen müsste. Das ist in dieser Form durch theoretische Annahmen nicht zu leisten. Sicher ist es in

7.5 Sekundäranalysen: Vorgehensweise an einem Fallbeispiel

Schließlich wurde für 3) eine Multiple Klassifikationsanalyse durchgeführt, um die Bedeutsamkeit der sozialstrukturellen Variablen und der Landeszugehörigkeit vergleichen zu können. Die Multiple Klassifikationsanalyse „erlaubt [es], die Effekte jeder Variablen unter Konstanthaltung der übrigen unabhängigen Variablen zu betrachten, und zeigt somit den eigenständigen Beitrag und damit die relative Bedeutsamkeit jeder Variablen für die Erklärung der abhängigen Variablen" (Berger 1981: 2). „Ein signifikanter Wert [bei einer Varianzanalyse] besagt ..., dass wenigstens eine der Kategorien des Faktors (der unabhängigen Variablen) vom Gesamtmittelwert signifikant abweicht", bei der Multiplen Klassifikationsanalyse geht es „um eine erleichterte Beurteilung der Mittelwertsdifferenzen der einzelnen Gruppen vom Gesamtmittelwert ... Eine Einschätzung des durch die einzelnen Effekte und die Effekte insgesamt erklärten Anteils der Varianz" wird möglich (Janssen und Laatz 1997).[43]

Damit ist diese Analyseform geeignet, um zu entscheiden, ob die Zugehörigkeit zu einem bestimmten Land oder bestimmte sozialstrukturelle Merkmale mehr Bedeutung für die Einstellungsdifferenzen haben. Die Landeseffekte werden auf die kulturelle Prägung zurückgeführt im Sinne einer primären Ideologie nach Wegener (1992), wohingegen die sozialstrukturellen Merkmale eher die Individualinteressen einer Person widerspiegeln und somit im Sinne von sekundären Ideologien interpretiert werden können. Die Erwartung ist, dass Landesunterschiede einen höheren Beitrag zur Aufklärung der Unterschiede bringen, da der Regimetypus (nach Esping-Andersen 1990) quasi das Normen- und Wertesystem, das in einem Land transportiert wird, beinhaltet.

---

anderen Analyseformen möglich, Gruppierungen zu identifizieren, die durch einige dieser Merkmale beschrieben werden und die gegebenenfalls extreme Einstellungen zu den untersuchten Dimensionen haben. Das ist aber hier nicht die angestrebte Fragestellung.

[43] Ein Syntaxbeispiel zur Durchführung der Multiplen Klassifikationsanalyse mit SPSS findet sich bei Litz (2000: 143). Die Multiple Klassifikationsanalyse ist bei SPSS nicht direkt über das Menü abrufbar.

7.6 Ergebnisse

Die Beispielhypothese 1) konnte bestätigt werden. Den Items der Dimension „Soziales Kapital" wurde in Gesamtdeutschland und Ungarn signifikant stärker zugestimmt als in Großbritannien und Schweden. Nur wenige der anderen Hypothesen aus dieser Gruppe (das heißt Hypothesen bezüglich der Auswirkungen des Landes auf die Einstellungen zu den verschiedenen Dimensionen) konnten nicht bestätigt werden. Beispielsweise kann eine geringe Zustimmung zur egalitaristischen Orientierung in Schweden, entgegen der Erwartung, nicht nachgewiesen werden. Diese geringe Zustimmung wird beispielsweise im ISSP 1992 nachgewiesen, z.b. durch Mau (1997). Die geringe Zustimmung wurde in Schweden erwartet, da in diesem Land als sozialdemokratischem Wohlfahrtsstaat zwar egalitäre Prinzipien stark verwurzelt sind, diese aber aus genau diesem Grund nicht stark eingefordert werden. In der eigenen Untersuchung (Rückert 2005) zeigte sich, dass 1999 in Schweden eine stärkere Zustimmung zu egalitaristischen Orientierungen gegeben war als in älteren Untersuchungen, insbesondere auch im ISSP 1992. Erklärungen für diese Abweichung von den Hypothesen können z.b. in politischen Veränderungen in Schweden gesucht werden, bleiben aber – da sie nicht getestet wurden, und auf der vorliegenden Datengrundlage so auch nicht zu testen sind – spekulativ.

Die Hypothese 2) wurde in einigen Ländern bestätigt, nicht aber in allen. So war die Zustimmung zu den Egalitarismusitems nur in Westdeutschland, Schweden und Ungarn bei Frauen signifikant größer als bei Männern. Dies zeigt deutlich auf, dass die sozialstrukturellen Merkmale durchaus in verschiedenen Ländern eine unterschiedliche Bedeutung haben können beziehungsweise sich unterschiedlich auf die Einstellung zu bestimmten Fragestellungen auswirken können. Beim Egalitarismus zeigten beispielsweise in Großbritannien nur vertikale Merkmale einen bedeutsamen Einfluss auf die Einstellungen. Svallfors (1997: 285) schlägt hierzu die Interpretation vor, dass die vertikale Schichtung in Großbritannien andere Quellen von Ungleichheit dominiert, somit könnten diese hier im Gegensatz zu dem nicht-vertikalen Merkmal Geschlecht in den Vordergrund treten, wenn es um egalitaristische Orientierungen geht. Eine deskriptive Analyse zeigte insgesamt, dass über alle untersuchten Bewertungsdimensionen der Sekundäranalyse die nicht-vertikalen Merkmale und die soziale Selbsteinstufung (als ein möglicherweise von der rein vertikalen Sichtweise etwas abweichendes Merkmal) in den westlichen Ländern (Westdeutschland, Schweden und Großbritannien) mehr bedeutsame Unterschiede in den Einstellungen verursachten, wohingegen in den postkommunistischen Ländern die vertikalen Merkmale (vertikale Mobilität, Bildung, Äquivalenzeinkommen) im Vordergrund standen. Möglicherweise gehen die Gräben der Einstellungen in den postkommunistischen Ländern eher entlang der Spalte „Modernisierungsgewinner vs. Modernisierungsverlierer", die drei vertikalen Merkmale deuten darauf hin, dass wesentliche Ressourcen für eine gute Nutzung der Veränderung hier eine Rolle spielen, wie es z.B. auch die Bildung ist (vgl. Delhey 2001: 234).

Bezogen auf Hypothese 3) zeigt sich, dass das Land (über alle vier untersuchten Dimensionen hinweg) jeweils die höchste Aufklärung für die Einstellungen liefert. Das entspricht der Hypothese und bestätigt damit auch andere Ergebnisse, die in der Literatur berichtet werden (z.B. Svallfors 1997, Mau 1997, Haller et. al. 1995), widerspricht aber andererseits auch beispielsweise einer Untersuchung von Wegener (1999), der berichtet, dass der Einfluss des Landes (beim Vergleich Ost- und Westdeutschlands) in seiner Untersuchung komplett zurückgeht, sobald die sozialstrukturellen Merkmale beachtet werden. Bereits oben wurde dargestellt, dass unterschiedliche Modellannahmen und/oder unterschiedliche statistische Vorgehensweisen durchaus zu unterschiedlichen Ergebnissen führen können.[44] Geht man davon aus, dass es sich um keinen zufälligen Fehler (der Stichprobenziehung) handelt, so kann man hier genauer überprüfen, ob und welche Modellannahmen zugrunde liegen, die möglicherweise dazu führen, dass jeweils andere Ergebnisse zutage treten.

In Tabelle 15 sind die Ergebnisse der Multiplen Klassifikationsanalyse für die beiden Dimensionen Funktionalismus und Soziales Kapital aufgeführt. Der Beta-Koeffizient gibt an, „welcher Einfluss [der aufgeführten Variablen] bei Kontrolle der übrigen Variablen bestehen bleibt", wohingegen R^2, welches unten aufgeführt ist, angibt „wie viel Varianz der abhängigen Variablen durch alle unabhängigen Variablen zusammen erklärt wird" (Berger 1981: i). Man kann deutlich sehen, dass der Einfluss des Landes jeweils am größten ist, wohingegen die anderen unabhängigen Variablen eine untergeordnete Rolle spielen (bei Betrachtung der Daten über alle Länder hinweg).

---

[44] Die statistische Hypothesenprüfung bezieht sich auf eine Population, aus der eine Stichprobe gezogen wurde. Aus diesem Grund kann man nicht ausschließen, dass in der Stichprobe (zufällig) eine Alternativhypothese bestätigt wird, die für die Population keine Gültigkeit hat (alpha-Fehler) oder umgekehrt (beta-Fehler). Eine genaue Darstellung findet sich z.B. bei Bortz (1993).

Tabelle 15: Ergebnis der Multiplen Klassifikationsanalyse am Beispiel zweier Einstellungsdimensionen

beta	Funktionalismus	Soziales Kapital
Geschlecht	**,031**	**,073**
Alter	**,028**	,048
Vertikale Mobilität	,012	**,035**
Soz. Selbsteinstufung	**,019**	**,107**
Bildung	**,139**	,006
Äquiv.-Einkommen	**,041**	,043
Land	**,369**	**,162**
R²	,178	,048

Signifikante beta-Werte sind fettgedruckt

Wesentlich für die Diskussion ist auch in diesem empirischen Beispiel, dass die Forscherin in der Darstellung ihrer Ergebnisse klar dokumentiert, wie sie vorgegangen ist, so dass Interessierte die Möglichkeit haben, die Analyse nachzuvollziehen. Vergleiche mit eigenen Vorgehensweisen oder auch mit anderen Theorieansätzen werden nur so möglich. Es soll damit keinesfalls gesagt werden, dass man aus einem Datensatz Beliebiges herausfinden könne. Jedoch ist es unter bestimmten Umständen möglich, dass Ergebnisse sich auf den ersten Blick scheinbar widersprechen, wie z.B. in oben stehendem Beispiel zum Zusammenhang zwischen Bildungsabschluss und Einkommen. Die Aussagen, dass der Zusammenhang mäßig, quasi nicht vorhanden oder auch sehr stark ist, sind sicher alle nicht falsch, aber erst dadurch, dass die Forscherin die Bedingungen und Vorgehensweise für ihre Analyse angibt (nämlich dass sich der quasi nicht vorhandene Zusammenhang für Frauen zeigt, wohingegen bei Männern ein starker Zusammenhang gefunden werden kann), wird das Ergebnis für die Leserinnen wertvoll und kann mit eigenen Forschungsergebnissen oder Modellannahmen verglichen werden. Aus diesem Grund ist die genaue Darstellung der Vorgehensweise unerlässlich.

Dieses Kapitel hat gezeigt, dass internationale Vergleiche der Einstellungen zu sozialer Ungleichheit ebenso wie Studien zu vielen anderen Themenbe-

7.6 Ergebnisse

reichen durchaus sekundäranalytisch durchgeführt werden können. Studien solchen Umfangs, wie es der ISSP bietet, sind für einzelne Forschungsgruppen überhaupt nicht zu leisten. Neben den Vor- und Nachteilen, die Sekundäranalysen bieten beziehungsweise mit sich bringen, sollte aber nicht vergessen werden, dass die in den Datensätzen vorgegebenen Fragestellungen nicht unkritisch gesehen werden sollten. Zwar hat die Forscherin vor der Auswahl des oder der Datensätze das Erkenntnisinteresse eingegrenzt, trotzdem sollte sie die Augen offen halten. Im Rahmen der international vergleichenden Forschung zu sozialer Ungleichheit stehen einige wenige Datensätze (wie z.B. der ISSP) im Zentrum vieler (natürlich nicht aller) Analysen. Folglich sind die Ergebnisse, die in der Literatur berichtet werden, unter Berücksichtigung dieser Einschränkung zu sehen. Sicherlich ist der Rückgriff auf gegebene Datensätze eine gute Möglichkeit, international vergleichende Untersuchungen durchzuführen. Die Ausweitung der Erkenntnisinteressen über das „Standardformat" hinaus wäre jedoch sinnvoll, um über den Tellerrand schauen zu können. Kombinationen mit weiteren Datensätzen oder anderen Datenquellen, Interviews oder sonstige Methoden könnten helfen, über die Möglichkeiten beispielsweise des ISSPs hinauszugehen und neue Impulse zu schaffen.

8 Die Analyse sozialer Netzwerke am Beispiel von Hilfenetzen für die Kinderbetreuung

Von Brigitta Lökenhoff

8.1 Einleitung

In diesem Kapitel wird beispielhaft anhand einer kleinen Studie zu Kinderbetreuungsnetzwerken von Müttern eine Methode vorgestellt, die sich seit den 1970er Jahren sehr erfolgreich als Social Network Analysis (SNA) etabliert hat. Ihre direkten Vorläufer, die Soziometrie Morenos (1953) sowie die sozialanthropologischen und familiensoziologischen Arbeiten der so genannten Manchester-Schule um Clyde C. Mitchell (1969) und Elisabeth Bott (1955), reichen allerdings in die 1950er und 1960er Jahre zurück.[45] Und die der netzwerkanalytischen Forschungsrichtung zugrunde liegenden theoretischen Fragen nach der sozialen Einbettung des Menschen und den formalen Bedingtheiten sozialer Beziehungen wurden schon von den Klassikern der Soziologie, hier sind insbesondere Tönnies (1979, zuerst 1887) und Simmel (1992, zuerst 1908) zu nennen, gestellt und haben seither nichts an Aktualität eingebüßt.

Die Methode der sozialen Netzwerkanalyse ist im weitesten Sinne zu den Methoden der quantitativen empirischen Sozialforschung zu rechnen, gleichwohl sie einen ganz eigenen Zugang zur sozialen Realität wählt. Soziale Beziehungen werden als grundlegendes konstitutives Merkmal von Sozialität[46] angenommen und in den Mittelpunkt sowohl des theoretischen als auch des empirischen Forschungsinteresses gestellt.

---

[45] Siehe für einen Überblick über die Entstehungs- und Entwicklungsgeschichte der SNA Scott 1991 und Jansen 1999.
[46] Eine prägnante Definition von Sozialität gibt Schimank (2000: 9; Hervorhebung weggelassen): Sozialität als Gegenstandsbereich der Soziologie ist „die fortlaufende wechselseitige Konstitution von sozialem Handeln und sozialen Strukturen", die auch als Dualität von Handlung und Struktur seit Giddens (1995) geläufig ist.

Für den empirischen Zugang bedeutet das: Es werden die Konstellationen mehrerer Akteure[47] oder die soziale Einbettung einzelner Akteure mittels relationaler Daten erhoben und analysiert. Der Umgang mit relationalen Daten ist die Besonderheit der sozialen Netzwerkanalyse. Diese Daten beziehen sich auf Merkmale von Relationen, also von „Beziehungen eines Elements zu jeweils einem anderen Element" (Jansen 1999: 47, Hervorhebung weggelassen), und beschreiben daher genau genommen keine Eigenschaften von Akteuren, sondern Eigenschaften von sozialen Beziehungen und somit von Paaren oder Dyaden. Relationale Merkmale sind beispielsweise die Kontakthäufigkeit zwischen Person A und Person B oder die Intensität des Wissenstransfers zwischen Forschungsinstitut X und Forschungsinstitut Y oder die geleistete Hilfe des Akteurs K gegenüber Akteur L.[48] Akteure können dabei Individuen oder Organisationen, aber auch soziale Bewegungen oder Staaten sein. Und eine spezifische Konstellation von Akteuren samt ihrer Relationen bildet ein Netzwerk, das in Anlehnung an Mitchell, der sich als einer der ersten um eine analytische Bestimmung des bis dahin eher metaphorisch verwendeten Netzwerkbegriffs bemühte, „als *eine durch Beziehungen eines bestimmten Typs verbundene Menge von sozialen Einheiten* wie Personen, Positionen, Organisationen usw." (Pappi 1987: 13; Hervorhebung im Original) definiert sein soll.

Mittels dieser zentralen netzwerkanalytischen Begriffe – Akteure oder Netzwerkknoten, Relationen oder Netzwerkkanten, Netzwerk – werden soziale Beziehungsstrukturen nicht nur unter soziologischen Fragestellungen beleuchtet. Die Einsatzbereiche der SNA werden auch noch in der Gegenwart ständig erweitert: So hat erst seit wenigen Jahren in den USA die National Security Agency (NSA) die soziale Netzwerkanalyse für sich entdeckt und setzt sie gezielt zur Identifikation und Überwachung terrorverdächtiger Personen ein (Aleman-Meza et al. 2006).[49] Im wissenschaftlichen Kontext kommt die soziale Netzwerkanalyse neben der Soziologie auch in den Nachbardisziplinen Politikwissenschaft (Kenis/Schneider 1994), Sozialethnologie (Schweizer 1996) und Sozialpsychologie (Röhrle 1994) zum Einsatz. Innerhalb der Soziologie reichen die Anwendungsbereiche von der Analyse gesellschaftlicher Mikro- bis Makro-

---

[47] Der Einfachheit halber sei in dieser kleinen Veranschaulichung der SNA der Blick auf reine Akteursnetzwerke verengt. Elemente oder Knoten von Netzwerken können aber grundsätzlich auch Ereignisse oder Objekte sein oder innerhalb eines Netzwerks variieren, z.B. als Person-Organisations-Netzwerk, welches die Mitgliedschaften bestimmter Personen zu verschiedenen Organisationen abbildet, oder als Person-Ereignis-Netzwerk, welches die Teilnahme eines Personenkreises an verschiedenen politischen Aktivitäten erfasst.
[48] Siehe zu einer übersichtlichen Klassifizierung der Merkmalsarten von Individuen und Kollektiven Jansen 1999: 47-52.
[49] Die Netzwerkförmigkeit terroristischer Vereinigungen wie etwa Al Kaida ist jüngst vermehrt untersucht worden (Krebs 2002).

8.1 Einleitung

strukturen, von der Kleingruppenforschung über Studien zu intra- und interorganisationalen Beziehungen bis hin zur Anwendung innerhalb der großen Bevölkerungssurveys und ungleichheitstheoretischen Sozialstrukturanalysen (z.B. im Rahmen des ALLBUS, der Allgemeinen Bevölkerungsumfrage der Sozialwissenschaften[50] in Deutschland).

Die egozentrierte Netzwerkanalyse, welche im Zuge der hier vorzustellenden Studie zum Einsatz kommt, gehört seit der Entstehung der SNA zu einem ihrer zentralen Forschungsfelder innerhalb der Soziologie. Dabei ist mit egozentrierter Netzwerkanalyse zunächst lediglich ein spezifischer methodischer Zugang der SNA zu netzwerkbezogenen Daten gemeint, nämlich der Zugang über einen einzelnen Befragten, der als alleiniger Informant für die interessierenden relationalen Daten herangezogen wird. Erhoben wird dabei zunächst die „soziale Nahumwelt" (Esser 2000: 181) des Befragten, je nach Forschungsfrage werden daraus aber Rückschlüsse über Netzwerkstrukturen bestimmter Personengruppen oder einer interessierenden Grundgesamtheit gezogen. Der große Vorteil dieses „minimalen netzwerkanalytischen Zugangs zur Realität" (Jansen 1999: 73) ist seine Einsatzmöglichkeit im Rahmen großer Bevölkerungsumfragen. Nicht zuletzt diese Einsatzmöglichkeit ist es, die der egozentrierten Netzwerkanalyse auch eine inhaltliche Assoziation mit den Konzepten soziales Kapital (Esser 2000: 235-268) und soziale Unterstützung (Diewald 1991: 59-125; Röhrle 1994) gibt. Und genau diese inhaltliche Bestimmung persönlicher oder egozentrierter Netzwerke als Sozialkapital oder als Ressource für soziale Unterstützung hat netzwerkanalytische Fragestellungen in der Survey-Forschung auch im deutschsprachigen Raum, z.B. im Zusammenhang des Wohlfahrtssurvey und des ALLBUS, prominent gemacht.

Zum Forschungsfeld der Social-Support-Forschung ist auch der in diesem Kapitel fokussierte Forschungsgegenstand der informellen Hilferessourcen von Müttern zu rechnen. Ziel des Kapitels ist es, am Beispiel einer egozentrierten netzwerkanalytischen Studie zu den Hilfenetzwerken von Müttern einen kleinen Einblick in die Forschungsrichtung der sozialen Netzwerkanalyse zu geben. Dies kann im Rahmen des vorliegenden Beitrags selbstredend nicht umfassend geschehen. Dennoch ist die ausgewählte Studie dazu geeignet, einige Besonderheiten dieser Forschungsrichtung zu verdeutlichen. Dazu soll in einem ersten Schritt die Studie mit ihrer Fragestellung, ihrem Untersuchungsgegenstand und ihrem Forschungsdesign vorgestellt werden, um im weiteren Verlauf des Kapitels die egozentrierte Netzwerkanalyse unmittelbar am Beispielmaterial erklären und veranschaulichen zu können. Im Teilkapitel zur Datenerhebung werden die für egozentrierte Netzwerkanalysen spezifischen Erhebungsinstru-

---

[50] http://www.gesis.org/Dauerbeobachtung/Allbus/

mente Namensgenerator und Namensinterpretator vorgestellt. Das Teilkapitel zur Datenauswertung zeigt unter Bezug auf die konkrete Forschungsfrage nach den informellen Hilferessourcen von Müttern schwerpunktmäßig spezifisch netzwerkanalytische Auswertungsschritte, greift für die Interpretation der Ergebnisse darüber hinaus aber auch auf allgemein in der sozialwissenschaftlichen Statistik gebräuchliche Berechnungen von Mittelwerten und Häufigkeitsverteilungen zurück. Zusammenfassend werden anschließend einige zentrale Ergebnisse der Studie vorgestellt, wobei ein besonderes Gewicht auf die Erkenntnisgewinne durch die spezifisch netzwerkanalytische Herangehensweise gelegt wird.

8.2 Die Studie: Untersuchungsgegenstand, Fragestellung, Hypothesen

Gegenstand der hier als Anschauungsmaterial dienenden Studie sind die informellen Hilfenetzwerke von Müttern für die Betreuung ihrer Kinder. Mit informeller Hilfe bei der Kinderbetreuung ist die nicht-institutionelle und nicht-kommerzielle Betreuung der eigenen Kinder durch andere Personen gemeint, und zwar durch Personen aus dem engeren und weiteren Familien-, Freundes-, Nachbarschafts-, und Bekanntenkreis.

Die mittels eines schriftlichen Fragebogens erfassten Daten zu den so definierten Unterstützungsressourcen wurden im Jahr 1999 erhoben. Befragt wurden rund 30 Mütter in Deutschland,[51] die zum Zeitpunkt der Befragung wenigstens ein Kind im betreuungsintensiven Alter bis zu etwa zehn Jahren hatten. Mit der Realisierung dieses Kriteriums seitens der ausgewählten Befragungspersonen kann von einem generellen Betreuungsbedarf in der alltäglichen Lebensführung mit den Kindern ausgegangen werden. Die soziodemographischen Merkmale der befragten Mütter variieren stark in den zentralen Dimensionen Bildungsniveau, Beruf, Einkommen und Wohnregion. Für die im Folgenden auf netzwerkbezogene Fragen konzentrierten Daten- und Ergebnispräsentationen sind diese Merkmale allerdings nicht von Belang und werden daher nicht weiter vertieft.

---

[51] Dies ist die Zahl der in die Auswertung einbezogenen Datensätze. Die befragten Mütter stellen in keiner Weise eine für die bundesdeutschen Mütter repräsentative Stichprobe dar. Ein solcher Anspruch wäre mit den für diese Studie zur Verfügung stehenden Ressourcen nicht einzulösen gewesen. Die Erhebung fand im Rahmen einer Studienarbeit an der FernUniversität in Hagen statt. Einige forschungspragmatischen Einschränkungen sind diesem Rahmen geschuldet, wie etwa die Engführung der Forschungsfrage nach einer ganz speziellen Form der sozialen Unterstützung, die man in einer größer angelegten Studie eher in ein Gesamtkonzept sozialer Unterstützung eingebettet hätte. Auch die Beziehungen zwischen den verschiedenen Netzwerkpersonen der befragten Mütter mussten bei der Datenerhebung vernachlässigt werden, obwohl ohne diese Informationen einige Auswertungen zur Charakterisierung des Hilfenetzwerks nicht durchgeführt werden können.

8.2 Die Studie: Untersuchungsgegenstand, Fragestellung, Hypothesen

Woher rührt nun das Interesse an den informellen Hilfenetzwerken von Müttern für die Kinderbetreuung? Dahinter steht zunächst die Annahme, dass die Zuständigkeit für die Belange der Kinder, also auch die Organisation der Kinderbetreuung im Bedarfsfall, nach wie vor in der großen Mehrzahl der Familien den Müttern obliegt. Zu den „Widersprüchen weiblicher Individualisierung" (Beck 1986: 185) gehört es aber, dass diese traditionale Einbindung in die Mutterrolle einhergeht mit der zunehmenden Normalität der Berufstätigkeit von Müttern – wenigstens in Form einer Teilzeitbeschäftigung. Sowohl im Falle berufstätiger als auch nicht berufstätiger Mütter ist jedenfalls davon auszugehen, dass die Lebensführung im Alltag einen mehr oder weniger intensiven und regelmäßigen Betreuungsbedarf der Kinder durch andere Personen mit sich bringt, und dass diese Betreuung, sofern es sich nicht um institutionelle oder kommerzielle Betreuung handelt, aus sozialen Unterstützungsressourcen der Familien, vor allem aber der Mütter rekrutiert wird. Diese informellen Unterstützungsressourcen scheinen zudem an Bedeutung zu gewinnen, da in vielen deutschen Bundesländern die institutionellen Kinderbetreuungsangebote von den Kürzungen öffentlicher Gelder betroffen sind und somit abgebaut werden. Aus diesen Überlegungen leitet sich das allgemeine Interesse an den informellen Hilferessourcen von Müttern für die Kinderbetreuung ab.

Es geht also ganz allgemein um die Frage, wie Mütter die Kinderbetreuung in den verschiedenen alltäglichen Bedarfssituationen organisieren und inwieweit sie, jenseits institutioneller oder kommerzieller Angebote, tragfähige Unterstützungspotentiale aus ihrem persönlichen Netzwerk, ihren engeren und weniger engen sozialen Beziehungen, schöpfen können. In Frage kommen hier der Freundes- und Bekanntenkreis, die Nachbarschaft oder auch die gegenseitige Unterstützung von Müttern in ähnlich gelagerten Bedarfssituationen. Das Konzept der sozialen Unterstützung umfasst aber darüber hinaus das gesamte private Hilfenetz als Unterstützungsressource zur Bewältigung des Alltags (Pearson 1997), fragt also über die oben genannten Personenkreise hinaus auch nach der Hilfe durch die traditionalen Bindungen innerhalb der Familie oder durch den Partner.

Ein spezielleres Interesse richtet sich auf die Zusammensetzung und Tragfähigkeit, also die Qualität der Betreuungsnetzwerke. Hier fließt der Gedanke ein, dass die mit der fortschreitenden gesellschaftlichen Differenzierung einhergehende Individualisierung und Pluralisierung von Lebensformen (Beck 1986: 181-248) auch eine Errosion traditionaler familialer Bindungen bedeuten kann, und dass dies nicht immer als willkommene Optionenerweiterung zu bewerten ist. Statt der gewonnenen Freiheit kann hier auch der Verlust an verlässlichen, tragfähigen sozialen Netzwerken (Diewald 1990: 19-58; Putnam 2000) in den Vordergrund rücken, sofern dieser Verlust zu unlösbaren Problemen bei der

Bewältigung des Alltags führt. Denn mit den traditionalen Bindungen werden verlässliche soziale Hilfepotentiale möglicherweise ebenfalls zu einer Option. Sie müssen dann erst mühsam hergestellt werden, sofern ein Ersatz im Bereich der informellen, persönlichen Netzwerke jenseits kommerzieller oder institutioneller Unterstützung überhaupt gefunden wird. Hier geht es also konkret um die Frage, ob es Müttern gelingt, für die Betreuung ihrer Kinder auch jenseits der Familie und des Partners informelle Hilferessourcen zu mobilisieren.

Verschiedene Studien aus dem Bereich der Social-Support-Forschung[52] deuten an, zu welchen Problemen der Alltagsbewältigung fehlende familiale oder partnerschaftliche Unterstützungsformen führen. In einer Studie zu privaten Hilfenetzen in der BRD stellt Schubert (1990) die Problematik informeller sozialer Unterstützung dar. Er zeigt, dass der steigenden Erwerbstätigkeit von Frauen und Müttern und dem damit im Zusammenhang stehenden Zuwachs an Kinderbetreuungsbedarf die Tatsache gegenüber steht, dass sich durch den Wandel des Altersaufbaus in der Gesellschaft die Verwandtschaftsnetze tatsächlich verkleinern und sich somit die traditionellen innerfamiliären Hilferessourcen verringern. Ein Ersatz ist offensichtlich nicht in Sicht, da die Ergebnisse der Studie weiterhin zeigen, dass Freunde und Nachbarn als verlässliche Helfer im Alltag nur eine untergeordnete Rolle spielen. Die Hilfeerwartungen speziell bei der Kinderbetreuung richten sich in erster Linie an den Partner und/oder Vater der Kinder. Schubert zieht aus diesem Ergebnis die Schlussfolgerung, dass die Sicherung der Kinderbetreuung im Bedarfsfall besonders bei alleinerziehenden Müttern gefährdet ist.

Auch Diaz-Bone stützt die Befunde zur besonderen Belastbarkeit familialer Beziehungen als Unterstützungsressource. Aus seinen Arbeiten zu familialen Beziehungssystemen leitet er ab, dass durch die üblicherweise hohe Geschlossenheit sowie die „Beziehung auf Dauer" die Unterstützungsressourcen aus familialen Beziehungen verlässlicher sind; außerdem ist die „Rückzahlungspflicht" für die empfangene Hilfe innerhalb der Familie geringer (Diaz-Bone 1997: 137-140).

Eine Modifizierung dieser Befunde zur besonderen Tragfähigkeit partnerschaftlicher und familialer Hilferessourcen kann mit Mayr-Kleffel (1991: 270) vorgenommen werden: „Gerade die Hilfe von Freundinnen schält sich auch

---

[52] Soziale Unterstützung ist ein traditionelles Thema der Netzwerkforschung. In der soziologischen Social-Support-Forschung geht es unter anderem um die Erfassung gesellschaftlicher Solidarpotentiale. Dabei wird der Social-Support-Begriff so offen definiert, dass er jede Form instrumenteller oder emotionaler Hilfeleistung umfasst, welche intentional die Bedürfnisse des Empfängers befriedigen soll. Soziale Unterstützung durch private Hilfenetze, wie sie hier speziell mit Blick auf die Kinderbetreuung thematisiert wird, gilt dabei als eine zentrale Dimension „in der Erhaltung von körperlicher und seelischer Gesundheit so wie in der Vermeidung, Bearbeitung und Bewältigung unterschiedlicher Belastungen, Krisen und Störungen" (Niepel 1994: 22).

8.2 Die Studie: Untersuchungsgegenstand, Fragestellung, Hypothesen 143

unter der Berücksichtigung der Schichtzugehörigkeit als besonders tragfähig für alleinerziehende Mütter heraus."

Ob sich die oben angesprochene Pluralisierung der Lebensformen und die Herauslösung aus traditionalen familialen Bindungen tatsächlich in der Zusammensetzung der Hilfenetzwerke für die Kinderbetreuung niederschlägt, ob das altbewährte Modell der die Enkelkinder hütenden Großeltern nach wie vor dominiert, oder ob es alternative private Betreuungsarrangements gibt, sind die zentralen Forschungsfragen, denen die vorliegende Studie empirisch nachgeht. Folgende Zuspitzungen dieser allgemeinen Forschungsfragen lassen sich aus den bisherigen Überlegungen und Befunden als Thesen ableiten:

- Soziale Hilfeleistung, auch die spezielle Form der informellen Kinderbetreuung, ist in familien- und partnerschaftsgeprägten Hilfenetzwerken eher zu erwarten als im Freundes- oder Nachbarschaftsnetzwerk; erst genannte Hilfebeziehungen sind außerdem tragfähiger. In einer sich hier anschließenden Fragerichtung wird ein Vergleich der verschiedenen Hilfenetzwerke – Familiennetzwerke, Partnernetzwerke und Freundesnetzwerke[53] – angestrebt, der sich auf ihre Tragfähigkeit und Verlässlichkeit anhand bestimmter netzwerkanalytischer Kriterien zur Charakterisierung von Hilfenetzwerken konzentriert.
- Der getrennt lebende Vater der Kinder fällt als zentrale Betreuungsperson aus.
- In Betreuungsnetzwerken alleinerziehender Mütter können Freundinnen die Familien- und Partnerhilfe ersetzen.

Einige der an diese Thesen anknüpfenden Fragen lassen sich bei der Datenauswertung anhand einfacher Häufigkeitsverteilungen klären. Die zentrale Frage nach der Tragfähigkeit der Betreuungsnetze lässt sich allerdings ohne eine spezifisch netzwerkanalytische Herangehensweise nicht klären. Ihr muss daher schon bei der Datenerhebung und insbesondere bei der Konstruktion des netzwerkanalytischen Erhebungsinstruments eine besondere Aufmerksamkeit zukommen.

---

[53] Diese Klassifizierung ist locker angelehnt an die Netzwerkklassifizierung der „Bielefelder Alleinerziehendenstudie" (Niepel 1994: 22).

8.3 Datenerhebung: Betreuungsressourcen von Müttern innerhalb ihrer persönlichen Netzwerke

Wie organisieren Mütter ihren Unterstützungsbedarf bei der Kinderbetreuung? Welche Unterstützungsressourcen können sie aus ihren persönlichen, informellen Beziehungen mobilisieren? Diese Fragen der vorliegenden Untersuchung richten sich auf die sozialen Kontakte einer einzelnen Person, auf das Beziehungsnetz einer Frau in ihrer Rolle als Mutter. Dabei geht es um eine ganz bestimmte Beziehungsform, nämlich um die Hilfe bei der Kinderbetreuung als Form der sozialen Unterstützung.

Damit sind inhaltlich die zentralen Elemente eines persönlichen oder egozentrierten Netzwerks angesprochen. Übersetzt in die formale Methodensprache der egozentrierten Netzwerkanalyse geht es um eine fokale Person, Ego, und um die Beziehungen oder Relationen zwischen dieser Person und anderen Personen, den Netzwerkpersonen oder Alteri (Jansen 1999: 74). Bei der empirischen Annäherung an den so definierten Untersuchungsgegenstand geht es vor allem um die Erhebung dieser Relationen und der sie charakterisierenden Merkmale. Die strukturellen Eigenschaften des gesamten Netzwerks können auf der Grundlage dieser relationalen Daten mittels netzwerkanalytischer Datenanalyseverfahren erschlossen werden.

Mit egozentriertem Netzwerk ist hier das Netzwerk der persönlichen Beziehungen eines individuellen Akteurs beziehungsweise einer Person gemeint.[54] So gefasste egozentrierte Netzwerke bilden die soziale Nahumwelt der befragten Person ab, ihre unmittelbaren und subjektiv relevanten sozialen Bezüge (Esser 2000: 181/182).

Allgemeines zum Erhebungsinstrument für egozentrierte Netzwerke

Das Erhebungsinstrument für egozentrierte Netzwerke besteht aus so genannten Namensgeneratoren und Namensinterpretatoren. Diese Begrifflichkeiten gehen

---

[54] Persönliche Netzwerke lassen sich von dem formal bestimmten Begriff egozentrierter Netzwerke abgrenzen, indem man auf die Inhalte der einzelnen Relationen und ihre qualitative Bestimmtheit abstellt, die das Persönliche der Beziehung ausmachen. Die rein formale Begriffsbestimmung setzt dagegen allgemeiner an. Sie bezeichnet die analytische Fokussierung eines einzelnen Akteurs einschließlich seiner unmittelbaren Beziehungen zu anderen Netzwerkakteuren, und zwar zunächst ungeachtet dessen, welcher Art die betrachteten Beziehungen sind und ob es sich um einen größeren, komplexeren Netzwerkzusammenhang handelt oder lediglich um eine einzelne Person und ihre soziale Nahumwelt. Der Einfachheit halber erfolgt hier die durchaus geläufige (Pappi 1987: 20) synonyme Begriffsverwendung.

zurück auf Burt (1984: 296). Namensinterpretatoren „fixieren die Art der Beziehung; die als Antwort auf den Namensgenerator genannten Personen können dann mit weiteren Fragen bestimmten Kategorien zugeordnet werden." (Pappi 1987: 21) Der Namensgenerator gibt also eine bestimmte Situationsbeschreibung oder Beziehungsdimension vor und die Befragungsperson ist aufgefordert, eine Liste der zu diesem vorgegebenen Inhalt in Frage kommenden Personen zu nennen. Beispiele sind Fragen nach den besten Freunden oder nach Personen, von denen man sich Geld leihen würde, mit denen man über wichtige persönliche Dinge spricht oder gemeinsam Sport treibt.[55]

Dabei kann die Anzahl der Namensnennungen in das Belieben der Befragungsperson gestellt werden, oder es wird eine Obergrenze maximal zu nennender Personen festgelegt. Eine Untergrenze der Anzahl mindestens zu nennender Personen vorzugeben macht hingegen keinen Sinn, da die Information, dass der Befragte für bestimmte Inhalte der Relationen keine Netzwerkpersonen nennen kann, wichtige Rückschlüsse auf die Beschaffenheit seines persönlichen Netzwerks zulässt. Der Namensgenerator definiert somit schon weitgehend die Art und Qualität der Beziehung, indem er gezielt nach dem interessierenden Beziehungstyp fragt. Im vorliegenden Fall sind dies die verschiedenen Formen der Hilfe bei der Kinderbetreuung. Folglich werden als Alteri nur Personen erfasst, mit denen Ego genau über diese spezielle Art von Beziehung in Verbindung steht. Die Abgrenzung des Netzwerks ergibt sich aus dem Inhalt der betrachteten Relation.

Über den Namensinterpretator werden weitere Merkmale zu den genannten Alteri, wie auch zur näheren Charakterisierung der Ego-Alter-Beziehungen erhoben. Über den Namensinterpretator werden z.B. soziodemographische Angaben wie Alter, Geschlecht oder Bildungsniveau der Netzwerkpersonen oder die Kontakthäufigkeit und Wohnortnähe zwischen Ego und seinen Netzwerkpersonen erfasst. Je nach dem, ob darüber hinaus auch die Beziehungen zwischen den von Ego genannten Netzwerkpersonen näher bestimmt werden, z.B. über den Bekanntheitsgrad, erhält man über das einfache Star-Netz hinaus, das lediglich die Ego-Alter-Beziehungen abbildet, ein komplexeres Netzwerk (Abbildung 15), das auch die Relationen der Alteri untereinander darstellt. In beiden Fällen ist bei egozentrierten Netzwerkanalysen Ego fokaler Akteur und, je nach Erhebungsverfahren, auch alleiniger Informant über die interessierenden relationalen Daten.

---

[55] Siehe zu einer Übersicht und Diskussion wichtiger Instrumente zur Erhebung persönlicher Netzwerke Schenk (1995: 30-32) oder Pfennig und Pfennig (1987).

Abbildung 15: Egozentriertes Netzwerk ohne Alter-Alter-Beziehungen (Netzwerk 1) und mit Alter-Alter-Beziehungen (Netzwerk 2)

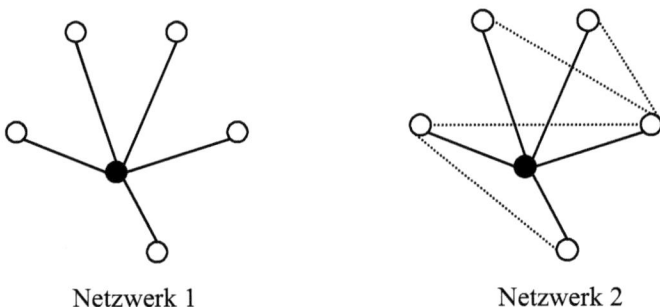

Netzwerk 1 Netzwerk 2

Erhebungsinstrument für die informellen Hilferessourcen bei der Kinderbetreuung

Die vorliegende Mütter-Studie ist als Fragebogenerhebung auf der methodischen Grundlage der egozentrierten Netzwerkanalyse angelegt. Der für die Erhebung der Ego-Netzwerke verwendete Fragebogen besteht aus drei Teilen:

Im ersten Teil des Fragebogens steht die befragte Mutter, Ego, im Mittelpunkt des Interesses. Neben verschiedenen soziodemographischen Angaben zu Ego (Alter, Familienstand, Beruf, Anzahl und Alter der Kinder) wird auch der genaue Bedarf für die Kinderbetreuung erfasst. Weiterhin enthält dieser Teil des Fragebogens eine Zeitverwendungsanalyse, um nachvollziehbar zu machen, durch welche Tätigkeiten oder Verpflichtungen der Mutter der Kinderbetreuungsbedarf zustande kommt.

Den Hauptteil des Fragebogens machen die für die egozentrierte Netzwerkanalyse zentralen Namensgeneratoren aus. Über diese wird letztlich festgelegt, welche Personen zu dem Hilfenetz von Ego gehören. Auf die Zusammenstellung der Namensgeneratoren, auch Kommunikationsstimuli genannt, wurde entsprechend viel Sorgfalt verwendet. Es wurden fünf Betreuungssituationen operationalisiert, die das vielseitige Spektrum an möglichen Betreuungssituationen im Alltag mit Kindern wiedergeben, ohne dabei eine im Rahmen dieser kleinen Studie handhabbare Anzahl an einzelnen Namensgeneratoren zu überschreiten. Als Orientierungsmaßstab für die Auswahl und Operationalisierung der fünf Situationen dienten verschiedene durch Beobachtung zugängliche Lebenssituationen von Müttern mit ihren alltäglichen Anforderungen hinsichtlich der Kinderbetreuung. Diese ersten mittels Beobachtungen generierten Operatio-

8.3 Datenerhebung

nalisierungen wurden durch einen Pre-Test präzisiert. Folgende fünf Betreuungssituationen wurden als Namensgeneratoren in den Fragebogen aufgenommen:

- Betreuungssituation 1 – Unternehmungen/Termine am Abend – stellt die klassische Babysitter-Situation dar.
- Betreuungssituation 2 – Einzelne Termine tagsüber – zielt auf Termine tagsüber ab, zu denen die Kinder aber nicht gut mitgenommen werden können, wie z. B. Arzt-, Frisör- oder Anwaltstermine, die aber in der Regel längerfristig geplant und organisiert werden können.
- Betreuungssituation 3 – Job/Ausbildung – bezeichnet eine Betreuung über mehrere Stunden. Gerade diese Situationen, in denen die Mutter ihrer beruflichen Tätigkeit, ihrem Studium oder ihrer Ausbildung nachgeht, sind in vielen Fällen durch die öffentliche Schul- und Kindergartenbetreuung weitgehend abgedeckt.
- Betreuungssituation 4 – Kurzfristige Hilfe – soll die „Nothelfer" ermitteln, die auch spontan und kurzfristig für die Kinderbetreuung einspringen können.
- Betreuungssituation 5 – Intensive Betreuung über mehrere Tage – ermittelt diejenigen Alteri, die eine so intensive Betreuung leisten können, dass sie notfalls auch über mehrere Tage die Mutter quasi ersetzen können, wenn diese aus beruflichen, gesundheitlichen oder anderen Gründen ihren „Mutterpflichten" nicht nachkommen kann.

Weiterhin umfasst dieser Teil des Fragebogens Angaben zu den Häufigkeiten, mit der die einzelnen Situationen im Alltag der entsprechenden Mutter vorkommen.

Der dritte Teil des Erhebungsinstruments, der so genannte Namensinterpretator, erhebt soziodemographische Angaben zu den einzelnen Netzwerkpersonen (Alteri), wie sie analog schon für Ego abgefragt wurden. Für eine Spezifizierung der Relationen zwischen Ego und seinen Netzwerkpersonen werden weitere Merkmale erhoben. Angaben zur Entfernung der Wohnorte von Ego und Alter und die Art und Weise, wie diese Entfernung üblicherweise zurückgelegt wird, sollen den Aufwand der Kinderbetreuung für die per Namensgenerator ermittelte Betreuungsperson nachvollziehen. Angaben zur Rollenbeziehung zwischen Ego und Alter, z.B. Freundin, Mutter, Partner, Nachbarin, lassen Rückschlüsse auf die Form und Qualität der Beziehung zwischen beiden zu, unabhängig von der hier im Mittelpunkt stehenden Hilfeleistung. Weiterhin dienen diese Angaben der Kategorisierung der Hilfenetze und spielen eine Rolle für die Unterscheidung familialer von außerfamilialen Hilferessourcen. Angaben dazu, ob die gegebenenfalls vorhandenen Kinder der Netzwerkperson mit den Kindern der befragten Mutter befreundet sind, eröffnen die Möglichkeit, eventuell vorhandene Mütter-Netzwerke, also die wechselseitig gegebenen Hilfeleistungen von Müttern, zu identifizieren. Die Frage, ob eine genannte Betreuungsperson in der betreffenden Betreuungssituation gelegentlich oder häufig hilft, ermittelt die Wichtigkeit und Zuverlässigkeit jeder einzelnen Hilfebeziehung.

Datenbasis: Individuen, Relationen und Netzwerke als Analyseebenen

Jeder erfolgreichen Datenerhebung folgt die Auswertung des erhobenen Datenmaterials entlang der zuvor aufgestellten Forschungsfragen und Hypothesen. Zwischen diesen beiden Phasen im quantitativen Forschungsprozess, der Erhebung und der Auswertung des Datenmaterials, empfiehlt sich eine Bestandsaufnahme, die dazu dient, die vorliegende Datenbasis und die auf dieser Basis möglichen Auswertungsschritte kritisch aufeinander abzustimmen. Eine Besonderheit der netzwerkanalytischen Herangehensweise an empirische Fragen ist die Integration verschiedener Analyseebenen (Jansen 1999: 45-61). Im Vergleich zur individuenzentrierten Umfrageforschung erfolgt neben der Datenerhebung auf der Ebene des Individuums eine zusätzliche Erhebung relationaler Daten, welche wiederum die Grundlage für netzwerkanalytische Auswertungen bilden und Aussagen über die Struktur der interessierenden Netzwerke zulassen. Anhand der Unterscheidung dieser drei Analyseebenen lassen sich für die vorliegende Studie folgende Merkmalsarten aufzeigen:

Auf der Ebene der Individuen liegen sowohl zu den befragten Müttern als auch zu den einzelnen Netzwerkpersonen wichtige soziodemographische Angaben vor, wie das Alter und das Geschlecht. Diese Merkmale können auf das Ausmaß an Homogenität innerhalb der verschiedenen Betreuungsnetzwerke hinweisen. Um die Lebenssituation der befragten Mütter und Ihren Bedarf an Hilferessourcen für die Kinderbetreuung einschätzen zu können, wurden außerdem der Familienstand, die berufliche Situation, die Anzahl und das Alter der Kinder sowie der Betreuungsbedarf der Mütter erfragt.

Zu den relationalen Merkmalen der Mütter-Studie gehören zunächst die über die fünf verschiedenen Betreuungssituationen operationalisierten Inhalte der Hilfebeziehungen. Jede einzelne Hilfedimension repräsentiert eine Relation, die in den Ausprägungen vorhanden/nicht vorhanden vorkommen kann, je nachdem, ob eine der insgesamt genannten Netzwerkpersonen in der bezeichneten Betreuungssituation Hilfe leistet oder nicht. Zu den relationalen Merkmalen zählt weiterhin die Rollenbeziehung – z.B. Mutter, Partner, Freundin, getrennt lebender Vater der Kinder – zwischen Ego und Alter. Auch die Angaben zur Wichtigkeit und Zuverlässigkeit der Betreuungshilfe, mit denen eine Gewichtung jeder einzelnen Relation vorgenommen wird, sind zu den relationalen Merkmalen zu zählen.

Die dritte Analyseebene betrifft die Ebene des Netzwerks. Das Betreuungsnetzwerk einer Mutter umfasst alle mindestens einmal im Zuge einer der fünf Betreuungssituationen genannten Hilfepersonen. Auf dieser Analyseebene geht es um Eigenschaften des Hilfenetzwerks, also des gesamten Betreuungsarrangements der befragten Mütter. Die anhand der vorliegenden Datenbasis zu ermittelnden Netzwerkparameter sind die Größe und Multiplexität des Netzwerks. Die Ausprägung dieser Parameter gibt Auskunft über die Tragfähigkeit der Betreuungsnetzwerke; sie werden aus den relationalen Daten analytisch erschlossen.

Genauere Ausführungen zu den Auswertungsmöglichkeiten und Analyseverfahren für die vorliegende Datenbasis bietet der folgende Abschnitt, in dem es um die Datenauswertung und die Präsentation einiger zentraler Ergebnisse geht. Zuvor sollen ein paar Gedanken das viel diskutierte Problem der Validität egozentrierter Erhebungen kurz umreißen und ein wenig relativieren.

Zur Validität der relationalen Angaben Egos

Allgemein lässt sich sagen, dass die aus egozentrierten Befragungen gewonnenen Aussagen durch ein hohes Maß an Subjektivität gekennzeichnet sind. In der egozentrierten Netzwerkanalyse wird Ego zum Informanten für seine sozialen Beziehungen. Jede soziale Beziehung entsteht aber erst durch die Beteiligung von mindestens zwei Personen (Weber 1921: 13/14). Befragungen aller Beteiligten würden entsprechend ein komplexeres Bild der Realität wiedergeben als die Befragung einer einzelnen Person.

Untersuchungen haben ergeben, dass insbesondere bei Angaben über Freundschaften eine niedrige Validität, das heißt Übereinstimmung der Aussagen beider betroffenen Personen, besteht, da die Intensität der Freundschaft mit hoher Wahrscheinlichkeit von zwei verschiedenen Personen auch unterschiedlich aufgefasst wird. Bei Angaben über Verwandtschaftsrelationen und Rollenbeziehungen ist die Validität der Angaben Egos über seine Alteri dagegen hoch, ebenso bei Angaben zur räumlichen Distanz. Die Übereinstimmung der relationalen Angaben von Ego und Alter ist bei der Angabe von Verwandtschaftsbeziehungen vollständig gegeben, bei Angaben zu aktiver körperlicher Hilfeleistung, zu der die Kinderbetreuung zählt, ist sie zu 97,2 % gegeben (Diaz-Bone 1997: 69-71; Pappi/Wolf 1984: 281).

Aus der Tatsache, dass Ego als alleiniger Informant über die netzwerk- und personenbezogenen Angaben zu seinem sozialen Nahumfeld herangezogen wird, resultiert zwangsläufig eine Subjektivität der Angaben. Ob diese als Validitätsproblem zu bewerten ist, ist letztlich eine Frage des Untersuchungsgegenstands und der Forschungsperspektive. Dem inhaltlichen Konzept des persönlichen Netzwerks, wie es hier gefasst wird, ist die subjektive Wahrnehmung der eigenen sozialen Nahumwelt der befragten Person inhärent. Hinzu kommt die Tatsache, dass nur subjektiv als vorhanden wahrgenommene Hilfepotentiale auch mobilisiert werden können. In diesem Forschungszusammenhang spielen also die oben angedeuteten Validitätsprobleme der relationalen Angaben Egos eine untergeordnete Rolle, da Subjektivität der Angaben und Untersuchungsgegenstand eins sind.

8.4 Auswertung des Datenmaterials[56]

Die Netzwerkanalyse findet traditionell eine breite Anwendung in den Forschungsbereichen Solidarität und soziale Unterstützung (Goebel 1997: 41; Jansen 1999: 22-27). Dabei hat sich ein gewisser Konsens zur Beurteilung von Solidaritäts- und Hilfepotentialen in Ego-Netzwerken gebildet: „Dichte Netzwerke mit vielen Alteri, die einander aus mehreren Kontexten kennen, Netzwerke mit hoher Multiplexität und homogenen Akteuren sind die Lieferanten von sozialer Unterstützung für Ego." (Jansen 1999: 102) Weiterhin wird Reziprozität als Indikator für tragfähige Hilfenetze genannt (Diaz-Bone 1997: 128-134; Diewald 1991: 103). Hinter diesen Indikatoren für Solidaritäts- und Unterstützungspotentiale stehen jeweils gewisse Annahmen, die sich bei genauerem Hinsehen nicht auf jeden Untersuchungszusammenhang übertragen lassen. Weiterhin stellen die genannten Netzwerkparameter hohe Ansprüche an die vorhande-

---

[56] Verwendete Software für Netzwerkanalyse und deskriptive Statistik: Für die Beantwortung der eingangs formulierten Forschungsfragen gehen allgemeine statistische und netzwerkanalytische Auswertungsverfahren Hand in Hand. Die Frage nach der Rollenverteilung der wichtigsten Betreuungspersonen, also der Bedeutung von Freunden, Familienangehörigen, Nachbarn und dem Partner im Vergleich, lässt sich durch Häufigkeitsverteilungen der zuvor netzwerkanalytisch identifizierten wichtigsten Betreuungspersonen klären. Der Index der Netzstabilität als Maß für die Tragfähigkeit des gesamten Betreuungsarrangements basiert auf verschiedenen netzwerkanalytischen Auswertungsschritten, wobei Aussagen über die Homogenität der Netzwerke wiederum mit Hilfe deskriptiver Statistiken gemacht werden. Die verwendete Computersoftware für die erforderlichen statistischen Auswertungen ist das Datenverarbeitungsprogramm SPSS. Für die netzwerkanalytischen Berechnungen wurde das speziell für die Analyse sozialer Netzwerke entwickelte Programm UCINET (Borgatti et al. 1999) verwendet. Eine eingängige und systematische Einführung in die Arbeitsweise mit diesem netzwerkanalytischen Auswertungsprogramm geben Trappmann et al. (2005).

8.4 Auswertung des Datenmaterials

ne Datenbasis, die besonders in kleineren Studien wie der vorliegenden nicht immer erfüllt werden können. Eine kritische Anpassung an die vorliegende Forschungsfrage und das Datenmaterial führt dennoch zu einer sinnvollen Auswahl netzwerkanalytischer Parameter zur Ermittlung von Betreuungspotentialen.

Die Diskussion und Auswahl geeigneter Netzwerkparameter soll am Beispielmaterial erfolgen. Dazu werden zwei Fälle ausgewählt, Octavia und Zenzi,[57] die sich hinsichtlich der Zusammensetzung ihrer Betreuungsnetze und deren Tragfähigkeit deutlich voneinander unterscheiden. Beide Mütter sind berufstätig und haben einen sehr hohen Betreuungsbedarf für ihre Kinder; Octavia ist alleinerziehend, Zenzi verheiratet.

Tabelle 16: Familienstand, Berufstätigkeit und Betreuungsbedarf – die Lebenssituationen der Mütter Octavia und Zenzi im Überblick

	Octavia	Zenzi
Anzahl der Kinder	1	1
Betreuungsbedarf	sehr hoch	sehr hoch
Familienstand	alleinerziehend	verheiratet
berufliche Tätigkeit	Vollzeit	Teilzeit
Index der Netzstabilität	niedrig	hoch

Parameter zur Ermittlung von Solidaritäts- und Hilfepotentialen in egozentrierten Netzwerken

Größe der Betreuungsnetzwerke

Die Netzgröße sei hier als die Anzahl der je befragter Mutter insgesamt genannten Betreuungspersonen definiert. Prinzipiell könnte die Netzwerkgröße für jede einzelne Betreuungssituation oder für das gesamte Betreuungsnetzwerk einer Mutter bestimmt werden. Am Beispiel des Betreuungsnetzwerks von Oktavia seien beide Vorgehensweisen kurz veranschaulicht (Tabelle 17): Das Betreuungsnetz von Octavia hat insgesamt ein Netzgröße von 3; für die Betreuungs-

---

[57] Der Anschaulichkeit halber sind allen befragten Müttern Namen statt Nummern zugewiesen worden. Mit diesem Verfahrensschritt ging selbstverständlich eine Anonymisierung einher.

situationen 1 und 2 lässt sich eine Netzgröße von 2 ermitteln, für die Betreuungssituationen 4 und 5 beläuft sich die Netzgröße auf 1; das Betreuungsnetz für die Situation 3 hat eine Netzgröße = 0, das heißt für diese Betreuungssituation verfügt die Vollzeit berufstätige Mutter über keinerlei informelle Unterstützung.

Tabelle 17: Betreuungsnetzwerk Octavia: Netzgröße/Anzahl Alteri insgesamt = 3

	Alter 1: Mutter	Alter 2: Bruder	Alter 3: Nachbarin
Betreuungssituation 1: Termine am Abend	1	1	0
Betreuungssituation 2: einzelne Termine tagsüber	1	0	1
Betreuungssituation 3: Job/Ausbildung	0	0	0
Betreuungssituation 4: kurzfristige Hilfe/Nothelfer	1	0	0
Betreuungssituation 5: intensive Betreuung über mehrere Tage	1	0	0

8.4 Auswertung des Datenmaterials

Tabelle 18: Betreuungsnetzwerk Zenzi: Netzgröße/Anzahl Alteri insgesamt = 5

	Alter 1: Partner	Alter 2: Mutter	Alter 3: Schwiegermutter	Alter 4: Freundin	Alter 5: Freundin
Betreuungssituation 1: Termine am Abend	1	1	1	1	1
Betreuungssituation 2: einzelne Termine tagsüber	1	0	0	1	1
Betreuungssituation 3: Job/Ausbildung	1	1	0	1	1
Betreuungssituation 4: kurzfristige Hilfe/ Nothelfer	1	1	0	1	1
Betreuungssituation 5: intensive Betreuung über mehrere Tage	1	1	0	1	0

In der folgenden Auswertung richtet sich das Augenmerk auf die Größe des gesamten Betreuungsnetzwerks. Die Aussagekraft dieses Netzwerkparameters für die Tragfähigkeit der Hilferessourcen ist gegeben, denn grundsätzlich kann davon ausgegangen werden, dass ein großes Netz einen Vorteil für die unterstützungsbedürftige Mutter darstellt. Bei mehreren potentiellen Helfern erhöht sich die Wahrscheinlichkeit, dass irgendjemand in einer konkreten Bedarfssituation tatsächlich seine Hilfe zur Verfügung stellen kann. Das ist insbesondere dann wichtig, wenn die Unterstützung nicht langfristig geplant und abgesprochen werden kann, sondern der Betreuungsbedarf kurzfristig entsteht. Diese Situation ist in der Betreuungssituation 4 explizit erfasst, kann aber auch in allen anderen Betreuungssituationen eintreten, sobald sich plötzlich und unerwartet Veränderungen in der Bedarfssituation ergeben, sei es durch kurzfristig zustande kommende Termine oder Terminänderungen, sei es durch den Ausfall einer schon eingeplanten Betreuungsperson.

Bei der Beurteilung der Tragfähigkeit von Hilfenetzen für die Kinderbetreuung spielen aber letztlich die Verlässlichkeit und das Ausmaß der Einsetzbarkeit der einzelnen Helfer eine bedeutendere Rolle als die Netzgröße. Diese lassen sich durch die Parameter Multiplexität und Zuverlässigkeit oder Wichtigkeit (siehe unten) der Ego-Alter-Beziehungen genauer bestimmen. Ein kleines Betreuungsnetz, das eine oder mehr Personen mit hohen Maßen der Multiplexität und Intensität der Relationen aufweist, ist sicherlich verlässlicher als ein großes Netz mit Personen, die nur jeweils für eine Betreuungssituation in Frage kommen und hier auch nur gelegentlich oder selten helfen.

Dichte der Betreuungsnetze

Die Dichte eines Netzwerks errechnet sich aus dem „Verhältnis der Anzahl der tatsächlich vorliegenden zur Anzahl der maximal möglichen Beziehungen in dem Netzwerk." (Esser 2000: 189, Hervorhebung weggelassen) Dabei wird die Dichte in egozentrierten Netzwerken in der Regel über die Beziehungen der Netzwerkpersonen untereinander definiert (siehe Abbildung 15, Netzwerk 2). Das Interesse an dieser Maßzahl resultiert aus der Annahme, dass der Bekanntheitsgrad der Netzwerkpersonen untereinander mit dem Ausmaß geteilter Normen und sozialer Kontrolle im Netzwerk positiv korreliert. Sofern ein solch gleichgerichteter Zusammenhang nachgewiesen werden könnte und die innerhalb des Netzwerks geltenden Normen Hilfeleistung positiv sanktionierten, wäre Dichte sicherlich ein aussagekräftiger Indikator für ein tragfähiges Hilfenetz. Allerdings ist dieser Parameter doch recht voraussetzungsreich. Es müssten nicht nur die Alter-Alter-Beziehungen zusätzlich zu den Ego-Alter-Beziehungen erhoben werden, was an sich schon einen beträchtlichen Erhebungsaufwand mit sich brächte, sondern auch die innerhalb des Netzwerks vorherrschenden Einstellungen und Normen. Die vorliegende Datenbasis bietet weder das eine noch das andere, so dass auf die Dichte als Parameter zur Beurteilung der Betreuungspotenziale verzichtet werden muss.

Multiplexität zur Charakterisierung der Ego-Alter-Beziehungen und als Parameter für die Netzwerkstabilität

Wird nur eine inhaltliche Beziehungsdimension zwischen Ego und Alter betrachtet, so spricht man von einer uniplexen Beziehung. Multiplexität als Charakteristikum von Relationen dient der Identifikation solcher Ego-Alter-Beziehungen, die sich über verschiedene inhaltliche Beziehungsdimensionen konstituieren, hier als Hilfeleistung in verschiedenen Betreuungssituationen operationalisiert. Multiplex ist eine Beziehung also dann, wenn sie in mehr als einer der erhobenen Beziehungsdimensionen realisiert ist, eine bestimmte Netzwerkperson also bei verschiedenen Namensgeneratoren genannt wurde. Dabei

8.4 Auswertung des Datenmaterials

obliegt es der Einschätzung durch den Forscher, ab welcher Anzahl realisierter Beziehungsdimensionen die Beziehung als multiplex gelten soll. Im vorliegenden Fall ist dies der Wert 3. Die Beziehung zu einer Betreuungsperson gilt dann als multiplex, wenn diese Betreuungsperson ihre Hilfe bei der Kinderbetreuung in mindestens drei verschiedenen der fünf operationalisierten Betreuungssituationen anbietet. Für die Beurteilung von Hilfebeziehungen spielt dieser Parameter eine große Rolle, da multiplexe Relationen quasi multifunktionale Hilferessourcen für Ego bereitstellen, die in verschiedenen alltäglichen Bedarfssituationen mobilisierbar sind.

Für das Beispielnetz Zenzi (Tabellen 18 und 20) lassen sich nach diesen Vorgaben vier multiplexe Ego-Alter-Beziehungen nachweisen, im Netzwerk von Octavia (Tabelle 19) ist eine der erhobenen Beziehungen multiplex: in Octavias Netz ist es die Hilfebeziehung zur eigenen Mutter; Zenzi stellen der Partner, die eigene Mutter und zwei Freundinnen multiplexe Unterstützungsressourcen zur Verfügung (Tabelle 20).

Tabelle 19: Eine multiplexe Hilfebeziehung in Octavias Netzwerk

	Alter 1: Mutter	Alter 2: Bruder	Alter 3: Nachbarin
Anzahl Betreuungssituationen je Alter	4	1	1
Alteri mit multiplexen Hilfebeziehungen zu Ego	1	0	0

Tabelle 20: Vier multiplexe Hilfebeziehungen in Zenzis Netzwerk

	Alter 1: Partner	Alter 2: Mutter	Alter 3: Schwiegermutter	Alter 4: Freundin	Alter 5: Freundin
Anzahl der Betreuungssituationen je Alter	5	4	1	5	4
Alteri mit multiplexen Hilfebeziehungen zu Ego	1	1	0	1	1

Neben der Charakterisierung einzelner Relationen ist Multiplexität auch als Netzwerkparameter aussagekräftig. Multiplexität als Maß zur Beschreibung von Ego-Netzwerken ist ein Maß, welches das Verhältnis der Anzahl aller die Bedingung für Multiplexität erfüllenden Alteri zur Gesamtzahl der genannten Alteri ausdrückt (Jansen 1999: 104):

$M_{Octavia} = 1/3 = 0,33$
$M_{Zenzi} = 4/5 = 0,8$

Mögliche Werte gehen von 0 bis 1. Im ersten Fall gibt es im gesamten Netz der befragten Mutter keine Betreuungsperson, die in drei oder mehr Situationen mit ihrer Unterstützung zur Verfügung steht. Maximal kann die Multiplexität den Wert 1 erreichen, wenn alle überhaupt von der entsprechenden Mutter genannten Betreuungspersonen als multiplexe Alteri definiert sind. Die Netzwerkmultiplexität ist im Netzwerk von Octavia mit einem Wert von 0,33 als niedrig, im Netzwerk von Zenzi mit einem Wert von 0,8 dagegen als hoch zu beurteilen.

Homogenität oder Heterogenität der Betreuungspersonen

Homogen sind solche egozentrierten Netzwerke, deren Netzwerkpersonen sich hinsichtlich der je interessierenden Merkmale, z.B. Alter, Bildungsniveau oder Einstellungen und Normen zu Solidarität und Hilfeleistung, ähneln. Je nach dem, welche Leistungen ein persönliches Netzwerk für Ego erbringen soll, kann entweder Homogenität, wie im Fall der Hilfeleistung, oder Heterogenität, wenn es etwa um innovative Informationsflüsse geht, von Vorteil sein (Jansen 1999: 100-102). Im Zusammenhang mit Hilferessourcen wird Homogenität ebenso wie die Dichte der Beziehungen zwischen den Alteri als stabilisierender Netzwerkparameter bewertet. Dahinter stehen ähnliche Annahmen wie im Zusammenhang der Netzwerkdichte, denn einer hohen Homogenität wird ein stabilisierender Netzwerkeffekt nachgesagt, und zwar aufgrund von gemeinsamen Normen und Werten und einem hohen Maß an sozialer Kontrolle, zumal Homogenität gleichzeitig als Indikator für Netzwerkdichte gilt: „Gewöhnlich spricht man von einem negativen Zusammenhang der Dichte eines Netzwerks und seiner Heterogenität: Homogenität des Netzes begünstigt Beziehungen zwischen Netzpersonen; Heterogenität des Netzes macht enge Beziehungen der Netzpersonen untereinander weniger wahrscheinlich" (Pfennig/Pfennig 1987: 73). Ermittelt wird die Homogenität beziehungsweise Heterogenität zum je interessierenden Merkmal der Alteri über die Standardabweichung oder den

Pearson'schen Variationskoeffizienten (Schenk 1995: 100/102; Diaz-Bone 1997: 63).

In der Mütter-Studie kann Homogenität zu wichtigen soziodemographischen Merkmalen der Netzwerkpersonen, einschließlich Familienstand und Anzahl der eigenen Kinder, oder auch zur Rollenbeziehung zwischen Ego und Alter ermittelt werden. Einstellungen, Wertvorstellungen und Normen könnten dieses Spektrum sinnvoll ergänzen, werden durch die vorliegende Datenbasis jedoch nicht abgebildet. Um diesen Parameter nur an einem Beispiel für die beiden Netze Octavia und Zenzi zu veranschaulichen, sei hier das Lebensalter als Variable ausgewählt:

Tabelle 21: Verteilung des Merkmals „Lebensalter" in den Beispielnetzwerken Octavia und Zenzi

	n	Minimum	Maximum	Mittelwert	Standardabweichung
Octavia: Alter der Netzwerkpersonen	3	33	65	45,00	17,44
Zenzi: Alter der Netzwerkpersonen	5	35	55	43,00	9,08

Die Berechnungen zeigen im Netzwerk von Octavia eine größere Altersspanne als im Netzwerk von Zenzi, welchem demzufolge bezogen auf das Merkmal Alter eine größere Homogenität unter den Netzwerkpersonen attestiert werden kann.

Gewichtung der Hilfebeziehungen: Zuverlässigkeit oder Wichtigkeit der einzelnen Ego-Alter-Beziehungen

Als weiterer Parameter zur Beurteilung der Hilfebeziehungen zwischen Ego und Alter kann neben der Multiplexität die Zuverlässigkeit oder Wichtigkeit der einzelnen Hilfebeziehungen bestimmt werden. Das ist möglich, weil zu jeder einzelnen Betreuungssituation nicht nur ermittelt wurde, ob eine Hilfebeziehung vorliegt oder nicht, sondern diese Relation, sofern vorhanden, zusätzlich gewichtet wurde. Durch die Gewichtung der einzelnen Relationen – je Betreuungssituation wurden die Werte 0 = „keine Hilfebeziehung vorhanden", 1 = „Hilfe wird von dieser Person in dieser Betreuungssituation gelegentlich geleistet", 2 = „Hilfe wird von dieser Person in dieser Betreuungssituation häufig oder immer geleistet" zugeordnet – kann eine Aussage über die Intensität der Hilfebeziehung gemacht werden und damit über die Zuverlässigkeit und Wichtigkeit der betreffenden Netzwerkperson für Ego. Dazu werden die vergebenen Punkte 0 bis 2 je Betreuungssituation addiert. Die Werteskala für diesen Parameter zur Charakterisierung der einzelnen Hilfebeziehungen reicht vom Wert 1 im Falle einer Betreuungsperson, die in nur einer Betreuungssituation gelegentlich hilft, bis zum Wert 10 für den Fall, dass eine Betreuungsperson in allen 5 Betreuungssituationen immer oder häufig hilft. Mit Hilfe dieses Parameters können die Unterschiede zwischen den einzelnen Alteri in ihrer Bedeutung für Ego differenziert herausgearbeitet werden.

Tabelle 22: Rollenbeziehung, Multiplexität und Wichtigkeit der Betreuungspersonen von Octavia und Zenzi

	Rollenbeziehung	Multiplexität	Intensität der Relation
Octavia, Alter 1	Mutter	ja	Gewichtung hoch (7)
Octavia, Alter 2	Bruder	nein	
Octavia, Alter 3	Nachbarin	nein	
Zenzi, Alter 1	Partner	ja	Gewichtung hoch (8)
Zenzi, Alter 2	Mutter	ja	
Zenzi, Alter 3	Schwiegermutter	nein	
Zenzi, Alter 4	Freundin	ja	Gewichtung hoch (8)
Zenzi, Alter 5	Freundin	ja	

In der Darstellung der Ergebnisse sind je Netzwerk nur die Alteri mit den höchsten Werten für die Intensität der Relation aufgeführt (Tabelle 22). Die Ergebnisse zeigen: Multiplexität und hohe Gewichtungen der Relationen im Sinne von Zuverlässigkeit und Wichtigkeit der Hilfebeziehung fallen bei vielen, aber nicht bei allen Ego-Alter-Beziehungen zusammen.

Reziprozität im egozentrierten Hilfenetzwerk

Die in der Mütter-Studie erhobenen Relationen, die die Hilfe bei der Kinderbetreuung in verschiedenen alltäglichen Betreuungssituationen abbilden, sind als einseitige Hilfeleistung der jeweiligen Netzwerkpersonen gegenüber Ego operationalisiert. Netzwerkanalytisch gesprochen handelt es sich um gerichtete Relationen, da die Richtung der Inhalte der Relation angegeben werden kann. Und da in der Mütter-Studie nur eine Richtung der Hilfeleistung abgebildet wird, kann von einer einseitig gerichteten Relation gesprochen werden. Für eine

8.4 Auswertung des Datenmaterials

Analyse der Reziprozität von Relationen wären allerdings Daten erforderlich, die über beidseitig gerichtete Relationen Auskunft geben (Abbildung 16), denn „Reziprozität bezeichnet einen wechselseitigen Austauschprozess" (Diaz-Bone 1997: 120).

Abbildung 16: Gerichtete Hilfebeziehungen in einem Ego-Netzwerk

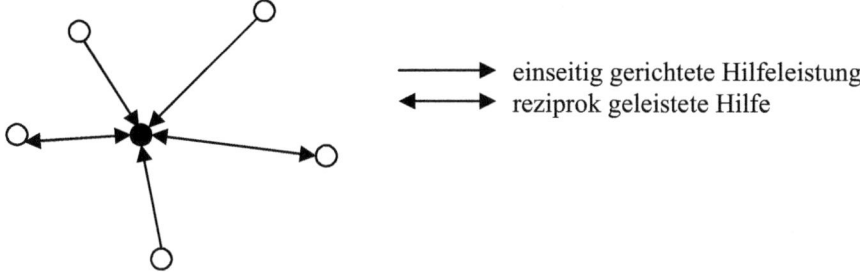

Im vorliegenden Fall hätte dazu nicht nur die Hilfe der Alteri gegenüber Ego, sondern umgekehrt auch die Hilfe Egos gegenüber den Alteri erfragt werden müssen. Der Erhebungsaufwand für derart wechselseitig geleistete oder nicht geleistete Unterstützung bei der Kinderbetreuung hätte den Rahmen der vorliegenden Studie gesprengt. Um die sich aufdrängende Frage nach der gegenseitigen Unterstützung bei der Kinderbetreuung von Müttern in ähnlichen Lebenssituationen wenigstens annäherungsweise beantworten zu können, wurde für den Fragebogen ein Item ausgewählt, das indirekte Rückschlüsse erlaubt: die Frage danach, ob die gegebenenfalls vorhandenen Kinder der Netzwerkpersonen mit den Kindern Egos befreundet sind. Dahinter steht die Annahme, dass Mütter, deren Kinder gerne miteinander spielen, sich gegenseitig eine relativ unaufwändige Betreuungsunterstützung gewähren können. In Octavias Betreuungsnetz ist diese Bedingung der „befreundeten Kinder" in der Hilfebeziehung zur Netzwerkperson 3 gegeben, in Zenzis Netz in den Hilfebeziehungen zu den Netzwerkpersonen 4 und 5.

Auswahl der Analyseparameter

Analyseebene der Relationen: Anhand von Multiplexität, Rollenbeziehung und Zuverlässigkeit der Ego-Alter-Beziehungen kann die Tragfähigkeit und Wichtigkeit der einzelnen Ego-Alter Beziehungen innerhalb des Betreuungsarrangements der einzelnen Mütter bestimmt werden. Die Forschungsfragen nach der Bedeutung von Freundinnen und anderen außerfamilialen Betreuungspersonen im Vergleich zur Kernfamilie oder die Frage nach der Rolle des getrennt lebenden Vaters der Kinder für die Kinderbetreuung werden auf der Grundlage dieser Daten beantwortet.

Analyseebene des Netzwerks: Für die Analyse der Tragfähigkeit des gesamten Betreuungsnetzwerks sollen jeweils die Werte der Multiplexität und der Netzwerkgröße herangezogen werden. Diese beiden zu jedem Betreuungsnetz vorliegenden Werte werden zusammengefasst zu einem Index,[58] so dass lediglich ein einziger Wert bei der Beurteilung der Netzwerkstabilität berücksichtigt werden muss und der direkte Vergleich aller Netze erleichtert wird.

Diese beiden zusammengefassten Strukturmaße sind als Maß für die im Netz zur Verfügung stehenden Hilferessourcen und als Maß für die Tragfähigkeit des Netzes, also als Stabilitätsmaß, deshalb geeignet, weil mit der einfachen Netzgröße der Umfang der potentiellen Hilferessourcen erfasst ist, mit der Multiplexität des Netzwerks aber zusätzlich die tatsächliche Tragfähigkeit der Ego-Netze ausgedrückt wird.

Die Berechnungen zur Homogenität der Netzwerkpersonen werden in der folgenden Ergebnispräsentation vernachlässigt. Hintergrund dieser Entscheidung sind die empirischen Ergebnisse auf der Analyseebene der Relationen (siehe unten). Diese Ergebnisse – die Mutter und der Partner von Ego sind die wichtigsten Betreuungspersonen – lassen den Schluss zu, dass die Homogenität als Indikator für tragfähige Unterstützungspotentiale in der vorliegenden Studie nicht sehr aussagekräftig ist.

Zur Reziprozität der geleisteten Hilfe und zur Dichte der Alter-Alter-Beziehungen liegen keine Daten vor. Beide Parameter könnten durchaus weitere interessante Beurteilungskriterien für die Betreuungsressourcen von Müttern liefern.

Nicht indexrelevant, aber für die Interpretation der Indexwerte maßgeblich, sind der Betreuungsbedarf, die berufliche Situation und der Familienstand der befragten Mütter.

---

[58] Über ein Verfahren der Indexbildung ist es möglich, die Parameter zur Netzwerkstabilität auf eine Größe zu reduzieren. Dazu wird eine Kategorisierung der indexrelevanten Variablen Größe und Multiplexität vorgenommen, wobei für beide Maße eine identische Kategorisierung vorgenommen wird: 0 für nicht vorhanden, 1 für klein beziehungsweise gering, 2 für mittel und 3 für hoch. Anschließend werden die Ausprägungen dieser kategorisierten Variablen für jedes einzelne Netz addiert. Die so errechnete Variable wird wiederum entsprechend den oben genannten Ausprägungen kategorisiert, so dass schließlich zu jedem Netzwerk ein Maß für die Netzwerkstabilität vorliegt mit den Ausprägungen 0 = nicht vorhanden, 1 = geringe Netzstabilität, 2 = mittlere Netzstabilität, 3 = hohe Netzstabilität.

8.5 Ausgewählte empirische Befunde der Mütter-Studie

Ego-Alter-Beziehungen als Analyseebene: Welche Netzwerkpersonen sind die verlässlichsten Helfer?

Kinderbetreuung ist weiblich![59] Die Zahl der weiblichen Helfer bei der Kinderbetreuung überwiegt in den untersuchten Hilfenetzen mit einem Anteil von 73,6% deutlich. Die prozentualen Anteile hinsichtlich der Rollenbeziehung zu Ego seien für die größten Gruppen genannt: Freundinnen 28,8%, Partner 15,3%, Nachbarinnen 13,5% und Mütter 12,9%.

Bei der Betrachtung der Häufigkeiten multiplexer Alteri hinsichtlich Rollenbeziehung und Geschlecht lassen sich die Ergebnisse wie folgt zusammenfassen: Der Anteil der Betreuungspersonen, die in mehr als zwei verschiedenen Betreuungssituationen zum Einsatz kommen und somit multiplexe Hilfebeziehungen zu Ego unterhalten, liegt bei 41,1 %. Von den insgesamt 67 multiplexen Alteri sind 47 Alteri weiblich und 20 Alteri männlich. Die Mütter der Egos machen mit 16 multiplexen Nennungen die größte Gruppe unter den multiplexen Alteri aus, gefolgt von der Gruppe der Partner und Freundinnen mit je 14 Alteri. Nachbarinnen, Schwiegermütter und Geschwister nehmen mit einer Häufigkeit von vier bis acht als Gruppe jeweils noch einen nennenswerten Raum innerhalb der Gesamtverteilung multiplexer Alteri ein.

Bei den Häufigkeiten der ermittelten zuverlässigsten und wichtigsten Relation stehen die Partner und Väter der Kinder mit 14 Nennungen an erster Stelle, gefolgt von den Müttern der Egos, also den Omas der zu betreuenden Kinder. Addiert man die beiden Nennungen der getrennt von Ego lebenden Väter hinzu, ergeben sich 16 Väter mit einem zentralen Stellenwert innerhalb des sozialen Hilfenetzes. Mit sieben Nennungen insgesamt spielen in dieser Rangfolge die Freundinnen noch eine relativ große Rolle, wohingegen Nachbarinnen und Schwiegermütter nur dreimal als derart bedeutende Betreuungspersonen in Erscheinung treten.

Resümierend lassen sich die Mütter und Partner der befragten Frauen als die zentralen Helfer für die Kinderbetreuung nennen. Die These, dass der getrennt lebende Vater seinen Stellenwert als wichtige Betreuungsperson verliert, kann nicht bestätigt werden: Die Betreuungsnetzwerke der alleinerziehenden Befragten weisen am häufigsten die eigene Mutter, dann aber den getrennt lebende Vater als die wichtigsten Helfer bei der Kinderbetreuung aus. Freundinnen und die Mütter anderer mit den eigenen Kindern befreundeter Kinder spielen im Hilfenetzwerk alleinerziehender Mütter zwar eine Rolle, aber selten eine

---

[59] Zur Verifizierung dieser Befunde böten sich Befragungen von Vätern zu ihren Hilferessourcen bei der Kinderbetreuung an.

wirklich tragende. Denn die multiplexen oder intensiven Hilfebeziehungen zu Freundinnen oder Nachbarinnen ergänzen in der Regel die familiale Hilfe, aber sie ersetzen diese nicht.

Netzwerke als Analyseebene: die Stabilität von Betreuungsnetzen

Auf der Analyseebene der gesamten Betreuungsnetzwerke soll die Frage geklärt werden, ob es Zusammenhänge zwischen der Zusammensetzung der Hilfenetze – also das Vorhandensein und die Anteile von Familien-, Freundschafts-, Partnerschafts-, Nachbarschaftsnetzen im gesamten Betreuungsnetzwerk – und ihrer Tragfähigkeit gibt. Um diese Frage zu klären, sollen die Netzwerke mit hohen Stabilitätswerten und diejenigen mit niedrigen Stabilitätswerten miteinander verglichen werden. Zunächst aber sollen einige Ergebnisse der deskriptiven Statistik zu wichtigen Netzwerkparametern kurz zusammengefasst werden, die sich auf alle untersuchten Betreuungsnetzwerke beziehen:

Der Mittelwert der *Netzgröße* liegt bei 5,26, bei einem Minimalwert von 3 genannten Betreuungspersonen und einem Maximalwert von 11 angegebenen Helfern.

Tabelle 23: Verteilung der Netzgröße in der Mütter-Studie (n=31)

	Minimum	Maximum	Mittelwert
Anzahl Alteri gesamt	3	11	5,26
Anzahl multiplexe Alteri	0	6	2,16

Werden die Netzwerke auf die Alteri reduziert, die multiplexe Hilfebeziehungen zu Ego aufweisen, so ergibt sich ein Mittelwert der Netzgröße von 2,16 bei einem Minimum von 0 Alteri und einem Maximum von 6 Alteri, allerdings kommt dieser Maximalwert insgesamt nur einmal vor.

Multiplexität als Netzwerkparameter: Die vorhandenen Daten zeigen das gesamte Spektrum der möglichen Werte von 0 bis 1 bei einem Mittelwert von 0,44.

Index für die Tragfähigkeit von Betreuungsressourcen: Acht Mütter erreichen einen Stabilitätswert von 1, haben also geringe Hilferessourcen zur Verfügung, dreizehn Mütter erreichen den mittleren Wert von 2 und zehn Mütter haben ein hohes Maß an Hilferessourcen zur Verfügung.

Wie sieht nun die Zusammensetzung der besonders tragfähigen im Vergleich zu den wenig tragfähigen Hilfenetzwerken aus? Vergleichend werden hier die acht

8.5 Ausgewählte empirische Befunde der Mütter-Studie

Netzwerke mit geringen Indexwerten zur Netzstabilität und die zehn Netzwerke mit hohen Indexwerten der Netzstabilität gegenübergestellt. Bemerkenswert ist, dass die Ausprägung der Variablen Berufstätigkeit und Betreuungsbedarf kaum Rückschlüsse auf die Qualität der Betreuungsnetzwerke zulassen. So finden sich Fälle, in denen ein hoher Betreuungsbedarf und Vollzeit-Berufstätigkeit der Mutter mit niedrigen Werten der Netzstabilität und somit einem geringen Potential an informellen Betreuungsressourcen zusammen kommen. Und umgekehrt gibt es sehr große, tragfähige Betreuungsnetzwerke in Lebenssituationen ohne Berufstätigkeit der Mutter und eher geringem Betreuungsbedarf. Berechnungen der Zusammenhangmaße (Spearman's Rho) zwischen den drei Variablen Berufstätigkeit, Betreuungsbedarf und Netzstabilität zeigen: die Variablen Berufstätigkeit oder Betreuungsbedarf weisen keine signifikanten[60] Zusammenhänge zum Ausmaß der Netzstabilität auf; einen signifikanten und starken Zusammenhang von 0,75 gibt es allerdings, wie zu erwarten, zwischen den Variablen Berufstätigkeit und Betreuungsbedarf.

Was die Zusammensetzung der Netzwerke betrifft, so richtet sich das Augenmerk der Analyse auf besondere Auffälligkeiten: Gibt es z.B. in den stabilen Hilfenetzen vor allem familiale Hilfe? Die Ergebnisse zeigen ein so vielschichtiges Bild, dass nahezu jede denkbare Netzwerkzusammensetzung sowohl bei den Netzwerken mit hoher als auch bei denen mit geringer Netzstabilität vorkommt. Lediglich zwei Befunde lassen sich herausfiltern:

- Wichtige, multiplexe oder intensive außerfamiliale Betreuungshilfe durch Freundinnen oder Nachbarinnen kommt in den Netzwerken mit hoher Netzstabilität regelmäßig vor, in den Netzwerken mit geringer Netzstabilität dagegen nur in einem einzigen Fall: Hier hilft eine Nachbarin häufig in verschiedenen Betreuungssituationen, deren Kinder mit Egos Kindern befreundet sind.
- Insgesamt fällt ein hoher Zusammenhang auf zwischen der außerfamilialen Hilfe und der Situation befreundeter Kinder. Sind Freundinnen oder Nachbarinnen als multiplexe oder sehr verlässliche und wichtige Helfer genannt – dies kommt, wie gesagt, vor allem in den Netzwerken mit hoher Netzstabilität vor –, dann ist in der Regel auch die Bedingung der miteinander befreundeten Kinder erfüllt.

Aus diesen Befunden lässt sich das Fazit ziehen, dass erstens außerfamiliale stabile Hilfe vorkommt, sofern beide Seiten „etwas davon haben", also die Kinder von Ego und Alter miteinander spielen können, und dass zweitens in den

---

[60] Signifikanzniveau von 1% (0,01) zweiseitig.

Netzwerken mit niedrigen Indexwerten für die Netzstabilität genau diese Form der Mütter-Hilfe in der Regel fehlt.

Die beiden Beispielnetzwerke von Octavia und Zenzi sind also, was die Netzwerkzusammensetzung betrifft, ganz typische Netze: Octavia verfügt über sehr begrenzte Ressourcen informeller Kinderbetreuung, ihr Netzwerk weist einen niedrigen Indexwert für Netzstabilität auf, die informelle Unterstützung bei der Kinderbetreuung konzentriert sich auf eine einzige Netzwerkperson, die eigene Mutter. Es gibt keine im Sinne der netzwerkanalytischen Parameter zur Beurteilung der Ego-Alter-Beziehungen tragfähige außerfamiliale Hilfe, ein Freundschaftsnetzwerk fehlt innerhalb des gesamten Betreuungsarrangements. Zenzis Kinderbetreuungsnetzwerk hat insgesamt ein hohes Maß an Netzstabilität und setzt sich aus stabilen Partnerschafts-, Familien-, wie auch Freundschaftsbeziehungen zusammen; die Kinder von Zenzi und ihrer multiplexen und zuverlässigen Betreuungsperson aus dem Freundschaftsnetzwerk sind, ebenso wie die Mütter, miteinander befreundet.

8.6 Zusammenfassung

Was hat die egozentrierte Analyse der persönlichen Netzwerke von Müttern für Erkenntnisfortschritte gebracht? Eine Zusammenfassung der – nicht repräsentativen – Ergebnisse mit Blick auf die eingangs (in 8.2) formulierten Forschungsfragen zeigt abschließend: Es gelingt Müttern durchaus, auch jenseits der Familie oder der Partnerschaft tragfähige Hilfepotentiale für die Kinderbetreuung zu rekrutieren. Diese außerfamilialen Hilfepotentiale, häufig handelt es sich dabei um die Unterstützung durch andere Mütter, ist allerdings selten als Kompensation fehlender familialer Unterstützung zu sehen, sondern vielmehr als Erweiterung der Hilferessourcen. Auch bei alleinerziehenden Müttern übernehmen die Väter der Kinder eine tragende Rolle bei der Kinderbetreuung; Freundinnen ersetzen die Unterstützung durch Familienangehörige oder den Vater der Kinder nur in Einzelfällen.

Die Mütter-Studie macht deutlich: Das Spezifische der netzwerkanalytischen Herangehensweise beginnt nicht erst bei der Datenauswertung, sondern schon mit dem „relationalen Blick" auf soziale Phänomene und mit der auf Beziehungsstrukturen ausgerichteten Fragestellung. Der von Beginn an netzwerkanalytisch zugeschnittene empirische Zugriff auf die Hilferessourcen von Müttern wird im Erhebungsinstrument operationalisiert. Die Datenauswertung erfolgt dann mehrgleisig sowohl netzwerkanalytisch als auch über allgemeine statistische Verfahren. Insbesondere für die Frage nach der Qualität der Hilferessourcen, also der Tragfähigkeit und Struktur der Hilfebeziehungen und

8.6 Zusammenfassung

Betreuungsnetzwerke, ist auf die netzwerkanalytischen Auswertungs- und Interpretationsschritte nicht zu verzichten.

9 Resümee

Je mehr man über Methoden weiß, desto mehr löst sich die Vorstellung auf, man könne sie nach der Art eines Kochrezeptes durchführen. Die Gültigkeit der Indikatoren, die Zuverlässigkeit und Repräsentativität der Daten, die Eindeutigkeit statistischer Maßzahlen, dies alles kann bei näherer Betrachtung in Frage gestellt werden. Die vorangegangenen Kapitel haben gezeigt, dass die Methodenabhängigkeit empirischer Ergebnisse bereits bei den ersten Forschungsschritten – streng genommen bereits bei den hier nicht näher behandelten methodologischen Vorentscheidungen – beginnt. So verdeutlicht etwa das Beispiel „Armut", wie schwierig es ist, überhaupt festzulegen, was der Forschungsgegenstand konkret beinhaltet und wie man ihn im nächsten Schritt einer Erhebung und Auswertung zugänglich macht. Dies gilt schon bei einem Verständnis von Armut als Einkommensarmut und verstärkt bei einer mehrdimensionalen Auffassung von Armut im Zeitverlauf. Die Beispiele über Untersuchungen des Lebens älterer Menschen haben gezeigt, dass Forscher bei der Datenerhebung über allgemeine Regeln der Stichprobenziehung, Fragebogenerstellung etc. hinaus berücksichtigen müssen, mit welcher Zielgruppe ihre Untersuchung zu tun hat. Dass die Interpretation empirischer Befunde immer Spielraum für unterschiedliche und auch unterschiedlich weit gehende Deutungen lässt, bildete ebenfalls einen Schwerpunkt dieses Kapitels. Das für die Sozialstrukturanalyse wichtige Thema der Bildung wurde im Weiteren hier in einem bestimmten Ausschnitt behandelt, und zwar in Form der Bildungsabhängigkeit der Partnerwahl. Unter anderem führten dort unterschiedliche statistische Herangehensweisen zu sich nur teilweise überschneidenden Ergebnissen. Die Thematisierung von Individualisierung im sechsten Kapitel wandte sich wieder grundsätzlicheren Problemen zu, indem die Verknüpfung eines theoretischen Ansatzes mit seiner empirischen Überprüfung im Zentrum stand. Bei den letzten beiden Kapiteln ging es im Schwerpunkt darum, die methodischen Schritte bei der Umsetzung spezifischer Fragestellungen im Gesamtzusammenhang nachzuverfolgen.

Am Ende bleibt Forschern oft ein bescheideneres Ergebnis als möglicherweise gedacht. Ein Beispiel gibt ein Zitat von Becker und Hauser, die zur Schätzung der „Dunkelziffer von Armut" drei verschiedene Untersuchungen herangezogen haben. Sie schreiben: „Welche der Erhebungen der Realität am nächsten kommt, bleibt ungewiss, so dass nur eine Bandbreite, innerhalb derer sich das tatsächliche Ausmaß verdeckter Armut bewegt, ermittelt werden kann" (2005: 35). Aber immerhin, mit der Bestimmung der Bandbreite haben sie sich ihrem Forschungsgegenstand weiter angenähert, haben am Ende der Forschung damit zwar nicht alle Fragen beantwortet, aber teilweise andere beziehungsweise spezifischere Fragen als zuvor für das nächste Forschungsvorhaben. Die Uneindeutigkeit empirischer Methoden soll also, das gilt auch für die hier vorgestellten Beispiele, keine abschreckende Wirkung erzeugen, sondern umso mehr zum Plädoyer führen, als Forscher vor den Grenzen des Vorgehens nicht die Augen zu verschließen und sie für sich und andere transparent zu machen.

Eine zweite Folgerung besteht darin, dass es notwendig ist, als Soziologin oder Sozialforscherin über oberflächliche Grundkenntnisse hinaus fundierte Methodenkenntnisse zu haben, sei es durch methodenspezifische Fachliteratur, sei es durch methoden-sensible Lektüre empirischer Studien, um entscheiden zu können, welche empirischen Wege sich am besten für eine bestimmte inhaltliche Fragestellung eignen und damit zur weiteren Erforschung der Sozialstruktur beizutragen.

Literatur

Aleman-Meza, Boanerges et al. (2006): Semantic Analytics on Social Networks: Experiences in Addressing the Problem of Conflict of Interest Detection. Session Paper on the International World Wide Web Conference: http://www.2006.org/tracks/
ADM/ASI/Statistisches Bundesamt (2003): Online-Erhebungen. 5. Wissenschaftliche Tagung. Bonn: IZ Sozialwissenschaften, Sozialwissenschaftliche Tagungsberichte Bd. 7.
Andreß, Hans-Jürgen/Hagenaars, Jacques A./Kühnel, Steffen (1997): Analysen von Tabellen und kategorialen Daten. Log-lineare Modelle, latente Klassenanalyse, logistische Regression und GSK-Ansatz. Berlin/Heidelberg/New York: Springer.
Andreß, Hans-Jürgen/Krüger, Anne (2006): Ausstiege aus dem unteren Einkommensbereich. Institutionelle Hilfeangebote, individuelle Aktivitäten und soziale Netzwerke. Berlin: Edition Sigma.
Arbeitsgemeinschaft Deutscher Markt- und Sozialforschungsinstitute e.V. (ADM) (2005): Jahresbericht 2004. o.O.
Arndt, Joachim/Jung, Knut (2002): Armuts- und Reichtumsberichterstattung fortsetzen und weiterentwickeln. In: Sell (2002): S. 193-228.
Atteslander, Peter (2006): Methoden der empirischen Sozialforschung. Berlin: Erich Schmidt Verlag, 11., neu bearbeitete und erweiterte Auflage.
Backes, Gertrud/Clemens, Wolfgang (1998): Lebensphase Alter. Eine Einführung in die sozialwissenschaftliche Alternsforschung. Weinheim: Juventa, 2. Auflage 2003.
Backes, Gertrud M./Clemens, Wolfgang/Künemund, Harald (Hg.) (2004): Lebensformen und Lebensführung im Alter. Wiesbaden: VS Verlag für Sozialwissenschaften.
Backhaus, Klaus/Erichson, Bernd/Plinke, Wulff/Weiber, Rolf (2003): Multivariate Analysemethoden. Eine anwendungsorientierte Einführung. Berlin/Heidelberg/New York: Springer, 10. Auflage.
Baltes, Margret M./Kindermann, Thomas/Reisenzein, Rainer (1986): Die Beobachtung von unselbständigem und selbständigem Verhalten in einem deutschen Altersheim. Die soziale Umwelt als Einflußgröße. In: Zeitschrift für Gerontologie, Jg. 19, Heft 1, S. 14-24.
Baltes, Paul B./Baltes, Margret M. (1992): Gerontologie. Begriff, Herausforderung und Brennpunkte. In: Baltes/Mittelstrass (1992): S. 1-34.
Baltes, Paul B./Mittelstrass, Jürgen (Hg.) (1992): Zukunft des Alterns und gesellschaftliche Entwicklung. Berlin: de Gruyter.
Barlösius, Eva (2004): Kämpfe um soziale Ungleichheit. Machttheoretische Perspektiven. Wiesbaden: VS Verlag für Sozialwissenschaften.
Barlösius, Eva/Ludwig-Mayerhofer, Wolfgang (Hg.) (2001): Die Armut der Gesellschaft. Opladen: Leske + Budrich
Baur, Nina (2005): Verlaufsmusteranalyse. Methodologische Konsequenzen der Zeitlichkeit sozialen Handelns. Wiesbaden: VS Verlag für Sozialwissenschaften.
Beck, Ulrich (1986): Risikogesellschaft: Auf dem Weg in eine andere Moderne. Frankfurt am Main: Suhrkamp.

Beck, Ulrich (2001): Das Zeitalter des „eigenen Lebens". Individualisierung als „paradoxe Sozialstruktur" und andere offene Fragen. In: Aus Politik und Zeitgeschichte, Heft 29/2001, S. 3 -6.

Beck, Ulrich/Beck-Gernsheim, Elisabeth (1993): Nicht Autonomie, sondern Bastelbiographie. Anmerkungen zur Individualisierungsdiskussion am Beispiel des Aufsatzes von Günter Burkart. Zeitschrift für Soziologie, H. 3, Jg. 22, S. 178-187.

Beck, Ulrich/Bonß, Wolfgang (Hg.) (2001): Die Modernisierung der Moderne. Frankfurt am Main: Suhrkamp.

Beck, Ulrich/Bonß, Wolfgang/Lau, Christoph (2001a): Theorie reflexiver Modernisierung. Fragestellungen, Hypothesen, Forschungsprogramme. In: Beck/Bonß (2001): S. 11-59.

Beck, Ulrich/Lau, Christoph (2005): Theorie und Empirie reflexiver Modernisierung. Von der Notwendigkeit und den Schwierigkeiten, einen historischen Gesellschaftswandel innerhalb der Moderne zu beobachten und zu begreifen. In: Soziale Welt, H. 2/3, Jg. 56, S. 107-135.

Becker, Irene/Hauser, Richard (2003): Anatomie der Einkommensverteilung. Ergebnisse der Einkommens- und Verbrauchsstichproben 1969-1998. Berlin: Edition Sigma.

Becker, Irene/Hauser, Richard (2005): Dunkelziffer der Armut. Ausmaß und Ursachen der Nicht-Inanspruchnahme zustehender Sozialhilfeleistungen. Berlin: Edition Sigma.

Becker, Irene/Ott, Notburga/Rolf, Gabriele (Hg.) (2001): Soziale Sicherung in einer dynamischen Gesellschaft. Festschrift für Richard Hauser zum 65. Geburtstag. Frankfurt am Main/New York: Campus

Benninghaus, Hans (2005): Deskriptive Statistik. Eine Einführung für Sozialwissenschaftler. Wiesbaden: VS Verlag für Sozialwissenschaften, 10. Auflage.

Berger, Johannes (2005): Nimmt die Einkommensungleichheit weltweit zu? In: Leviathan, Jg. 33, Heft 4, S.461-481.

Berger, Peter A. (1996): Individualisierung: Statusunsicherheit und Erfahrungsvielfalt. Opladen: Westdeutscher Verlag.

Berger, Peter A./Hradil, Stefan (Hg.) (1990): Lebenslagen, Lebensläufe, Lebensstile. Sonderband 7 der Sozialen Welt. Göttingen: Schwartz & Co.

Berger, Regina (1981): Multiple Klassifikationsanalyse. Arbeitspapier Nr. 42, Sonderforschungsbereich 3 "Mikroanalytische Grundlagen der Gesellschaftspolitik" der J.W.Goethe-Universität Frankfurt und der Universität Mannheim.

Berntsen, Roland/Renner, Thomas/Semrau, Peter/Stubig, Hans-Jürgen (2001): Das Niedrigeinkommenspanel als Datenquelle für Analysen zur verdeckten Armut . In: Becker/Ott/Rolf (2001): S. 324-353.

Blossfeld, Hans-Peter/Timm, Andreas (1997): Der Einfluss des Bildungssystems auf den Heiratsmarkt. Eine Längsschnittanalyse der Wahl des ersten Ehepartners im Lebenslauf. In: Kölner Zeitschrift für Soziologie und Sozialpsychologie, Jg. 49, S. 440-476.

Böhnke, Petra (2002): Die exklusive Gesellschaft. Empirische Befunde zu Armut und sozialer Ausgrenzung. In: Sell (2002): S. 45-64.

Borgatti, Steve P. et al. (1999): UCINET 5.0 Version 1.00. Natick: Analytic Technologies.

Bortz, Jürgen (1993): Statistik für Sozialwissenschaftler. Berlin/Heidelberg/New York: Springer, 4. Auflage.
Bortz, Jürgen/Döring, Nicola (2001): Forschungsmethoden und Evaluation. Berlin/Heidelberg/New York: Springer, 2. Auflage.
Bott, Elisabeth (1955): Urban Families: Conjugal Roles and Social Networks. In: Human Relations, Jg. 8, S. 345-384.
Brüderl, Josef (2004): Die Pluralisierung partnerschaftlicher Lebensformen in Westdeutschland und Europa. In: Aus Politik und Zeitgeschichte, Heft 19/2004, S. 3-10.
Bühl, Achim/Zöfel, Peter (2002): Erweiterte Datenanalyse mit SPSS. Statistik und Data Mining. Wiesbaden: Westdeutscher Verlag.
Bühl, Achim/Zöfel, Peter (2004): SPSS Version 12. Einführung in die moderne Datenanalyse unter Windows. München: Addison Wesley in Pearson Education Deutschland, 9., überarb. und erw. Auflage.
Buhr, Petra (1995): Dynamik von Armut. Dauer und biographische Bedeutung von Sozialhilfebezug. Opladen: Westdeutscher Verlag.
Buhr, Petra (2004): Armut und Armutsentwicklung in Deutschland. Status Quo und mögliche Folgen der Reformpolitik. In: Zentrum für Sozialpolitik Universität Bremen (Hg.): ZeS-Arbeitspapier Nr. 4/2004, Bremen.
Bundesministerium für Familie, Senioren, Frauen und Jugend (2006): Familie zwischen Flexibilität und Verlässlichkeit. Perspektiven für eine lebenslaufbezogene Familienpolitik. Siebter Familienbericht. Im Internet unter http://www.bmfsfj.de/Kategorien/Forschungsnetz/forschungsberichte,did=75114.html
Bundesministerium für Familie, Senioren, Frauen und Jugend (2005): Fünfter Bericht zur Lage der älteren Generation in der Bundesrepublik Deutschland. Potenziale des Alters in Wirtschaft und Gesellschaft. Der Beitrag älterer Menschen zum Zusammenhalt der Generationen. Im Internet unter: http://www.bmfsfj.de/Kategorien/Publikationen/Publikationen,did=78114.html
Burkart, Günter (1993): Individualisierung und Elternschaft. Das Beispiel USA. In: Zeitschrift für Soziologie, H. 3, Jg. 22, S. 159-177.
Burkart, Günter (1998): Individualisierung und Elternschaft. Eine empirische Überprüfung der Individualisierungsthese am Beispiel USA und ein Systematisierungsvorschlag. In: Friedrichs (1998): S. 107-142.
Burt, Ronald S. (1984): Network Items and the General Social Survey. In: Social networks, Jg. 6, S. 293-339.
Burzan, Nicole (2005): Quantitative Methoden der Kulturwissenschaften. Konstanz: UVK.
Burzan, Nicole (2007): Soziale Ungleichheit. Eine Einführung in die zentralen Theorien. Wiesbaden: VS Verlag für Sozialwissenschaften, 3. Auflage.
Burzan, Nicole/Schimank, Uwe/Lökenhoff, Brigitta/ Schöneck, Nadine (2007): Das Publikum der Gesellschaft. Inklusionsverhältnisse und Inklusionsprofile in Deutschland. Wiesbaden: VS, im Erscheinen
Chalmers, Alan F. (1994): Wege der Wissenschaft: Einführung in die Wissenschaftstheorie. Berlin/Heidelberg/New York: Springer, 3., durchges. Auflage.
Clausen, Lars (Hg.): Gesellschaften im Umbruch. Frankfurt am Main/New York: Campus.

Cornelißen, Waltraud (Hg.) (2005): Gender-Datenreport. 1. Datenreport zur Gleichstellung von Frauen und Männern in der Bundesrepublik Deutschland. München/Wiesbaden: Deutsches Jugendinstitut e.V./Statistisches Bundesamt.

Davis, Kingsley/Moore, Wilbert E. (1973): Einige Prinzipien der sozialen Schichtung. In: Hartmann: S. 396-410.

Debiel, Tobias (Hg.) (2006): Globale Trends; 2007: Frieden, Entwicklung, Umwelt. Frankfurt am Main: Fischer-Taschenbuch-Verlag.

Delhey, Jan (1999): Inequality and Attitudes. Postcommunism, Western Capitalism and Beyond. Wissenschaftszentrum Berlin für Sozialforschung, Arbeitspapier FS III 99-403. http://skylla.wz-berlin.de/pdf /1999/iii99-403.pdf [Zugriff: 01.03.2005].

Delhey, Jan (2001): Osteuropa zwischen Marx und Markt. Soziale Ungleichheit und soziales Bewusstsein nach dem Kommunismus. Hamburg: Krämer.

Deutscher Bundestag (2005): Lebenslagen in Deutschland – Zweiter Armuts- und Reichtumsbericht der Bundesregierung. Im Internet unter: http://www.bmas.bund.de/BMAS/Redaktion/Pdf/Lebenslagen-in-Deutschland-De-821,property=pdf,bereich=bmas,sprache=de,rwb= true.pdf.

Deutscher Bundestag (Hg.) (1994): Zwischenbericht der Enquete-Kommission demographischer Wandel – Herausforderungen unserer älter werdenden Gesellschaft an den einzelnen und die Politik. Bonn.

Diaz-Bone, Rainer (1997): Ego-zentrierte Netzwerkanalyse und familiale Beziehungssysteme. Wiesbaden: DUV.

Diekmann, Andreas (2005): Empirische Sozialforschung. Grundlagen, Methoden, Anwendungen. Reinbek bei Hamburg: Rowohlt, 14. Auflage.

Diekmann, Andreas (Hg.) (2006): Methoden der Sozialforschung. Wiesbaden: VS Verlag für Sozialwissenschaften

Diewald, Martin (1991): Soziale Beziehungen: Verlust oder Liberalisierung? Soziale Unterstützung in informellen Netzwerken. Berlin: Edition Sigma.

Dimbath, Oliver (2003): Entscheidungen in der individualisierten Gesellschaft. Eine empirische Untersuchung zur Berufswahl in der fortgeschrittenen Moderne. Wiesbaden: Westdeutscher Verlag.

Dittmann-Kohli, Freya/Bode, Christina/Westerhof, Gerben J. (Hg.) (2001): Die Zweite Lebenshälfte – Psychologische Perspektiven. Ergebnisse des Alterssurvey. Schriftenreihe des Bundesministeriums für Familie, Senioren, Frauen und Jugend 195. Stuttgart/Berlin/Köln: Kohlhammer.

Druwe, Ulrich/Kunz, Volker (Hg.) (1999): Politische Gerechtigkeit. Opladen: Leske + Budrich.

Ehmer, Josef (1990): Sozialgeschichte des Alters. Frankfurt am Main: Suhrkamp.

Engel, Uwe (1998): Einführung in die Mehrebenenanalyse. Grundlagen, Auswertungsverfahren und praktische Beispiele. Opladen: Westdeutscher Verlag.

Engel, Uwe (Hg.) (2005): Bildung und soziale Ungleichheit: methodologische und strukturelle Analysen, Bonn: Informationszentrum Sozialwissenschaft. Tagungsberichte Bd. 9.

Engler, Steffani/Krais, Beate (2004): Das kulturelle Kapital und die Macht der Klassenstrukturen – sozialstrukturelle Verschiebungen und Wandlungsprozesse des Habitus, Weinheim: Juventa.

Literatur

Erikson, Erik H. (1966): Identität und Lebenszyklus. Frankfurt am Main: Suhrkamp.
Esping-Andersen, Gøsta (1998): Die drei Welten des Wohlfahrtskapitalismus. Zur politischen Ökonomie des Wohlfahrtsstaates. In: Lessenich/Ostner (1998)
Esping-Andersen, Gøsta (1990): The Three Worlds of Welfare Capitalism. Cambridge: Polity Press.
Esping-Andersen, Gøsta (1999): Social Foundations of Postindustrial Economies. Oxford: Oxford University Press.
Esser, Hartmut (2000): Soziologie. Spezielle Grundlagen. Band 4: Opportunitäten und Restriktionen. Frankfurt am Main/New York: Campus.
Flick, Uwe/Kardorff, Ernst von/Steinke, Ines (Hg.) (2000): Qualitative Forschung. Ein Handbuch. Reinbek bei Hamburg: Rowohlt.
Foken, Insa (1994): Vielfalt und Widersprüche weiblicher Lebensmuster: Frauen im Spiegel sozialwissenschaftlicher Forschung. Frankfurt am Main/New York: Campus.
Friedrichs, Jürgen (1998a): Einleitung: „Im Flugsand der Individualisierung"?. In: ders. (1998): S. 7-11.
Friedrichs, Jürgen (Hg.) (1998): Die Individualisierungs-These. Opladen: Leske + Budrich.
Friedrichs, Jürgen (2002): Methoden der empirischen Sozialforschung. Wiesbaden: Westdeutscher Verlag, Nachdruck der 14. Auflage 1990
Fuchs-Heinritz, Werner (2005): Biographische Forschung. Eine Einführung in Praxis und Methoden. Wiesbaden: VS Verlag für Sozialwissenschaften, 3., überarb. und erw. Auflage.
Gehrau, Volker (2002): Die Beobachtung in der Kommunikationswissenschaft. Methodische Ansätze und Beispielstudien. Konstanz: UVK.
Geissler, Birgit/Oechsle, Mechtild (1996): Lebensplanung junger Frauen. Zur widersprüchlichen Modernisierung weiblicher Lebensläufe. Weinheim: Deutscher Studienverlag.
Geißler, Rainer (2006): Die Sozialstruktur Deutschlands. Zur gesellschaftlichen Entwicklung mit einer Bilanz zur Vereinigung. Wiesbaden: VS Verlag für Sozialwissenschaften, 4., überarbeitete und aktualisierte Auflage.
Georg, Werner (Hg.) (2006): Soziale Ungleichheit im Bildungssystem. Eine empirisch-theoretische Bestandsaufnahme. Konstanz: UVK.
Giddens, Anthony (1995): Die Konstitution der Gesellschaft: Grundzüge einer Theorie der Strukturierung. Frankfurt/Main 1997: Campus.
Gille, Martina/Marbach, Jan (2004). Arbeitsteilung von Paaren und ihre Belastung mit Zeitstress. In: Statistisches Bundesamt (Hg.): Alltag in Deutschland. Analysen zur Zeitverwendung. Beiträge zur Ergebniskonferenz der Zeitbudgeterhebung 2001/02 am 16./17. Februar 2004 in Wiesbaden. Wiesbaden: Statistisches Bundesamt, S. 86-113.
Glatzer, Wolfgang/Habich, Roland/Mayer, Karl U. (Hg.) (2002): Sozialer Wandel und gesellschaftliche Dauerbeobachtung. Opladen: Leske + Budrich.
Goebel, Gabriele (1997): Kinder oder Karriere: Lebensentwürfe junger Akademikerinnen und ihre persönlichen Netzwerke. Frankfurt am Main/New York: Campus.

Götting, Ulrike/Lessenich, Stephan (1998): Sphären sozialer Sicherheit. Wohlfahrtsstaatliche Regimeforschung und gesellschaftliche Transformation. In: Lessenich/Ostner (1998): S. 271-319.

Groh-Samberg, Olaf (2004): Armut und Klassenstruktur. Zur Kritik der Entgrenzungsthese aus einer multidimensionalen Perspektive; In: Kölner Zeitschrift für Soziologie und Sozialpsychologie, Jg. 56, H. 4, S. 653-682.

Grümer, Karl-Wilhelm (1974): Techniken der Datensammlung, Bd. 2. Beobachtung. Stuttgart: Teubner.

Häder, Sabine/Glemser, Axel (2006): Stichprobenziehung für Telefonumfragen in Deutschland. In: Diekmann (2006): S. 148-171.

Hahlen, Johann/Bechtold, Sabine (2001): Haushaltsstichproben in der amtlichen Statistik. Bewährte Praxis – neue Perspektiven. In: Becker/Ott/Rolf (2001): S. 252-277.

Haller, Max/Mach, Bogdan/Zwicky, Heinrich (1995): Egalitarismus und Antiegalitarismus zwischen gesellschaftlichen Interessen und kulturellen Leitbildern. In: Müller/Wegener (1995): S. 221-264.

Haller, Max (1986): Die Legitimation der sozialen Ungleichheit im Wohlfahrtsstaat. Journal für Sozialforschung, Jg. 26, Heft 4, S. 443-468.

Haller, Max (1989): Die Klassenstruktur im sozialen Bewußtsein. Ergebnisse vergleichender Umfrageforschung zu Ungleichheitsvorstellungen. In: Haller/Hoffmann-Nowotny/Zapf (1989): S. 447-469.

Haller, Max/Hoffmann-Nowotny, Hans-Joachim/Zapf, Wolfgang (Hg.) (1989): Kultur und Gesellschaft. Verhandlungen des 24. Deutschen Soziologentages, des 11. Österreichischen Soziologentages und des 8. Kongresses der Schweizerischen Gesellschaft für Soziologie in Zürich 1988. Frankfurt am Main/New York: Campus

Hanesch, Walter/Adamy, Wilhelm/Martens, Rudolf (1994): Armut in Deutschland. Armutsbericht des Deutschen Gewerkschaftsbundes und des Paritätischen Wohlfahrtsverbandes. Reinbek: Rowohlt.

Hanesch, Walter et al. (Hg.) (2004): Öffentliche Armut im Wohlstand. Soziale Dienste unter Sparzwang. Hamburg: VSA-Verlag

Hanesch, Walter/Krause, Peter/Bäcker, Gerhard (2000): Armut und Ungleichheit in Deutschland. Der neue Armutsbericht der Hans Böckler Stiftung, des DGB und des Paritätischen Wohlfahrtsverbands. Reinbek: Rowohlt.

Harkness, Janet A./Schoua-Glusberg, Alicia (1998): Questionnaires in Translation. In: Harkness, Janet A. (Hg.): Cross-Cultural Survey Equivalence. ZUMA-Nachrichten Spezial Band 3. Mannheim: ZUMA.
http://www.gesis.org/Publikationen/Zeitschriften/ ZUMA_Nachrichten _spezial/documents/znspezial3/znspez3_04_Harkness_Glusberg.pdf [Zugriff: 12.09.2006]

Hartmann, Heinz (1973): Moderne amerikanische Soziologie. Neuere Beiträge zur soziologischen Theorie. Stuttgart: Enke, orig. 1945

Hartmann, Helmut (2002): Armuts- und Reichtumsberichterstattung in der Bundesrepublik Deutschland. In: Sell (2002): S. 155-168.

Hauser, Richard (1995): Das empirische Bild der Armut in der Bundesrepublik Deutschland – ein Überblick. Aus Politik und Zeitgeschichte, Heft 31-32/1995, S. 3-13.

Hauser, Richard (2002): Soziale Indikatoren als Element der offenen Methode der Koordinierung zur Bekämpfung der Armut und sozialer Ausgrenzung in der Europäischen Union. In: Zeitschrift für Sozialreform, Jg. 48, Heft 3, S. 251-261.

Hauser, Richard (2005): Zur Entwicklung von Armut und Reichtum in Deutschland – Kommentare zu den Armuts- und Reichtumsberichten der Bundesregierung. Paper zur Jahrestagung der Sektion Soziale Indikatoren „Steigende Armut, Polarisierung, Re-Stratifizierung: Eine Trendwende der Ungleichheitsentwicklung in Deutschland?" am 2. – 3. Juni 2005 am WZB in Berlin. Quelle: unter http://www.gesis.org/Dauerbeobachtung/Sozialindikatoren/Veranstaltungen/PDFs/Praes_Hauser.pdf.

Heidel, Klaus (2004): Reichtum und Armut in Deutschland: eine Problemanzeige in ökumenischer Perspektive. In: Hanesch et al (2004): S. 18-36.

Hermann, Dieter/Spath, Christian (2005): Forschungshandbuch. Förderprogramme und Förderinstitutionen für Wissenschaft und Forschung. Ausgabe 2006. Lampertheim: Alpha Informationsgesellschaft, 9., aktualisierte und erw. Neuausgabe.

Höffe, Otfried (2005): Soziale Gerechtigkeit: ein Zauberwort. In: Aus Politik und Zeitgeschichte, Heft 37/2005, S. 3-6.

Hoffmeyer-Zlotnik, Jürgen H.P. (2005): Harmonisierung sozio-demographischer Variablen im internationalen Vergleich: Der Weg vom nationalen Konzept zum internationalen Kategoriensystem; In: Engel (2005): S. 37-52.

Hradil, Stefan (1987): Sozialstrukturanalyse in einer fortgeschrittenen Gesellschaft. Von Klassen und Schichten und Lagen und Milieus. Opladen: Leske + Budrich.

Hradil, Stefan (1998): Lektion IX: Schicht, Schichtung und Mobilität. In: Korte/Schäfers (1998): S. 145-164

Hradil, Stefan (2001): Soziale Ungleichheit in Deutschland. Opladen: Leske + Budrich, 8. Auflage.

Hradil, Stefan (2004) Die Sozialstruktur Deutschlands im internationalen Vergleich. Wiesbaden: VS Verlag für Sozialwissenschaften.

Huinink, Johannes/Wagner, Michael (1998): Individualisierung und die Pluralisierung von Lebensformen. In: Friedrichs (1998): S. 85-106.

Hurrelmann, Klaus/Ulich, Dieter (Hg.) (1991): Neues Handbuch der Sozialisationsforschung. Weinheim/Basel: Beltz, völlig neuüberarb. 4. Auflage

IAW – Institut für angewandte Wirtschaftsforschung (2003): Operationalisierung der Armuts- und Reichtumsmessung. Schlussbericht an das Bundesministerium für Gesundheit und Soziale Sicherung. Im Internet unter:
http://www.bmg.bund.de/nn_603382/SharedDocs/Publikationen/Forschungsprojekte-Lebenslagen/a-322-10266,templateId=raw,property=publicationFile.pdf/a-322-10266.pdf

Jacob, Rüdiger/Eirmbter, Willy (2000): Allgemeine Bevölkerungsumfragen. Einführung in die Methoden der Umfrageforschung mit Hilfen zur Erstellung von Fragebögen. München: Oldenbourg.

Jansen, Dorothea (1999): Einführung in die Netzwerkanalyse. Grundlagen, Methoden, Anwendungen. Opladen: Leske + Budrich.

Janssen, Jürgen/Laatz, Wilfried (1997): Statistische Datenanalyse mit SPSS für Windows. 2. Auflage, Berlin, Heidelberg: Springer.

Junge, Matthias (2002): Individualisierung. Frankfurt am Main/New York: Campus.

Kelle, Udo/Niggemann, Christiane (2002): „Weil ich doch vor zwei Jahren schon einmal verhört worden bin..." Methodische Probleme in der Befragung von Heimbewohnern. In: Motel-Klingebiel/Kelle (2002): S. 99-131.

Kenis, Patrik; Volker Schneider (1994): Organisation und Netzwerk. Institutionelle Steuerung in Wirtschaft und Politik. Frankfurt am Main/New York: Campus.

Kiecolt, K. Jill/Nathan, Laura E. (1985): Secondary Analysis of Survey Data. Sage University Paper; Series: Quantitative Applications in the Social Sciences. Beverly Hills: Sage Publications.

Kleimann, Rolf/Volkert, Jürgen (2003): Operationalisierung der Armuts- und Reichtumsmessung. In: IAW-Report 2/2003, Tübingen, S. 37-58.

Klein, Thomas (Hg.) (2001): Partnerwahl und Heiratsmuster. Sozialstrukturelle Voraussetzungen der Liebe. Opladen: Leske + Budrich.

Klein, Thomas (2005): Sozialstrukturanalyse. Eine Einführung. Reinbek: Rowohlt.

Kluge, Susann/Kelle, Udo (Hg.) (2001): Methodeninnovation in der Lebenslaufforschung: Integration qualitativer und quantitativer Verfahren in der Lebenslauf- und Biographieforschung. Weinheim/München: Juventa.

Knäuper, Bärbel/Schwarz, Norbert/Park, Denise (2002): Selbstberichte im Alter. In: Motel-Klingebiel/Kelle (2002): S. 75-98.

Knesebeck, Olaf von dem/Hüfken, Volker/Dübbert, Peter (2001): Stichprobenrealisierung bei einer bundesweiten telefonischen Befragung alter Menschen. In: ZUMA-Nachrichten Nr. 48, Jg. 25, S. 67-84.

Kohler, Ulrich (2005): Statusinkonsistenz und Entstrukturierung von Lebenslagen. Empirische Untersuchung zweier Individualisierungshypothesen mit Querschnittsdaten aus 28 Ländern; In: Kölner Zeitschrift für Soziologie und Sozialpsychologie, Jg. 57, H. 2, S. 230-253.

Kohli, Martin (1991): Lebenslauftheoretische Ansätze in der Sozialisationsforschung. In: Hurrelmann/Ulich (1991): S. 303-317.

Kohli, Martin/Künemund, Harald (Hg.) (2000): Die zweite Lebenshälfte – Gesellschaftliche Lage und Partizipation im Spiegel des Alters-Survey. Opladen: Leske + Budrich.

Kohli, Martin/Künemund, Harald/Motel-Klingebiel, Andreas/Szydlik, Marc (2000): Soziale Ungleichheit. In: Kohli/Künemund (2000): S. 318-336.

Kohli, Martin/Künemund, Harald (Hg.): Die zweite Lebenshälfte – Gesellschaftliche Lage und Partizipation im Spiegel des Alters-Survey. Opladen: Leske + Budrich.

Kolland, Franz/Kuhri, Silvia (2004): Kultur und Kreativität im späten Leben: Zur Pluralisierung der Alterskulturen: In: Backes/Clemens/Künemund (2004): S. 151-172.

Koppetsch, Cornelia/Maier, Maja S. (1998): Individualisierung ohne Gleichheit. Zur aktuellen Lage des Geschlechterverhältnisses. In: Friedrichs (1998): S. 143-164.

Korte, Hermann/Schäfers, Bernhard (Hg.) (1998): Einführung in Hauptbegriffe der Soziologie. 4. Auflage, Opladen: Leske + Budrich

Krais, Beate (2003): Perspektiven und Fragestellungen der Soziologie der Bildung und Erziehung. In: Orth/Schwietring/Weiß (2003): S. 81-93.

Krämer, Walter (1997): Statistische Probleme der Armutsmessung. Gutachten im Auftrag des Bundesministeriums für Gesundheit. Baden-Baden: Nomos. Schriftenreihe des Bundesministeriums für Gesundheit, 94.

Krebs, Valdis E. (2002): Uncloaking Terrorist Networks. In: First Monday, volume 7, number 4 (April 2002), URL: http://firstmonday.org/issue7_4/krebs/index.html

Kreckel, Reinhard (1982): Class, Status and Power? Begriffliche Grundlagen für eine politische Soziologie der sozialen Ungleichheit. Kölner Zeitschrift für Soziologie und Sozialpsychologie, Jg. 34, S. 617-648.

Kromrey, Helmut (2006): Empirische Sozialforschung. Modelle und Methoden der standardisierten Datenerhebung und Datenauswertung. Stuttgart: Lucius & Lucius, 11., überarbeitete Auflage.

Kühn, Konstanze/Porst, Rolf (1999): Befragung alter und sehr alter Menschen: Besonderheiten, Schwierigkeiten und methodische Konsequenzen. Ein Literaturbericht. ZUMA-Arbeitsbericht 99/03.

Kühnel, Steffen/Krebs, Dagmar (2001): Statistik für die Sozialwissenschaften. Grundlagen, Methoden, Anwendungen. Reinbek bei Hamburg: Rowohlt.

Künemund, Harald (2000): Datengrundlage und Methoden. In: Kohli/Künemund (2000): S. 33-40.

Leibfried, Stephan/Leisering, Lutz/Buhr, Petra (1995): Zeit der Armut. Lebensläufe im Sozialstaat. Frankfurt am Main: Suhrkamp.

Lessenich, Stephan/Ostner, Ilona (Hg.) (1998): Welten des Wohlfahrtskapitalismus: Der Sozialstaat in vergleichender Perspektive. Frankfurt am Main/New York: Campus

Levinson, Daniel J. (1979): Das Leben des Mannes. Werdenskrisen, Wendepunkte, Entwicklungschancen. Köln: Kiepenheuer & Witsch.

Liebig, Stefan/Wegener, Bernd (1995): Primäre und sekundäre Ideologien. Ein Vergleich von Gerechtigkeitsvorstellungen in Deutschland und den USA. In: Müller/Wegener (1995): S. 265-293.

Litz, Hans P. (2000): Multivariate Statistische Methoden und ihre Anwendung in den Wirtschafts- und Sozialwissenschaften. München: Oldenbourg.

Ludwig, Monika (1996): Armutskarrieren. Zwischen Abstieg und Aufstieg im Sozialstaat. Opladen: Westdeutscher Verlag.

Ludwig-Mayerhofer, Wolfgang/ Barlösius, Eva (2001): Die Armut der Gesellschaft. In: Barlösius/Ludwig-Mayerhofer (2001): S. 11-68.

Mackert, Jürgen/Müller, Hans-Peter (Hg.) (2000): Citizenship – Soziologie der Staatsbürgerschaft. Wiesbaden: Westdeutscher Verlag.

Mau, Steffen (1997): Ungleichheits- und Gerechtigkeitsorientierungen in modernen Wohlfahrtsstaaten. Discussion Paper FS-III 97-401. Berlin: Wissenschaftszentrum Berlin. http://bibliothek.wz-berlin.de/pdf/1997/iii 97-401.pdf [Zugriff: 01.03.2005].

Mayer, Karl Ulrich/Baltes, Paul B. (Hg.) (1996): Die Berliner Altersstudie. Berlin: Akademie Verlag.

Mayring, Philipp (2001): Kombination und Integration qualitativer und quantitativer Analyse [31 Absätze], Forum Qualitative Sozialforschung/Forum Qualitative Social Research (Online-Journal), 2(1). Verfügbar über: http://www.qualitative-research.net/fqs-texte/1-01/1-01mayring-d.htm.

Mayr-Kleffel, Verena (1991): Frauen und ihre sozialen Netzwerke: auf der Suche nach einer verlorenen Ressource. Opladen: Leske + Budrich.

Meier, Uta/Preuße, Heide/Sunnus, Eva M. (2003): Steckbriefe von Armut. Haushalte in prekären Lebenslagen. Wiesbaden: Westdeutscher Verlag.

Meulemann, Heiner/Reuband, Karl-Heinz (Hg.) (1984): Soziale Realität im Interview: empirische Analysen methodischer Probleme. Frankfurt am Main/New York: Campus.

Miebach, Michael (2005): Ohne Ziele, ohne Strategie – kritischer Zwischenruf zum Armuts- und Reichtumsbericht. Paper zur Jahrestagung der Sektion Soziale Indikatoren: „Steigende Armut, Polarisierung, Re-Stratifizierung: Eine Trendwende der Ungleichheitsentwicklung in Deutschland?", 2.-3.6.2005; Quelle: www.gesis.org/dauerbeobachtung/sozialinidkatoren/Veranstaltungen/Programme/Jahrestagung_2005.htm.

Mitchell, Clyde (Hg.) (1969): Social networks in urban situations: Analysis of personal relationships in central African towns. Manchester: Manchester University Press.

Mitterauer, Michael (1991): Familienwirtschaft und Altersversorgung. In: Mitterauer/Sieder (1991): S. 186-209.

Mitterauer, Michael/Sieder, Reinhard (Hg.) (1991): Vom Patriarchat zur Partnerschaft. Zum Strukturwandel der Familie. München: Beck, 4. Auflage.

Moreno, Jacob L. (1953): Die Grundlagen der Soziometrie. Unveränderter Nachdruck der 3. Auflage 1996, Opladen: Leske + Budrich.

Motel-Klingebiel, Andreas/Gilberg, Rainer (2002): Zielsetzungen, Perspektiven und Probleme bei Surveybefragungen mit alten Menschen. In: Motel-Klingebiel/Kelle (2002): S. 133-154.

Motel-Klingebiel, Andreas/Kelle, Udo (Hg.) (2002): Perspektiven der empirischen Alter(n)ssoziologie. Opladen: Leske + Budrich.

Müllenmeister-Faust, Uwe (2002): Möglichkeiten und Grenzen der Armuts- und Reichtumsberichterstattung. In: Sell (2002): S. 169-192.

Müller, Hans-Peter/Wegener, Bernd (Hg.) (1995): Soziale Ungleichheit und soziale Gerechtigkeit. Opladen: Leske + Budrich

Niepel, Gabriele (1994): Soziale Netze und soziale Unterstützung alleinerziehender Frauen. Eine empirische Studie. Opladen: Leske + Budrich.

Noll, Heinz-Herbert (1996): Ungleichheit der Lebenslagen und ihre Legitimation im Transformationsprozess: Fakten, Perzeptionen und Bewertungen. In: Clausen (1996): S. 488-504.

Nollmann, Gerd (2003): Die neue Kultur sozialer Ungleichheit. In: Mittelweg 36, Jg. 12, Heft 5, S. 12-33.

Nollmann, Gerd/Strasser, Hermann (2002): Armut und Reichtum in Deutschland. In: Aus Politik und Zeitgeschichte, Heft 29-30/2002, S. 20-28.

Orth, Barbara/Schwietring, Thomas/Weiß, Johannes (Hg.) (2003): Soziologische Forschung: Stand und Perspektiven. Ein Handbuch. Opladen: Leske + Budrich.

Otto, Birgit/Siedler, Thomas (2003): Armut in West- und Ostdeutschland – ein differenzierter Vergleich. In: DIW-Wochenbericht 4/2003, S. 61-66.

Pappi, Franz U. (2001): Soziale Netzwerke. In: Schäfers, Bernhard und Wolfgang Zapf (Hg.). Handwörterbuch zur Gesellschaft Deutschlands, 2. Auflage. Opladen: Leske + Budrich, S. 605-616.

Pappi, Franz U. (Hg.) (1987): Methoden der Netzwerkanalyse. München: Oldenbourg.

Pappi, Franz U./Wolf, Gunter (1984): Wahrnehmung und Realität sozialer Netzwerke. Zuverlässigkeit und Gültigkeit der Angaben über beste Freunde im Interview. In: Meulemann/Reuband (1984): S. 281-300.
Parsons, Talcott (2000): Gleichheit und Ungleichheit in modernen Gesellschaften: Zur Bedeutung sozialer Schichtung. In: Mackert/Müller (2000): S. 103-129.
Pearson, Richard E. (1997): Beratung und soziale Netzwerke. Eine Lern- und Praxisanleitung zur Förderung sozialer Unterstützung. Weinheim und Basel: Beltz.
Pfennig, Astrid/Pfennig, Uwe (1987): Egozentrierte Netzwerke: Verschiedene Instrumente – verschiedene Ergebnisse? In: ZUMA-Nachrichten, Jg. 21, S. 64-77.
Pollack, Detlef/Pickel, Gert (1998): Die ostdeutsche Identität – Erbe des DDR-Sozialismus oder Produkt der Wiedervereinigung? In: Aus Politik und Zeitgeschichte, Heft 41-42/1998, S. 9-23.
Porst, Rolf (1985): Praxis der Umfrageforschung. Erhebung und Auswertung sozialwissenschaftlicher Umfragedaten. Stuttgart: Teubner.
Porst, Rolf (2000): Question Wording. Zur Formulierung von Fragebogen-Fragen. ZUMA, How-to-Reihe, Nr. 2.
Prahl, Hans-Werner/Schroeter, Klaus (1996): Soziologie des Alterns. Eine Einführung. Paderborn: Schöningh.
Putnam, Robert D. (2000): Bowling alone. The collapse and revival of Amerivan community. New York: Simon & Schuster.
Röhrle, Bernd (1994): Soziale Netzwerke und soziale Unterstützung. Weinheim: Psychologie-Verlags-Union.
Rosenthal, Gabriele (1995): Erlebte und erzählte Lebensgeschichte. Gestalt und Struktur biographischer Selbstbeschreibungen. Frankfurt am Main/New York: Campus.
Rückert, Kerstin (2005): Wahrnehmungen und Einstellungen zu sozialer Ungleichheit im internationalen Vergleich. Eine Sekundäranalyse. Magisterarbeit, FernUniversität in Hagen.
Rüffer, Wolfgang (2001): Bildungshomogamie im internationalen Vergleich – die Bedeutung der Bildungsverteilung. In: Klein (2001): S. 99-131.
Sackmann, Reinhold/Wingens, Matthias (Hg.) (2001): Strukturen des Lebenslaufs. Übergang – Sequenz – Verlauf. Weinheim/München: Juventa.
Schenk, Michael (1995): Soziale Netzwerke und Massenmedien. Tübingen: Mohr.
Schimank, Uwe (2000): Handeln und Strukturen. Einführung in die akteurtheoretische Soziologie. 2. Auflage 2002, Weinheim und München: Juventa.
Schimank, Uwe/Volkmann, Ute (Hg.) (2000): Soziologische Gegenwartsdiagnosen I. Eine Bestandsaufnahme. Opladen: Leske + Budrich.
Schnell, Rainer (1991): Wer ist das Volk? Zur faktischen Grundgesamtheit bei „allgemeinen Bevölkerungsumfragen": Undercoverage, Schwererreichbare und Nichtbefragbare. In: Kölner Zeitschrift für Soziologie und Sozialpsychologie, Jg. 43, Heft 1, S. 106-137.
Schnell, Rainer/Hill, Paul B./Esser, Elke (2005): Methoden der empirischen Sozialforschung. München/Wien: Oldenbourg, 7., völlig überarbeitete und erweiterte Auflage.

Schnell, Rainer/Kohler, Ulrich (1998): Eine empirische Untersuchung einer Individualisierungshypothese am Beispiel der Parteipräferenz von 1953-1992. In: Friedrichs (1998): S. 221-247.

Schöneck, Nadine/Voß, Werner (2005): Das Forschungsprojekt. Planung, Durchführung und Auswertung einer quantitativen Studie. Wiesbaden: VS Verlag für Sozialwissenschaften.

Schroer, Markus (2004): Moderne Gesellschaft und Individualisierung. Studienbrief 33162 der FernUniversität in Hagen.

Schubert, Herbert J. (Bearb.) (1990): Private Hilfenetze: Solidaritätspotentiale von Verwandtschaft, Nachbarschaft und Freundschaft; Ergebnisse egozentrierter Netzwerkanalyse. Hannover: Materialien des Instituts für Entwicklungsplanung und Strukturforschung.

Schulze, Gerhard (1992): Die Erlebnisgesellschaft. Kultursoziologie der Gegenwart. Frankfurt am Main/New York: Campus.

Schweizer, Thomas (1996): Muster sozialer Ordnung. Netzwerkanalyse als Fundament der Sozialethnologie. Berlin: Dietrich Reimer Verlag.

Scott, John (1991): Social Network Analysis. A Handbook. London: Sage.

Seipel, Christian/Rieker, Peter (2003): Integrative Sozialforschung: Konzepte und Methoden der qualitativen und quantitativen empirischen Forschung. Weinheim/München: Juventa.

Sell, Stefan (2002): Armutsforschung und Armutsberichterstattung aus Sicht einer lebenslagenorientierten Sozialpolitik. In: ders: S. 11-44.

Sell, Stefan (Hg.) (2002): Armut als Herausforderung. Bestandsaufnahme und Perspektiven der Armutsforschung und Armutsberichterstattung. Berlin: Duncker & Humblot.

Simmel, Georg (1992): Soziologie. Untersuchungen über die Formen der Vergesellschaftung. Bd. 11 der Gesamtausgabe, hrsg. von Otthein Rammstedt. Frankfurt am Main: Suhrkamp, zuerst 1908.

Simonson, Julia (2004): Individualisierung und soziale Integration. Zur Entwicklung der Sozialstruktur und ihrer Integrationsleistungen. Wiesbaden: DUV.

Statistisches Bundesamt (Hg.) (2004): Alltag in Deutschland – Analysen zur Zeitverwendung. Schriftenreihe Forum der Bundesstatistik Bd. 43, Wiesbaden.

Statistisches Bundesamt (Hg.) (2006): Armut und Lebensbedingungen. Ergebnisse aus LEBEN IN EUROPA für Deutschland 2005. Wiesbaden.

Svallfors, Stefan (1997): Worlds of Welfare and Attitudes to Redistribution: A Comparison of Eight Western Nations. European Sociological Review, Vol. 13, No. 3, S. 283-304.

Tesch-Römer, Clemens/Engstler, Herbert/Wurm, Susanne (Hg.) (2006): Altwerden in Deutschland. Sozialer Wandel und individuelle Entwicklung in der zweiten Lebenshälfte. Wiesbaden: VS Verlag für Sozialwissenschaften.

Tesch-Römer, Clemens/von Kondratowitz, Hans-Joachim/Motel-Klingebiel, Andreas/Spangler, Delia (2000): OASIS - Old Age and Autonomy: The Role of Service Systems and Intergenerational Family Solidarity. Erhebungsdesign und Instrumente des deutschen Survey. Diskussionspapiere Nr. 32, Berlin: Deutsches Zentrum für Altersfragen.

Tews, Hans-Peter (1990): Neue und alte Aspekte des Strukturwandels des Alters. In: WSI-Mitteilungen 8, S. 478-491.

Tönnies, Ferdinand (1979): Gemeinschaft und Gesellschaft. Darmstadt: Wissenschaftliche Buchgesellschaft, 4., unveränderte Auflage 2005, zuerst 1887.

Trappmann, Mark/Hummel, Hans J./Sodeur, Wolfgang (2005): Strukturanalyse sozialer Netzwerke. Konzepte, Modelle, Methoden. Wiesbaden: VS Verlag für Sozialwissenschaften.

Volkert, Jürgen (Hg.) (2005): Armut und Reichtum an Verwirklichungschancen. Amartya Sens Capability-Konzept als Grundlage der Armuts- und Reichtumsberichterstattung. Wiesbaden: VS Verlag für Sozialwissenschaften.

Voß, Werner (2000): Praktische Statistik mit SPSS. München/Wien: Hanser, 2., aktualisierte Auflage.

Voß, Werner (2003): Taschenbuch der Statistik. Leipzig: Fachbuchverlag Leipzig. 2. verbesserte Auflage.

Weber, Max (1921): Wirtschaft und Gesellschaft. Tübingen: Mohr , 5. Auflage 2000.

Wegener, Bernd (1992): Gerechtigkeitsforschung und Legitimationsnormen. Zeitschrift für Soziologie, Jg. 21, Heft 4, S. 269-283.

Wegener, Bernd (1999): Belohnungs- und Prinzipiengerechtigkeit: Die zwei Welten der empirischen Gerechtigkeitsforschung. In: Druwe/Kunz (1999): S. 167-214.

Wirth, Heike (2000): Bildung, Klasse und Partnerwahl. Eine empirische Analyse zum Wandel der bildungs- und klassenspezifischen Heiratsbeziehungen. Opladen: Leske + Budrich.

Internet-Quellen:
http://www.boeckler.de
http://www.dfg.de
http://www.diw.de/deutsch/sop/service/fragen/fr2005/haushalt_2005.pdf
http://www.dza.de/allgemein/politik-altenbericht.html#3;
http://www.dza.de/forschung/forsch-alterssurvey.html
http://www.dza.de/forschung/forsch-alterssurvey.html
http://www.dza.de/gerolit/gerolit-online.html
http://www.elfi.ruhr-uni-bochum.de
http://www.faz.net
http://www.gesis.org/ZA/
http://www.gesis.org/Dauerbeobachtung/Allbus/
http://www.issp.org
http://www.mpib-berlin.mpg.de
http://www.soziologie.de/dgs/ethik-kodex.htm
http://www.uni-bamberg.de/sowi/soziologie-i/globalife
http://www.volkswagenstiftung.de

Abbildungsverzeichnis

Abb. 1: Bedarfsentwicklung mit steigender Haushaltsgröße bei alternativen Äquivalenzskalen 31
Abb. 2: Altersspezifische Armutsquoten nach alter und neuer OECD-Skala 32
Abb. 3: Linksgipflige und symmetrische Verteilung 33
Abb. 4: Verweildauer in Armut 40
Abb. 5: Beispiel Entscheidungsbaum: Einfluss der sozialen Lage auf die Inklusion in das Gesundheitssystem 52
Abb. 6: Handlungstypen nach Alter, Geschlecht und Bildung 64
Abb. 7: Homogamieraten nach Bildungsniveau der Frau 84
Abb. 8: Entwicklung des Zusammenhangs zwischen Statusmerkmalen 99
Abb. 9: Statusinkonsistenzen zwischen Schulbildung und Prestige 100
Abb. 10: Anteile erklärter Varianz des politischen Interesses 102
Abb. 11: Erklärungskonzept: Einstellungen zu sozialer Ungleichheit 114
Abb. 12: Ablaufschema Sekundäranalyse 118
Abb. 13: Operationalisierung von Länderunterschieden am Beispiel der Bedeutung sozialen Kapitals 129
Abb. 14: Operationalisierung von geschlechtsspezifischen Unterschieden am Beispiel der Zustimmung zum Egalitarismus 130
Abb. 15: Egozentriertes Netzwerk ohne Alter-Alter-Beziehungen und mit Alter-Alter-Beziehungen 146
Abb. 16: Gerichtete Hilfebeziehungen in einem Ego-Netzwerk 159

Tabellenverzeichnis

Tab. 1: Beispiel für einen Zeitplan für ein zweijähriges Forschungsprojekt 17

Tab. 2: Bestandteile des verfügbaren Haushaltseinkommens 28

Tab. 3: Methodische Aspekte zur Erhebung von Haushaltseinkommen 29

Tab. 4: Einfluss methodischer Instrumente auf die Armutsrisikoquote 36

Tab. 5: Indikatoren zur Armutsbestimmung laut IAW (Auswahl) 43

Tab. 6: Kreuztabelle Altersgruppen * Inklusionsstärke in das Teilsystem Massenmedien (kategorisiert) 61

Tab. 7: Häufigkeitsverteilung der Verhaltensweisen von Bewohnern und sozialen Partnern 66

Tab. 8: Ausprägungen der Variable „Bildungstitel" im Projekt „Inklusionsprofile" 75

Tab. 9: Grundlegende strukturenprüfende multivariate Verfahren 81

Tab. 10: Bildungsspezifische Heiraten nach Geburtskohorten 82

Tab. 11: Bildungshomogame und -heterogame Ehen nach Kohorten in % 85

Tab. 12: Bildungsbezogene Heiratsbarrieren/-präferenzen im internationalen Vergleich 87

Tab. 13: Items zur Messung von Einstellungsdimensionen zu sozialer Ungleichheit aus dem ISSP 120

Tab. 14: Ergebnis der Faktorenanalyse von Einstellungsitems zu sozialer Ungleichheit 122

Tab. 15: Ergebnis der Multiplen Klassifikationsanalyse am Beispiel zweier Einstellungsdimensionen 134

Tab. 16: Familienstand, Berufstätigkeit und Betreuungsbedarf – die Lebenssituationen der Mütter Octavia und Zenzi im Überblick 151

Tab. 17: Betreuungsnetzwerk Octavia 152

Tab. 18: Betreuungsnetzwerk Zenzi 153

Tab. 19: Eine multiplexe Hilfebeziehung in Octavias Netzwerk 155

Tab. 20: Vier multiplexe Hilfebeziehungen in Zenzis Netzwerk 155

Tab. 21: Verteilung des Merkmals „Lebensalter" in den Beispielnetzwerken Octavia und Zenzi 157

Tab. 22: Rollenbeziehung, Multiplexität und Wichtigkeit der
Betreuungspersonen von Octavia und Zenzi 158
Tab. 23: Verteilung der Netzgröße in der Mütter-Studie (n=31) 163

MIX
Papier aus verantwortungsvollen Quellen
Paper from responsible sources
FSC® C105338

If you have any concerns about our products,
you can contact us on
ProductSafety@springernature.com

In case Publisher is established outside the EU,
the EU authorized representative is:
**Springer Nature Customer Service Center GmbH
Europaplatz 3, 69115 Heidelberg, Germany**

Printed by Libri Plureos GmbH
in Hamburg, Germany